जोर बन्दुकको छाया

श्रीभक्त खनाल

Sangri~La
BOOKS

आवरण फोटो : द्वन्द्वकालमा रोल्पाको सुलीचौर प्रहरी चौकी अगाडि बनाइएको मचान । सिमलको रूखमा बाँसको भऱ्याङ हालेर बनाइएको यही मचानमा चढेर पहरा दिन्थे प्रहरी । फोटो लेखक स्वयम्ले खिचेका हुन् ।

जोर बन्दुकको छाया

प्रकाशक : **साङ्ग्रिला पुस्तक प्रा.लि.**
काठमाडौं, नेपाल
फोन : +९७७ ०१ ४२२९०८८
Email : sangrila.books@gmail.com

भारत कार्यालय : **साङ्ग्रिला बुक्स इण्डिया लि.**
त्रिमोती कम्प्लेक्स, 9 माइल
ऋषिरोड, कालेबुङ- 734304
Phone: +91 9851280145
Email : sangrilabooks.in@gmail.com

वितरक : **सम्पूर्ण किताब**
भोटाहिटी, काठमाडौं, नेपाल
फोन : +९७७ ०१ ४२६६१६७
मोबाइल : ९८५१२३९६५१

आवरण : टाइम्स क्रिएसन
संस्करण : पहिलो, २०७७ असोज
मुद्रण : सौगात प्रिन्टर्स प्रा.लि.

नेपालमा मुद्रित ।

क्रमशः

विद्रोहका धुनहरू

१३ फेब्रुअरी १९९६ (१ फागुन २०५२) का दिन रोल्पाको होलेरी, रुकुमको आठबीसकोट र सिन्धुलीको सिन्धुलीगढीमा रहेका प्रहरी चौकीमाथि आक्रमण भए । गोरखाको च्याङ्लीमा रहेको कृषि विकास बैङ्कका कागजात कब्जा गरिए । काठमाडौं उपत्यकालगायत देशका केही ठाउँमा त्यसअघि कहिल्यै नदेखिएका पोस्टर पनि देखिए जसमा लेखिएको थियो, 'विद्रोह जनताको अधिकार हो ।'

प्रहरी चौकी आक्रमण आफूले गरेको भन्दै नेपाल कम्युनिस्ट पार्टी (माओवादी) ले विज्ञप्तिमार्फत त्यसको जिम्मा लियो जसमा अध्यक्ष 'प्रचण्ड' भन्ने जनाइएको थियो । लामो समयसम्म प्रचण्ड को हुन् भन्ने आम नेपालीले थाहै पाएनन् । पछि मात्र उनी पुष्पकमल दाहाल हुन् भन्ने थाहा भयो । विद्रोह गर्नुको कारण राष्ट्रियता, जनतन्त्र र जनजीविकासँग जोडिएका सवाल बताइयो ।

माओवादी पार्टीको खुला सङ्गठन संयुक्त जनमोर्चा नेपालले तत्कालीन शेरबहादुर देउवा सरकारलाई बुझाएको राष्ट्रियता, जनतन्त्र र जनजीविकासँग ४० सूत्रीय मागमा सन् १९५० को नेपाल-भारत सन्धिको खारेजी, राजा/राजपरिवारको विशेषाधिकार अन्त्य, जातीय स्वायत्त शासन, धर्म निरपेक्षता, जमिन जोत्नेको, निःशुल्क शिक्षा जस्ता विषय थिए ।

माओवादीले सुरु गरेको त्यो विद्रोह २१ नोभेम्बर २००६ मा औपचारिक रूपमा अन्त्य भयो । *पार्टीका १९ केन्द्रीय सदस्यले हाँकेको र १० वर्षसम्म चलेको विद्रोहमा करिब १७ हजार नेपालीले ज्यान गुमाए भने १३ सयभन्दा बढी बेपत्ता पारिए* (trialinternational.org) ।

युद्ध हाँक्ने माओवादी पार्टीका ती केन्द्रीय सदस्य थिए, *पुष्पकमल दाहाल (प्रचण्ड), मोहन वैद्य (किरण), डा. बाबुराम भट्टराई, रामबहादुर थापा (बादल), सीपी गजुरेल (गौरव), पोस्टबहादुर बोगटी (दिवाकर), देव गुरुङ (कान्छाबहादुर), टोपबहादुर रायमाझी (अनिल), हरिबोल गजुरेल (शीतलकुमार), हरिभक्त कँडेल (प्रतीक), अग्निप्रसाद सापकोटा (कञ्चन), लोकेन्द्र विष्ट मगर (अभ्यास), पम्फा भुसाल (विद्युत्), मातृका यादव, दिनेश शर्मा (सागर), यानप्रसाद गौतम (आलोक), दण्डपाणी न्यौपाने (दीपेन्द्र शर्मा), नारायणप्रसाद शर्मा (कमलप्रसाद) र फणीन्द्र आचार्य (अनल) । १८ जना पूर्ण भूमिगत भएर युद्धमा लागे पनि आचार्य भने लागेनन् ।* (शीर्षक : के गर्दैछन् जनयुद्ध सुरु गर्ने माओवादीका ती १९ केन्द्रीय नेता ?, नागरिकखबरडटकम, १३ फेब्रुअरी २०२०) ।

माओवादीले थालेको छापामार युद्ध, जसलाई माओवादीले 'जनताको युद्ध' भन्दै आएको छ, के त्यो जरुरी थियो ? के त्यो जायज थियो ? त्यो युद्धले नेपाललाई आर्थिक रूपमा कहाँ पुऱ्यायो ? युद्धले जनअपेक्षा पूरा गऱ्यो ? यस्ता थुप्रै प्रश्नको उत्तर समय बित्दै जाँदा नेपालीले पक्कै पाउलान् । आगामी पुस्ताले यसको उत्तर खोज्ला, लेखाजोखा गर्ला ।

विद्रोह/जनयुद्ध/गृहयुद्ध/सशक्त सङ्घर्ष जे नाम दिए पनि त्यो चिज सकिसकेको छ तर अवशेष बाँकी छन् । जस्तो : सङ्क्रमणकालीन न्याय । यसलाई छाडेर नेपाली समाज अघि बढ्न सक्दैन र मिल्दैन पनि । सङ्क्रमणकालीन न्यायको प्रक्रिया जतिजति लम्बिँदै जान्छ, उति नै यसले अन्योल र अन्याय बढाउँदै लैजान्छ । युद्ध र त्यसमा भएका अपराधलाई स्वीकार्ने तर दण्ड, क्षमा, मेलमिलाप, परिपूर्ति, परिपूरण र

विगतका कुरालाई बेवास्ता गर्न मिल्दैन । यसले कसैलाई पनि हानि पुऱ्याउँदैन, बरु विगत बिर्सेर समाजमा सहिष्णुता र पुनर्मिलन कायम राख्न सघाउँछ ।

द्वन्द्वपीडितलाई गुमराहमा पारेर पीडक भनिएकाहरू सस्ता स्वार्थका लागि एकअर्कामा मिलेका छन् । यसले समाजलाई अधोगतितिर लैजाने र हिंसालाई स्थायित्व दिने कामबाहेक अरु केही गर्दैन । उतिबेलाका सरकारको नेतृत्व गर्ने प्रधानमन्त्री, सरकारी सुरक्षा फौजलाई माओवादीविरुद्ध कारबाहीका लागि निर्देशन दिने हाकिम र माओवादीका शीर्ष नेता आआफ्नो स्वार्थका लागि चुप रहेका छन् । यसको ठीक उल्टो दुवैतर्फका पीडितहरू न्यायका लागि एक ठाउँमा उभिएका छन् । 'द्वन्द्वपीडित साझा चौतारी' संस्था यसको उदाहरण हो । समर्थन र विरोधको दुई लहरमा उभिएका मानिसरुको समूह न्यायका लागि एउटै पङ्क्तिमा उभिएका दृष्टान्त संसारमा कमै पाइन्छन् । देशमा विस्तृत शान्ति सम्झौता भएको यतिका वर्ष बितिसक्दा पनि न्यायको ढोका खुल्न नसक्नु दुःखको कुरा हो ।

द्वन्द्वका घटनालाई कानुनी हिसाबले निमिट्यान्न नपारिंदा नेपाली समाजमा हिंसा कुनै न कुनै हिसाबले स्थायी रूपमा रूपान्तरित भएको छ । हिंसा अनेक स्वरूप, परिवेश र घटनाक्रममा भेष बदलेर आएको छ । राजनीतिका नाममा गरिने हिंसा जायज नै हुँदो पो रहेछ कि जस्तो देखिएको छ, कारण तिनमा जो संलग्न हुन्छन्, तीमाथि कारबाही भएका छैनन् । हिंसा राजनीतिक प्रतिशोधको माध्यम बनेको छ । एक पटक सम्झौं न गौर हत्याकाण्ड । २१ मार्च २००७ मा तत्कालीन नेपाल कम्युनिस्ट पार्टी (माओवादी) बाट फुटेर गएका उपेन्द्र यादव नेतृत्वको मधेसी जनअधिकार फोरम नामक पार्टीबाट २७ जना माओवादी कार्यकर्ता मारिए । मार्ने व्यक्तिहरूमाथि अहिलेसम्म कारबाही भएको छैन । बरु उपेन्द्र यादव अहिले माओवादीबाटै फुटेर गएका डा. बाबुराम भट्टराईसँग एउटै पार्टीमा बसेर सहकार्य गरिरहेका छन् ।

यो किताबमा माओवादी विद्रोह कसरी सुरु भयो र कसरी सकियो भन्ने इतिवृत्तान्त छैन । यो सम्भव पनि छैन । युद्धकालको चित्रण गर्ने सो सानो पेन्टिङ मात्र हो ।

माओवादी र सरकारबीच भएको 'विस्तृत शान्ति सम्झौता' (२१ नोभेम्बर २००६) पछिका अल्याङमल्याङ र राजनीतिक छलकपट यस्तै रहने हो भने अब पीडितले न्याय पाउने सम्भावना अत्यन्त न्यून देखिन्छ । तर त्यो स्थिति आउन दिनु हुँदैन ।

ढिलो न्याय पाउनु न्याय नपाउनु सरह हो भनिन्छ । न्याय नपाउँदा घटनाका दोषीले उन्मुक्ति मात्र होइन, घटनालाई समाजले पनि बिर्सँदै जानेछ ।

राजनीतिक नेतृत्वले द्वन्द्वकालीन पीडा, दुखाइ र अपमानलाई बिर्सन खोजेको महसुस सर्वसाधारणलाई भएको छ । ती दिन र पीडालाई बिर्सन सकिन्छ तर पीडितको चित्त बुझाएर मात्र । पीडितले पीडकलाई क्षमा दिएर विगत बिर्सन सक्छ तर जघन्य अपराधमा क्षमा दिने अधिकार पीडितको पनि हुँदैन, कानुनको हुन्छ । पीडालाई पीडितका आँखा र कानुनी कोणबाट हेरिनुपर्छ भन्ने मान्यता विश्वभर छ ।

सबै पीडितले न्याय पाऊन् । पीडकलाई क्षमा दिने कि नदिने भन्ने कुरा पीडितको इच्छामा मात्र अघि बढाइयोस् । क्षमा दिऊन् तर विगतको भूल दोहोऱ्याउनु हुँदैन भनेर नबिर्सून् । नेपाली राजनीतिमा हिंसाको पुनरावृत्ति नहोस् । फरक विचारलाई सम्मान गरियोस् । कानुनी शासन नभई देश समृद्धिको बाटोतिर लाग्न सक्दैन । राजनीतिमा भएको अपराधीकरणले समाजमा हिंसा मात्र बढाउँछ ।

अलिकति व्यक्तिगत कुरा पनि उल्लेख गर्न चाहें । विदेशमा बसेर लेखिएको यो मेरो दोस्रो कृति हो । पहिलो पुस्तक 'अप्ठ्यारो बाटो' पोर्चुगलमा बसेर लेखें, जुन नेपालमा रहेका तिब्बती शरणार्थीमाथिको गैरआख्यान थियो । यो पुस्तक पोर्चुगल हुँदै लेख्न थालेको थिएँ तर

बिट मार्ने काम बेलायतमा भयो । विदेशमा बसेर लेख्नु नेपालमा बसेर लेख्नुभन्दा अनेक तरहले दोब्बर गाह्रो हुँदो रै'छ । समय र स्रोत सँगको पहुँच मुख्य अवरोधका कारण भैदिंदा रै'छन् ।

पुस्तक लेख्ने क्रममा हौसला र सुझाव दिएर सहयोग गर्ने राजेन्द्र दाहाललाई विशेष धन्यवाद ! आफूले काम गरेका सम्पादकमध्ये मलाई दाहाल स्पष्ट, जिम्मेवार, व्यावसायिक र दक्ष लाग्छन् । पुस्तकका सम्पादक राजकुमार बानियाँ, प्रकाशक साङ्ग्रिला बुक्स, मणि शर्मा र आन्विका गिरी पनि धन्यवादका पात्र हुन् । यसबाहेक दुर्गा कार्की, प्रशान्त लामिछाने, विप्लव प्रतीक, इन्द्र श्रेष्ठ, सविना देवकोटा, चञ्चला कैनी, शेखर खरेल, राजकुमार दिक्पाल, नरेश खपाङ्गी मगर, प्रेम कैदी, शेखर गजरकोटे, भोगी चाम्लिङ, सरु शीतल राई, मनीषा किराँती, अञ्जना इछमफूल राई, सबैलाई धन्यवाद !

इन्टरनेसनल जस्टिस रिसोर्स सेन्टर, अनलाइन खबर, नागरिक दैनिक, कान्तिपुर दैनिक, अन्तर्राष्ट्रिय रेडक्रस, राष्ट्रिय मानवअधिकार आयोग, राष्ट्रसङ्घीय मानवअधिकार उच्चायुक्तको कार्यालय, हिमाल खबरपत्रिका सबैलाई धन्यवाद, जसलाई मैले स्रोतसामग्री बनाएँ । त्यत्तिकै धन्यवाद उनीहरूलाई पनि, जो 'अनाम' बस्न रुचाए । स्रोतसँग कुरा गर्दा म जहिले पनि श्रव्य/दृश्य सामग्री प्रयोग गर्थे र अहिलेसम्म पनि त्यो विधि छाडेको छैन । प्रयोग गरिएका अधिकांश कुराकानी रेकर्ड गरिएका छन् । किताबमा अन्तर्राष्ट्रिय प्रचलनको ईस्वी संवत् चलाइएको छ । लाग्छ, यसले पाठकलाई असजिलो पार्ने छैन ।

नेपाली माटोमा युद्धका धुनहरू सुनिएका बेला एक सञ्चारकर्मीले टिपोट गरेको 'विद्रोहको नोटेसन' हो यो किताब । यस्ता टिपोट फेरि लेख्न नपरोस् । फेरि कहिल्यै नसुनिऊन् बन्दुकका आवाज र बारुदका गन्ध ।

योजनाअनुसार किताब सन् २०१७ तिरै आउनुपर्ने हो । एक चरण लेखिसकिएको पनि थियो, केही कुरा थपघट गर्नुपर्ने थियो । बीचमा

के-के तालमेल मिलेन, त्यत्तिकै थन्कियो । किताबमा समावेश केही विषयमा नेपालमा खोज गर्नुपर्ने थियो । खोज गर्न र लेखनका लागि सहलेखकको खोजी पनि भयो । जोसँग कुरा भयो, उनीहरूले समय दिन सकेनन् । किताब फेरि थन्कियो ।

छाप्ने कि नछाप्ने ? आफैं दोधारमा परें । जुन उत्साहले पुस्तक लेख्न सुरु भएको थियो, त्यो अन्तिममा आउँदा सेलायो । किताब छाप्ने योजना मैले लगभग त्यागेको थिएँ ।

मार्च २०१९ मा नेपाल जाँदा 'शिक्षक' मासिकका सम्पादक राजेन्द्र दाहालसँग भेट भयो । सल्लाह र सुझावका लागि आग्रह गर्दै पाण्डुलिपि छाडें ।

सुरुका दुई अध्याय पढेर उनले पाण्डुलिपिमा लेखिदिए :

श्रीभक्त,

अहिलेसम्मको खोज र लेखाइ अत्यन्त महत्त्पूर्ण रहस्योद्घाटन गर्ने खालको र चाखलाग्दो छ । यो प्रयत्नलाई टुङ्गोमा पुऱ्याएर पुस्तक प्रकाशित गर्नु नै पर्छ । यसो गर्दा आफूलाई हुने आत्मसन्तुष्टिका अतिरिक्त सम्बद्ध पीडितका पक्षमा ठूलो कार्य गरिएको ठहर्नेछ ।

लेखाइ/प्रस्तुति रोचक, सरल र सरस हुँदाहुँदै पनि आधार-प्रमाण उल्लेख गर्ने, सन्दर्भहरू जोड्ने र गम्भीर महत्त्का सूचना र विश्लेषणलाई त्यत्तिकै विश्वसनीय तुल्याउनका निम्ति केही जरुरी काम गर्नुपर्ने देखिन्छ ।

सम्पादक दाहालको प्रतिक्रियापछि लाग्यो, एकसरो लेखिसकेको किताब किन यत्तिकै राखुँ ? छाप्न दिनुपर्छ कि क्या हो ?

दाहालले दिएका कतिपय सुझाव लागू भए, कति भएनन् । यसको मुख्य कारण म विदेशमा हुनु र विषयवस्तु नेपालसँग सम्बन्धित भएकाले खोजबिनका लागि तालमेल मिलाउन नसक्नु हो । यसका बाबजुद पनि किताबलाई आफ्ना तर्फबाट सक्दो राम्रो बनाउने कोसिस गरेको

छु । तथ्यहरू उही राखेर किताबको पुनर्लेखन गरे । केही घटनाक्रम अद्यावधिक भए । झन्डै झन्डै पाठकको हातमा नपरेको यो किताब तपाईंसामु आएको छ ।

न्यायको पर्खाइमा रहेका सबैप्रति किताब समर्पण गरेको छु । धन्यवाद !

श्रीभक्त खनाल
shreebhakta@gmail.com
facebook.com/shreebhakta.khanal
twitter: @shree_bhakta

घुर्मैलो तस्बिर

घुर्मैलो तस्बिरमा खरले छाएको इत्रुको (सानो) चिया दोकान छ विष्णुप्रसाद वाग्लेको । दोकानको दायाँबायाँ काठको बेन्चीमा केही मानिस बसेका छन् । ती सप्पैलाई म चिन्छु- गुणराज कैनी, कृष्णप्रसाद सोती, लेखनाथ कैनी, कमल खनाल, जाँघे लाउरे, काका भनेर चिचिने कृष्णप्रसाद खनाल, जीवनाथ कैनी, ठाकुर कैनी, चस्मे गुरुङ र भरत कैनी । थिन त बेन्चीमा अरु नि थिए तर अटाएन, फ्रेम आउट भए ।

यो तस्बिर मैले उतिबेलै अर्थात् सन् १९८४ (वि.सं. २०४०) तिर खिचेको थिएँ, केवल दिमागमा । अहिले त्यसको सम्झना मात्र गरेको ।

... ...

तनहुँ सदरमुकाम दमौली नजिकै एउटा गाउँ छ, पोल्याङ । पोल्याङमा रहेको विष्णुप्रसाद वाग्लेको त्यही चिया दोकानमा बिहान ७ बजेतिर मान्छे जम्मा हुन्थे, गफिन्थे । अनेक खालका सवालजवाफ हुन्थे ।

- *राष्ट्रियता र राजतन्त्रका बारेमा बीपीले किन राजा र मेरो घाँटी जोडिया' छ भन्नु भा' होला ?*

- *श्रीभद्र शर्मालाई बीपीले तिमी पञ्चायत प्रवेश गरेर त्यो व्यवस्थाको जासुसी गर्नु भनेसि उनी पञ्चायत प्रवेश गरे भन्छन्, होला त ?*
- *हैन, यो पञ्चायती व्यवस्था कतिसम्म जाला ?*
- *काङ्ग्रेसलाई दबाउन राजा र कम्युनिस्ट मिल्या छन् भन्छन्, कुरो के हो ?*

जिज्ञासाबाट सुरु भएको सवालजवाफले बसेका मान्छेलाई बेन्चीबाट जुरुक्क उचाल्थ्यो । उठेर ती दोकानको दायाँ-बायाँ गुरुप्प परेर बस्थे । कम्युनिस्ट समूह एकातिर र काङ्ग्रेसी समूह अर्कातिर । काङ्ग्रेसीहरू भादगाउँले टोली टोपी लाउँथे । टोपीको बीचको भाग खाँदेर दुई चुच्चो बनाइएको हुन्थ्यो । एकअर्कालाई भेट्दा उनीहरू 'जय नेपाल' भन्थे ।

दूध चिया गिलासको एक सुको पर्थ्यो । गिलास रित्तिँदै जान्थे । पिसाबले च्यापेपछि बूढाहरू दोकानको पछाडि टुक्रुक्क बसेर पिसाब फेर्थे, ऐसेबैंसे चाहिं उठेर ।

बिहान दोकानमा भेट हुँदा उनीहरू काका, दाइ, ठूलो बा आदि साइनो लगाउँथे । घर जाने बेला फुत्तफुत्त उठेर लाग्थे, बहस कहिल्यै टुङ्गिँदैनथ्यो । दोकानमा आउने तर राजनीति नजान्ने मान्छेलाई पनि बीपी, प्रजातन्त्र, काङ्ग्रेस, अ.त. (अराष्ट्रिय तत्त्व), श्रीभद्र शर्मा, राजा महेन्द्र, पञ्चायत, राजा वीरेन्द्र, मरीचमानसिंह श्रेष्ठ, सूर्यबहादुर थापा, कार्लमार्क्स, एङ्गेल्स, माओ आदि शब्द कण्ठाग्र थिए ।

तर सधैं त्यस्तो हुँदैनथ्यो । बहसले गाला राता बनाउन थालेपछि बीचमा कसैले बिनाप्रसङ्ग कुरा अर्कातिर मोडिदिन्थ्यो ।

एक दिन यस्तै भो ।

कम्युनिस्ट पक्षले आरोप लगाउँथ्यो, 'गण्डकी र कोसी नदी बीपी कोइरालाको काङ्ग्रेस सरकारले भारतलाई बेच्यो । इन्दिरा गान्धीले

लौरो लाएर लखेटेपछि बीपी कोइराला राष्ट्रिय मेलमिलापको नीति भन्दै नेपाल आए । काङ्ग्रेसीको राष्ट्रवाद नक्कली हो । सुवर्णशमशेरको पैसोमा कोइराला परिवारले दाइँ हालेको छ ।'

काङ्ग्रेस पक्षले प्रतिवाद गर्‍थ्यो, 'तपाईंहरूले बडो आफ्नै आँखाले देखेजस्तो गर्नुभो । नदी बेच्यो भन्नु भो । प्रमाण छ ? नदीमाथि रिस भए फर्काइदिनुस् न त तिनलाई चीनतिर । हामीले नि चिन्या छम् कम्युनिस्टलाई । संसारमा सब कुरा चिन्न सकिन्छ, कम्युनिस्टको चरित्र चिन्न सकिँदैन । रसियामा पार्टीका तीन मान्छेमध्ये दुई जना गुप्तचर हुन्छन् भन्छन । आफ्नै साथीको हत्या गरेर सत्तामा जान्छन् यिनीहरू ।'

काङ्ग्रेस खेमाका गुणराज कैनी अलिक बाठा थिए । सामान्य छलफल झगडामा परिणत होला जस्तो लागेर उनले बीचैमा फ्याट्ट भने, 'हैन बरु गोरखाका बाबुराम भट्टराई के गर्दै होलान् ? पढाइमा त ती मान्छे तगडा हुन् । एसएलसीमा बोर्ड फस्ट पनि भा'का हुन्, चाइँचुइँ छैन तिन्को ।'

... ...

पढाइमा अब्बल र राजनीतिमा लागेका कारण बाबुरामको नाम निकै चल्तीमा थियो । नाम सुनेको ११ वर्षपछि मैले तिनलाई देखेँ । गोरखा, नामजुङ घर भएका मेरा साथी यदु लामिछाने र म साँझपख रत्नपार्कको पुरानो बसपार्क नजिकै थियौँ । हामी रत्नराज्यलक्ष्मी क्याम्पसको रात्रीकालीन कक्षा लिन हिंडेका । विपरीत दिशाबाट सेतो सर्ट, खैरो पाइन्ट र पश्चिमाले लगाउने जस्तो टोपी (फ्ल्याट क्याप) लगाएका व्यक्ति हामी नजिकै आइपुगे । घरतिरको सन्चो बिसन्चो सोध्दै उनले यदुलाई भने, 'हाम्रो विद्यार्थी सङ्गठनको कार्यालय भुरुङ्खेलमा छ आउँदै गर्नू ।' मैले नमस्कार गरेँ । बोलचाल भएन ।

... ...

डा. भट्टराईसँग भेट भएको करिब वर्ष दिनपछि हल्का चिस्चिसो साँझमा दुग्ध विकास संस्थान, लैनचौरको पेटी हुँदै यदु लामिछाने र म रत्नराज्यलक्ष्मी क्याम्पसतिर लम्कँदै थियौँ । संस्थानको पर्खालमा केही पोस्टर देखिए । स्केच गरिएको पोस्टरमा केही मानिसले बन्दुक उचालेका थिए । लेखिएको थियो, *मार्क्सवाद-लेनिनवाद-माओवाद-जिन्दावाद ! प्रतिक्रियावादी राज्यसत्तालाई ध्वंस गर्दै नयाँ जनवादी राज्यसत्ता स्थापना गर्न जनयुद्धको बाटोमा अघि बढौँ । विद्रोह जनताको अधिकार हो । जनयुद्ध जिन्दावाद ! जनयुद्धको बाटोमा अघि बढौँ । ने.क.पा. (माओवादी) ।*

यदुले भन्यो 'जनयुद्ध' सुरु भो ।

यदु राजनीतिमा खुब चासो राख्थ्यो । उसैबाट मैले युद्ध किन, कसबाट र कसरी सुरु हुँदै छ भन्ने प्रारम्भिक जानकारी पाएँ । माओवादीप्रति आस्था राख्ने यदु केही समय जेल पनि पर्‍यो ।

माथि उल्लेख गरिएका भरत कैनी माओवादी आरोपमा सेनाबाट मारिए । कमल खनाल काङ्ग्रेसको राजनीति हुँदै राष्ट्रिय खेलकुद परिषद्का कर्मचारी बन्न पुगे । कोही शिक्षक भए, कोही बिते ।

अधिकांश गाउँलेको नसामा रगतसँगै राजनीति बग्थ्यो । तिनले राजनीतिक पार्टी र तिनका नेताका असल र खराब कुरा छुट्याउन सकेनन् वा चाहेनन् । आफूलाई मन परेको नेताको देवत्वकरण गर्ने र मन नपरेकोलाई दानवीकरण गर्न थाले । यो क्रम अहिले पनि जारी छ । आफ्नो पेसाभन्दा धेरै राजनीतिक छलफल गर्ने प्रवृत्ति पोल्याङबाट गएको छैन । गफको विषयको केन्द्रविन्दु नै राजनीति हुन्छ । सुरु राजनीतिबाट हुन्छ र अन्त्य पनि त्यसैमा हुन्छ । दोष-गुणका आधारमा राजनीतिक पार्टीको मूल्याङ्कन गर्ने चलन छैन भन्दा पनि हुन्छ । गाउँमा राजनीति यतिसम्म हावी थियो कि कुनै समय मेलापातमा काङ्ग्रेस र कम्युनिस्टले एकअर्कालाई 'बार्ने' चलन

समेत पोल्याङ आसपासमा थियो । यद्यपि यो सन् १९९१ पछिको घटना हो ।

... ...

म पत्रकारितातिर लागेँ । म युद्ध समयको एउटा सञ्चारकर्मी हुँ । त्यो क्षणलाई नजिकबाट जान्ने र भोग्ने साक्षी पनि । माओवादी विद्रोहसम्बन्धी समाचार लेख्ने र फोटो खिच्ने मेरो पेसा नै पऱ्यो । अनेक समाचार बनाएँ, तस्बिर खिचेँ । मेरो कामसँग सम्बन्धित तर मैले नखिचेको 'त्यो तस्बिर'को कथा अर्को अध्यायमा ।

ooo

त्यो तस्बिर

पुल्चोक, ललितपुरमा रहेको कर्मचारी सञ्चयकोष भवनको माथिल्लो तलामा *हिमाल खबरपत्रिका*को कार्यालय थियो । जनवरी २००२ को तेस्रो साता । सिसाबाट अलिकति भए पनि भित्र छिरेको हिउँदे घाम तापेर पत्रिका पढ्दै थिएँ । सम्पादक राजेन्द्र दाहालले 'श्रीभक्त एकछिन यता' भने । उनको कक्षमा छिरेपछि सोधे, 'हिजो राति नेपाल टेलिभिजनको अङ्ग्रेजी समाचार हेऱ्यौ ?' मैले 'छैन' भन्ने भावमा टाउको हल्लाएँ । उनले भने, 'लमजुङ, दुराडाँडामा माओवादीले एक शिक्षकलाई कक्षाकोठाबाट लगेर मारेछन् । त्यसको रिपोर्टिङ गर्छौ ?' मैले 'हुन्छ' भनिदिएँ । 'हुन्छ' भन्नुको कारण थियो, रिपोर्टिङ गर्नभन्दा पनि म ठाउँ हेर्न उत्सुक थिएँ ।

जीवनमा कहिल्यै नभेटिएका टोनी हागन र हर्क गुरुङले उनीहरूका पुस्तकमार्फत मलाई घुमन्ते बनाइसकेका थिए । ती छुट्टै चालढालले घुम्थे । आफू गएको ठाउँको नक्सा बनाउँथे, उचाइ लिन्थे, जनसङ्ख्या टिप्थे, सामाजिक रहनसहन उतार्थे, आर्थिक-सामाजिक पाटो केलाउँथे, फोटो खिच्थे, औसत नेपालीले ख्याल नगरेका तर आउने पुस्ताका लागि अति महत्त्वपूर्ण सामग्री तयार पार्थे । उनीहरूका कृति पढ्दा भिडियो हेरेजस्तो लाग्ने । त्यसैमाथि सहकर्मी मोहन मैनाली आफूले घुमेका नेपालका हिमाली ठाउँ र त्यहाँका पात्रका अनेक किस्सा भन्थे । जति सुन्यो, उति सुनिरहुँ लाग्ने । कुनै पनि कुरालाई मन्त्रमुग्ध तरिकाले वर्णन गर्थे मैनाली ।

... ...

दुराडाँडाका पण्डितहरूले हलो जोतेर राणा शासनको विरोध गरेको सुनेको थिएँ । यो पनि सुनेथेँ, दुराडाँडा बौद्धिकहरूको ठाउँ हो । यी सबै कुराले गर्दा पनि म दुराडाँडा जाने भएँ ।

मैले भन्नुपर्छ, रिपोर्टिङका लागि म अझै पनि मनैदेखि उत्साहित थिइनँ । किन थिइनँ भने मान्छे 'होलसेल' मा मारिएका थिए । सङ्ख्याको हिसाब हुन थालेका बेला यौटा मान्छे, त्यही पनि शिक्षक, त्यसमाथि पनि लमजुङको कुनै गाउँको । मलाई रिपोर्टिङ होला जस्तो पनि लागेको थिएन ।

सम्पादक दाहालसँग कुरा गरेको भोलिपल्टै म कलङ्कीबाट बस चढेँ, खत्रीठाँटी, लमजुङका लागि । बसले डुम्रे, सुन्दरबजार हुँदै खत्रीठाँटी पुऱ्यायो । अन्तिम गन्तव्य त्यही थियो । खत्रीठाँटीबाट डेढ घन्टा पैदल उकालो लागेपछि दुराडाँडा आउँदो रहेछ । मुक्तिनाथ अधिकारीको घर सोध्दै दुराडाँडा पुग्दा साँझ भयो । मुक्तिनाथका जेठा छोरा सुमन र कान्छा सुबोध पिंढीमा आगन्तुकसँग कुरा गर्दै थिए । सुमनसँग घटनाबारे सोधेँ । उनले थाहा भएजति बताए । सुबोध चुपचाप बसे । सुमनले नै स्थानीय एक जनाको घरमा बस्ने व्यवस्था मिलाइदिए ।

... ...

सुमनले बाबुको हत्यापछि कसैलाई फोटो खिच्न पठाएका रहेछन् । खिचिएको फिल्म (क्यामराको रिल) लाई तनहुँ सदरमुकाम दमौलीबाट धुलाएर ल्याइएको रहेछ । फिल्म धुलाउने सबैभन्दा नजिकैको ठाउँ त्यही थियो । पूरै फिल्म नसकिएका कारण फिल्म काटेर धुलाइएको जानकारी प्राप्त भयो । त्यतिबेलाको प्रविधि त्यस्तै थियो । फोटो जरुरी परेमा फिल्म काटेर धुलाउने, बाँकी फिल्म फेरि प्रयोग गर्न सकिने ।

तिनैमध्येको पोस्टकार्ड साइजको एउटा तस्बिर मेरो हात पऱ्यो । आफ्नै हातमा मृतकको फोटो देखेर मन हच्कियो पनि । कताकता डर लागेजस्तो ।

तस्बिर कच्याककुचुक हुनबाट जोगाउन अनि माओवादी र सेनाको सम्भावित खानतलासीबाट बच्न आइडिया निकालेँ । एक जना विद्यार्थीको मोटो गाता भएको पुरानो कापी मागे । मोटो गातालाई दुई भाग हुने गरी उधारेँ । त्यसभित्र फोटो राखेँ र जिल्दा लगाएँ । भोलिपल्ट कापी झोलामा हालेर म खत्रीठाँटीबाट काठमाडौँ हिंडेँ ।

... ...

मुक्तिनाथ अधिकारीको हत्या हुँदा अमेरिकी विदेशमन्त्री कोलिन पावेल नेपाल भ्रमणमा थिए । माओवादीले गरेको कार्य अमेरिकी सरकारलाई देखाउन पाइने यो एउटा उपयुक्त समय थियो । अमेरिकी सरकारबाट सहानुभूति पाउन अनि शाही नेपाली सेनालाई सैन्य सहयोग जुटाउन ।

यही मौका छोप्न नेपाल टेलिभिजनलाई लिएर गृहराज्यमन्त्री देवेन्द्रराज कँडेल, प्रहरी महानिरीक्षक प्रदीपशमशेर राणा, लमजुङका सांसदद्वय हरिभक्त अधिकारी एवं रामबहादुर गुरुङलगायतको टोली हेलिकप्टरमा घटनास्थल पुगेको थियो । साथमा काठमाडौँमा पढ्दै गरेका मुक्तिनाथ अधिकारीका कान्छा छोरा सुबोध पनि थिए । कोलिन पावल नेपाल नआएको भए र सम्पादक राजेन्द्र दाहालको ध्यान नगएको भए मुक्तिनाथको घटना ओझेल पर्ने रहेछ ।

हिमाल खबरपत्रिका उतिबेला पाक्षिक थियो । २९ जनवरीदेखि १२ फेब्रुअरी २००२ को अङ्कमा मुक्तिनाथ अधिकारीलाई माओवादीले मारेपछिको तस्बिर छापिएको थियो आवरणका रूपमा । लेखिएको थियो- के हेरिरहेका छन् पार्टीहरू ?

समाचार थियो-

एक शिक्षकमाथि माओवादीको क्रूरता, राजनीतिक दलहरूको दुर्भाग्यपूर्ण मौनता

- श्रीभक्त खनाल, लमजुङ, दुराडाँडा

कुख्यात तानाशाहहरूको क्रुरतालाई समेत बिर्साउने घटना यसपालि लमजुङको एउटा गाउँले व्यहोर्नुपरेको छ । माओवादी आतङ्कको सिकार भएका छन्, एक निहत्था शिक्षक । माओवादीहरूको क्रुर हिंसा जति निन्दनीय छ, यस घटनाप्रति राजनीतिक दलहरूले देखाएको बेवास्ता त्यत्तिकै आश्चर्यजनक र गैरजिम्मेवारपूर्ण । जनताको जीउधनलाई जोखिममा पर्न नदिने जिम्मा नेताहरूले भुलिसकेका हुन सक्छन्, तर १६ जनवरी २००२ मा देख्नुपरेको नृशंस घटनाको धङधडी लमजुङको दुराडाँडाका बासिन्दाहरूको मनमस्तिष्कबाट मेटिन सकेको छैन ।

सधैँ झैं त्यस दिन मध्याह्न पनि पाणिनी संस्कृत माध्यमिक विद्यालयका प्रधानाध्यापक मुक्तिनाथ अधिकारी कक्षा १० मा पढाइरहेका थिए । एक हुल हतियारधारी माओवादीहरू सरासर कक्षा कोठामा पसेर पढाइरहेका अधिकारीलाई सुरुमा रूखो पाराले नमस्ते गरे र नमस्ते फर्काउन नपाउँदै घोक्राएर बाहिर निकाले । आफूलाई पढाउँदा पढाउँदै किन जबर्जस्ती निकालिएको हो भन्ने उनको प्रश्नको जवाफ पनि माओवादीले दिएनन् । त्यतिन्जेलमा उनीहरूले अधिकारीको हात कम्मर पछाडि लगेर बाँधिसकेका थिए र गोडामा लामो फड्को मार्न नमिल्ने गरी डोरी कसिदिए । माओवादीहरूले आफूले कब्जामा लिएका अधिकारीसँगै अरू सबै शिक्षक र विद्यार्थीलाई पनि स्कुलभन्दा अलि पर लगेर तीन मिनेटजति भाषण दिए । त्यसक्रममा २५ वर्ष मुन्तिरका जस्ता देखिने ती युवकहरूले अधिकारीमाथि यस्ता 'अभियोग' हरू लगाएका थिए- तीन वर्षअघि स्थानीय माओवादी कार्यकर्ता एकबहादुर सुनारलाई मार्न सुराकी गरेको, गएको दसैंमा शिक्षकहरूको तलब र दसैं पेस्कीको २५ प्रतिशत रकम उठाएर नदिएको र माओवादीले संस्कृत पठनपाठन बन्द गराउने अभियान चलाउँदा-चलाउँदै पनि संस्कृतको अध्ययन-अध्यापन जारी राखेको आदि इत्यादि । ती घटनामा 'अपराधी' सावित भएकाले प्रधानाध्यापक अधिकारीलाई कारबाहीका लागि लगिएको उनीहरूले बताए । भाषण भइरहँदा अधिकारीको

कञ्चटमा पेस्तोल सोझ्याइएको थियो । माओवादीले त्यसभन्दा अलि पर फेरि स्थानीय बासिन्दालाई जम्मा पारेर अर्को भाषण दिए । त्यस क्रममा उनीहरूले दुराडाँडामा मार्नुपर्ने सात जनामध्ये पहिलो व्यक्तिलाई मारिन लागेको र बाँकीलाई पनि छिट्टै मारिने बताए पनि उनीहरूको 'हिट लिस्ट' मा अरू क-कसको नाम छ भन्ने चाहिं त्यहाँ खुलाएनन् ।

माओवादीहरूले अधिकारीलाई उनकै घरमुनिको मूलबाटो हुँदै डाँडातिर उकालेर चन्द्रपाटा भन्ने ठाउँमा पुऱ्याए, जहाँ रहेको पानीट्याङ्की पछाडि उत्तिसको रूखमा झुण्ड्याएर अधिकारीको बीभत्स हत्या गरियो । उनका दुवै हात पछाडि फर्काएर रूखमा बाँधी घाँटी गलबन्दीले कसिएको थियो । छट्पटाइरहेको अवस्थामै उनको दाहिने काँध र माथिल्लो पेटमा छुरी पनि धसियो र अन्त्यमा दाहिने कञ्चटमा गोली हानियो । अधिकारीको प्राण गएको पक्का भएपछि मात्र दिउँसो सवा एक बजेतिर माओवादीहरू त्यहाँबाट पश्चिम-उत्तरतिर गएको स्थानीय बासिन्दाले देखे । स्थानीय बासिन्दा घटनास्थलमा पुग्दा अधिकारीको शरीरबाट तपतप रगत चुहिरहेको थियो । सो घटनाका बारेमा कसैलाई खबर गरेमा गोली चल्नेछ भनेर धम्की दिइएका कारण देख्ने-सुन्ने कसैले परिवारलाई समेत तत्काल खबर गरेनन् । उनको घरदेखि घटनास्थलसम्मको दूरी १५ मिनेटजति मात्र छ, तर परिवारका सदस्यहरूले घटना भएको एक घन्टापछि मात्र थाहा पाए । बेलैमा पुग्न पाएको भए बचाउन सकिन्थ्यो कि भन्ने विश्वास परिवारका सदस्यहरूको थियो ।

माओवादीले अधिकारीको हत्या गर्नुअघि दुराडाँडामा रहेको सार्वजनिक टेलिफोन बुथ कब्जामा लिएका थिए । दुराडाँडामा रहेको टेलिफोन सेट माओवादीले लगेर दुर्लुङ भन्ने ठाउँमा छाडे । त्यही टेलिफोनको सेट ल्याएर दुराडाँडाबासीले काठमाडौं सम्पर्क गरेका थिए । पछि उदीपुर डाँडास्थित टेलिफोन रिपिटर स्टेसन पनि ध्वस्त पारे, जसले गर्दा जिल्लाका प्रायः सबै टेलिफोन लाइन अहिले पनि

अवरुद्ध छन् । गाउँलेहरू डरले चुपचाप बसेकाले हत्याको खबर निकै समयपछि मात्र फैलिएको थियो । सांसदद्वय हरिभक्त अधिकारी, रामबहादुर गुरुङ र प्रहरी महानिरीक्षक प्रदीपशमशेर राणा भोलिपल्ट बिहान साढे १० बजे हेलिकोप्टर लिएर घटनास्थल पुग्दा अधिकारीको शव रूखमै झुण्डिइरहेको थियो । शव चलाउनेलाई अधिकारीलाई जस्तै मार्ने धम्की दिइएकाले त्यसबेलासम्म कसैले पनि लास छुने आँट गरेनन् ।

अहिले पनि सदरमुकाम बेसीसहरबाट तीन घन्टाको दूरीमा रहेको घटनास्थल वरिपरिका बस्ती र डाँडाहरूमा माओवादीहरू बसिरहेको गाउँलेहरू बताउँछन् । सो क्षेत्रमा सुरक्षाकर्मीहरू राम्ररी परिचालित नगरिएका कारण माओवादीहरू राति-राति आफूले खोजेका मान्छेको घर घेर्ने काम गरिरहेका छन् । एक जना स्थानीय बासिन्दा भन्छन्, 'हामी यति त्रसित भएका छौँ कि एउटा नौलो मान्छेले आएर पानी खान माग्यो भने पनि डराउनु परेको छ ।'

अधिकारीको हत्यापछि पाणिनी मावि बन्द छ । २ सय ५० जना विद्यार्थी पढ्ने उक्त विद्यालयलाई अनौपचारिक रूपमा दुई वर्षका लागि बन्द गर्ने तरखर भैरहेको छ । सरकारी सुरक्षाकर्मी र माओवादी दुवैतर्फबाट बन्दुकको दबदबा बढेकाले काम गर्न असमर्थ रहेको जनाउँदै लमजुङका विभिन्न सात प्रधानाध्यापकले केही दिनअघि मात्र राजीनामा दिएका थिए, जसमा पाणिनी माविका प्रधानाध्यापक पनि थिए । उनको ठाउँ रिक्त भएपछि केही दिनअघि मात्र मुक्तिनाथ अधिकारी निमित्त प्रअ नियुक्त भएका थिए । ४५ वर्षीय अधिकारी २४ वर्षदेखि शिक्षण पेसामा संलग्न थिए । नेपाल शिक्षक सङ्घको सदस्य रहेका अधिकारीको राजनीतिक झुकाव नेपाली काङ्ग्रेसतिर थियो । उनका जेठा छोरा सुमन अधिकारीका अनुसार, केही दिनअघि माओवादीहरूले 'दुराडाँडाका फटाहाहरूको दाँजोमा मुक्तिनाथलाई राख्नु नपरोस्' भन्दै धम्की दिएका थिए तर ज्यानै लिन सक्ने खालको चेतावनी चाहिँ

आएको थिएन । माओवादीबाट खतरा होला कि भनेर हप्ता दिनअघि मात्र उनकी दिदी सूर्यकुमारी घिमिरे भाइलाई लिन भनेर बेसीसहरबाट आएकी थिइन् । 'मैले छाडिदिएँ भने स्कुल गर्लम्मै ढल्छ' भन्दै उनले गाउँ छाड्न मानेनन् ।

'एमनेस्टी इन्टरनेसनल ग्रुप ७९' मा आबद्ध अधिकारीको हत्या अमानवीय र क्रुर भएको जनाउँदै एमनेस्टी इन्टरनेसनल, लन्डनले १८ जनवरीमा उक्त हत्याको कडा भर्त्सना गरेको थियो । त्यसपछि माओवादीको विदेश विभागका 'राहुल' ले 'एमनेस्टी' लाई पठाएको एक पत्रमा 'अधिकारीलाई सुराकी गरेको आरोपमा मृत्युदण्ड दिइएको' दाबी गरिएको छ । तर सो पत्रमा मारिएका शिक्षकको नाम मुकेश अधिकारी उल्लेख गरिएकाले पत्रको विश्वसनीयता शङ्काको घेरामा परेको छ ।

समाचारको बीचमा मुक्तिनाथको तस्बिर राखिएको थियो । त्यसैले त्यो तस्बिर मैले नै खिचेको हो कि झैं लाग्थ्यो । फोटो तपाईंले नै खिचेको हो भनेर साथीभाइ र अन्यको जिज्ञासामा मैले 'त्यस्तै त्यस्तै हो' भनैं तर स्पष्ट जवाफ भने दिइनँ । उसो भए कसले खिच्यो ?

तस्बिर लिने व्यक्तिलाई मैले भनैं, 'अब तपाईं बोल्ने समय आएजस्तो लाग्छ, परिचय दिनुहोस् ।' तर उनले भने, 'यसको रहस्य कहिल्यै खुल्दैन । म चिनिन चाहन्नँ ।' मैले उनलाई अनुरोध गर्दै भनैं, 'जसले विद्रोह गरेका थिए, ती सत्तामा आइसके । प्रधानमन्त्री भैसकेका छन् । अब तपाईंलाई डर छैन, रहस्य खोलिदिनुस् ।' उनी आफ्नो विचारमा दृढ रहे ।

ती अनाम फोटोग्राफरले भने, 'तै रै'छस् हैन फोटो लिने भनेर मारिदिए भने के गर्ने ? म माओवादीसँग वैचारिक बहस गर्न सक्छु । तर उनीहरूको गैरजिम्मेवारीसँग डर लाग्छ । हिजो उनीहरूको बन्दुकसँग डराइयो । आज उनीहरूको शक्ति र सत्तासँग डराउनु परेको छ । नेपालमा शान्तिको जरा अब सधैंका लागि हल्लिइसकेको छ ।' उनी

भन्दै थिए, 'मलाई अरु नै कुनै घटनामा जोडेर माओवादीले धम्की दिएका थिए । त्यसैले पनि आफू सुरक्षित हुनुपर्ने भो । फोटो खिच्दा मेरो बिहे भा'थेन, अहिले केटाकेटी छन् । मुक्तिनाथको त्यै फोटोको बखेडा निकालेर अर्को काण्ड मच्चाउलान् भनेर किताबको पत्रमा लुकाएर राखेका अरु पाँच-छ थान फोटो पनि नष्ट गरिदिएँ ।'

... ...

मुक्तिनाथ अधिकारीको हत्या भएको नौ वर्षपछि हिमाल खबरपत्रिकाका प्रकाशक कनकमणि दीक्षितले २२ जनवरी २०११ मा नागरिक दैनिकमा 'त्यो हत्याको हिमाल साक्षी छ' नामको लेख लेखे, जसले उतिबेलाको अवस्था अझ राम्रोसँग प्रस्ट्याउँछ । लेखको मोटामोटी अंश-

पढाइरहेका बेला माओवादी पार्टी, लमजुङ जिल्ला समिति सदस्यको नेतृत्वमा आएको टोलीले 'सर दुई मिनेट काम छ' भनेर कक्षाबाट तानेर बाहिर लगे । सशङ्कित विद्यार्थीले छाडिदिन गरेको आग्रह मानेनन् । गाउँको गोरेटो बाटो हुँदै माथि आधा घन्टा पर रहेको बारीको कान्लामा लिएर गए । साँझपख गाउँबासी माथि पुग्दा मुक्तिनाथ सरलाई हत्या गरी उत्तिसको फेदमा बाँधेर ठड्याइएको भेट्टाए । माओवादीले 'बम छ, कसैले नछुनू' भनेका कारण त्रसित गाउँबासी लासछेउ आगो बाली जागराम बसे ।

मुक्तिनाथ सरलाई घिस्याएको गोरेटोकै बाटो गरी छोरा सुमनले हाम्रो टोलीलाई माथि त्यो रक्ताम्मे गह्रातर्फ लिएर गए । मुक्तिनाथ सरलाई मारेको कान्लाछेउ चन्द्र आकारको घेरा बनाएर हामीले स्वतःस्फूर्त श्रद्धाञ्जलि भेला गर्‍यौं । पत्रकार चन्द्रकिशोरले केही शब्द श्रद्धासुमन राखे अनि भने, 'मुलुकभर मारिएका निहत्था निर्दोष नागरिकका प्रतीक हुन् मुक्तिनाथ अधिकारी । मनमा लागेका कुरा स्पष्ट भन्ने, समाजलाई उदार र खुला राख्ने प्रण गरौं ।'

मुक्तिनाथ सरलाई मारिएको ताका माओवादीको 'जनयुद्ध' शिखरमा थियो । गाउँमा विद्रोहीको ज्यादती भयावह र चरम अवस्थामा थियो । गर्धन छिनालेको, यातना दिएको बीभत्स दृश्य त फोटोग्राफरहरूले खिचेका तस्बिरमा सर्वत्र उपलब्ध थिए, जस्तै : एमाले नेता यदु गौतमको । पाठकप्रतिको संवेदनशीलताले त्यस्ता तस्बिर पत्रपत्रिकामा छाप्ने अवस्था थिएन । तर, माओवादीको व्यक्तिहत्याको शृङ्खलालाई उजागर गर्ने तस्बिरको भने खाँचो थियो ।

त्यतिबेला हिमाल खबरपत्रिकाका श्रीभक्त खनाल त्यतै खटाइए र मुक्तिनाथ सरको हत्यापश्चातको तस्बिर फेला पारी लिई आए । मृत्युको भोलिपल्ट बिहानको फोटो । सौम्य मुद्रामा निदाएजस्ता मुक्तिनाथ सर । हिमाल खबरपत्रिकाका संस्थापक सम्पादक राजेन्द्र दाहाललाई लाग्यो, यो तस्बिर सार्वजनिक गर्नु उपयुक्त छ र आँट गरीकन २९ जनवरीदेखि १२ फेब्रुअरीको आवरणमा त्यो छापियो । पहिलो पटक सायद माओवादीको व्यक्तिहत्याको प्रमाण आम पाठकसामू प्रस्तुत भयो ।

हत्याको चरित्र तथा मरणस्थलबारे गाउँबासीबाहेक अरूलाई जानकारी त्यो तस्बिर मात्र थियो । तसर्थ त्यहीं पुग्दा केही थप कुरा थाहा भयो । मुक्तिनाथ सरको विदाइको यो स्थललाई नेपालका हिमालहरूले पहरा दिएका रहेछन् । शिर ठाडो गरेर हेर्नुपर्ने एकातिर मनास्लु, हिमालचुली, बौद्ध र डा. हर्क गुरुङले नाम दिएको ङादीचुली । अर्कातर्फ लमजुङ हिमाल, माछापुच्छ्रे तथा सम्पूर्ण अन्नपूर्ण हिमशृङ्खला । मानौं व्यक्तिहत्याको शृङ्खलालाई त्रास, अन्योल र मौनतामा डुबेको बौद्धिक जगत्का बाबजुद नेपालका हिमालय साक्षी छन् । बिर्सन दिने छैनन् ।

तस्बिरमा मुक्तिनाथ सर शालीन छन्, रक्तपात देखिँदैन । तर बीभत्स पाटो क्यामेराको लेन्सले नसमेटेको रहेछ, त्यहीं थाहा भयो । उनको हत्या गोलीबाट भएको रहेछ, दाहिने कान पछाडिबाट छिरेको,

खप्पर पछाडिबाट बाहिरिएको पूरै विस्फोट गरी छियाछिया पार्दै । फोटोले त्यो थाहा दिएन ।

किन व्यक्तिहत्या ?

आखिर किन गऱ्यो माओवादीले नागरिकको हत्या ? माओत्सेतुङद्वारा प्रतिपादित जनयुद्ध कार्यक्रममा सर्वसाधारणलाई यातना नदिनू भन्ने निर्देशन छ । सन् १९९० मा आएको लोकतन्त्रको छ वर्ष नबित्दै सुरु गएको द्वन्द्व ऐतिहासिक उत्पीडनलाई खलास पार्न सशस्त्र द्वन्द्व आवश्यक थियो भन्ने माओवादी नेतागणको दाबी स्वीकार्न गाह्रो छ । लडाइँ गर्नु नै थियो भने त्यो राज्यसत्ता तथा सुरक्षा फौजतर्फ लक्षित हुनुपर्नेमा निहत्था, निर्दोष स्थानीय अगुवा, शिक्षक, समाजसेवी, कार्यकर्ता, व्यापारी, बौद्धिकको हत्या गर्ने औपचारिक तरिका अपनाइयो । नेपालका माओवादीले अग्रज ठानेका ७० को दशकका भारतका नक्सलवादी व्यक्तिहत्या (टार्गेटेड किलिङ) मा लागेका थिएनन् ।

नेपाली माओवादी नेतृत्वको 'कार्यनीति' प्रस्ट छ- आफ्नो हैकम जमाउन नागरिक मार्दै हिंडेको । सत्ता कब्जाका लागि नेपाली भूमिको भौगोलिक विशेषता तथा जिल्लाका कुनाकन्दरामा सरकारी अनुपस्थितिको फाइदा लिँदै स्थानीय सामाजिक नेतालाई दबाउने, तर्साउने नीति उसले लियो । नदबिने र नतर्सिने अगुवा कोही निस्किए, निर्ममताका साथ यातना दिने या सफाया गर्ने नियत उसको रह्यो । एउटा हत्याकाण्ड मच्चाउँदा दसौं हजार जनतालाई भयको वातावरणमाझ नियन्त्रण गर्न सक्ने हुनाले भेकभेकमा यस्तै गऱ्यो माओवादीले । मुक्तिनाथ सरलाई मारेर लमजुङ जिल्लामा पनि उसले यसै गऱ्यो ।

भयको वातावरण आजसम्म छँदै छ जिल्लामा । सङ्क्रमणकालीन न्यायको अभाव, शान्तिप्रक्रियाको कमजोरी तथा केन्द्रका बौद्धिकहरूको लाचारीले आजसम्म गाउँबासीको मुखमा पट्टी लागेको छ । कसले माऱ्यो मुक्तिनाथ सरलाई ? सबैलाई थाहा छ तर कसैले किटानी जाहेरी दिन सक्ने अवस्था छैन, न त आगन्तुक पत्रकारलाई बताउने ।

बल्लबल्ल एउटा स्मृतिसभा गर्न सक्ने अवस्था जुरेको छ, समयचक्र घुम्दै जाँदा ।

मुक्तिनाथ सरको हत्यापश्चात धेरै वर्षसम्म काठमाडौं को पद्मकन्या कलेजको एउटा सानो कोठामा स्मृतिसभा आयोजना गर्न मुक्तिनाथ अधिकारी स्मृति प्रतिष्ठान बाध्य रह्यो । नागरिक अगुवा र राजनीतिज्ञ बिरलै आउने त्यो कार्यक्रममा मुख्यतः आफन्त र विस्थापित गाउँबासीको उपस्थिति रहने गर्थ्यो । यसपाला दुराडाँडा गाउँकै पाणिनी संस्कृत माध्यमिक विद्यालयको प्राङ्गणमा समारोह आयोजना भयो, नेपाली काङ्ग्रेस र नेकपा (एमाले) का केन्द्रीय नेताको उपस्थितिमा । तर पनि सहभागिता पातलो नै रह्यो । भयको राज भएको गाउँबाट धेरै पलायन भइसके भने अझै पनि स्थानीय तवरमा भौतिक, सार्वजनिक, राजनीतिक हिंसाको डर छँदै छ । नत्र हिंसाविरुद्ध गरिएको त्यो स्मृति समारोहमा सयौँमात्र होइन, हजारौं उपस्थित हुने थिए ।

नौ वर्षपछि पहिलो पटक स्मृतिसभा गर्दैगर्दा मुक्तिनाथ सरको निकटतम सम्झनामा सबै स्तब्ध थिए । सार्वजनिक विलापको मौका पहिलो पटक जुरेको थियो । र, हिजैमात्र त्यो सभास्थल सामुन्ने रहेको कक्षाकोठाबाट उनलाई लगेको जस्तो स्थानीयबासीलाई लागेको थियो । मुक्तिनाथ सरका मित्र शिक्षक ठाकुरप्रसाद तिवारी माइकमा त गए तर भक्कानो फुट्यो र रुँदै 'मनमा धेरै कुरा छ तर केही भन्न सकिनँ' भन्दै लत्रक्क बसे बेन्चमा । उता मुक्तिनाथ सरकी श्रीमती इन्दिरा अधिकारी छेवैमा खास्टोले मुख छोप्दै, आँसु पुछ्दै थिइन् ।

मुक्तिनाथ सरले सन् २००२ को दसैं पेस्कीको कुनै अंश स्थानीय माओवादीलाई दिन इन्कार गरेलगत्तै स्कुलका सबै शिक्षकले सामूहिक निर्णय गरेका थिए, चन्दा नदिने । स्थानीय कमिसारलाई त्यो स्वतन्त्रताको सङ्केत सह्य भएन । विशेषगरी 'गोली किन्नलाई पैसा दिन्नँ' भन्ने मुक्तिनाथ सरको भनाइ सुनेपछि । सन् २००० मा मावि शिक्षकको तलब मासिक करिब ५ हजार थियो । चौमासिक रूपमा तलब

र एक महिनाको दसैं पेस्की गरी एउटा शिक्षकले २५ हजार बुझ्थ्यो । माओवादीले २५ हजारको २५ प्रतिशत माग गरेका थिए ।

'उहाँलाई घिसार्दै हत्या गर्न लाग्दा पनि 'चन्दा' दिन राजी हुनुभएको भए उहाँ बच्ने सम्भावना थियो तर माओवादी ज्यादतीअगाडि उहाँ घुँडा टेक्न तयार हुनुभएन,' स्मृतिसभामा अधिकारकर्मी सुशील प्याकुरेलले भने ।

जे हुने भइहाल्यो भन्दै विचार बिसाउने मनसाय धेरैको छ, नागरिक अगुवा र नेतालगायत । मुक्तिनाथ सरको हत्यारा जो खुलेआम हिंडिरहेका छन्, तिनले हर्ष लिने कुरा हो यो । सशस्त्र द्वन्द्वताका निर्दोष नागरिकमाथि विद्रोही र सुरक्षा फौजतर्फबाट भएको ज्यादतीविरुद्ध कारबाही नहुने हो भने मृतकको आत्माको अपहेलना हुनेछ । जीवित परिवारजनको घाउ आलो नै रहनेछ । प्रतिशोधको भावना जन्मनेछ । उता भोलिको ज्यादती गर्नेहरूलाई ढोका खुल्नेछ ।

राज्य तथा माओवादी पक्षको ज्यादतीकर्तालाई अदालतको कठघरामा ल्याउने अभियान सशक्त पारिनुपर्छ । मैना सुनार, भैरवनाथ गण, बाँदरमुडे, अर्जुन लामा, काजोल खातुन, उमा सिंह, दोरम्बा जता जसले बर्बर कार्य गर्‍यो, उसको न्यायिक पिछा छोड्नु हुँदैन ।

व्यक्तिहत्याको शृङ्खलालाई बिर्सने हो भने, न्याय नखोज्ने हो भने आजको र भोलिको नेपाल सभ्य समाजको पङ्क्तिमा उभिन सक्दैन । दिगो शान्तिको सट्टा यहाँ अनेकन नयाँ अतिवादले टेको पाइरहन्छ । यस्तो समाजमा राजनीति कहिल्यै स्थिर हुने छैन । विकासका काम र अर्थतन्त्र सधैं सिथिल रहनेछन् ।

मुक्तिनाथ सरका हत्यारालाई अदालतसामु ल्याउन जमर्को नगर्नु यथास्थितिवादको चरम अनुयायी बन्नु हो । ज-जसले मुक्तिनाथ सरलाई बिर्सन्छन्, बिर्सन चाहन्छन् उनै हुन् देश र जनताको उत्थान नचाहने नेता । हत्यारालाई माफी दिने अधिकार मात्र मुक्तिनाथ सरको परिवारमा निहित छ ।

कनकमणि दीक्षितले माथिको लेख लेख्दा सत्य निरुपण आयोग बनेको थिएन भने अहिले आयोग गठन भएको छ । फरक यति मात्रै हो । सङ्क्रमणकालीन न्यायको प्रक्रिया अझै लम्बिँदै गएको छ ।

जाहेरी

सत्य निरुपण तथा मेलमिलाप आयोगमा मुक्तिनाथ अधिकारीकी श्रीमती इन्दिरा, छोरा सुमन र छोरी सविताले जाहेरी किटानी दिएका छन् । अधिकारी परिवारले मलाई उपलब्ध गराएको कागजपत्रमा भनिएको छ- 'लमजुङ जिल्ला इशानेश्वर गाविस वडा नं. ४ बस्ने साधुराम घिमिरे (उर्फ प्रभु/माओवादीको तत्कालीन जिल्ला कमान्डर), लमजुङ जिल्ला सातधारे गाविस वडा नं. ५ वस्ने देवेन्द्र पौडेल, कास्की जिल्ला मिजुरे गाविस वडा नं. ५ बस्ने ध्रुवराज अधिकारीसहित महिला र पुरुष गरी अन्दाजी ११-१२ जनाले अपहरण गरी कब्जा लिएर यातनासहित हत्या गरेका थिए । हाल कहाँ छन्, अरु कहाँ छन् अनुसन्धान गर्ने, को-को जिम्मेवार छन् ? सत्यतथ्य पत्ता लगाउने जिम्मेवारी आयोगमा रहेको छ ।' जाहेरी किटानीमा लेखिएको छ- 'मुक्तिनाथ अधिकारी निमित्त प्रधानाध्यापक भएपछि देवेन्द्र पौडेल लगायतका केही व्यक्तिहरू माओवादीका नाममा घरमा आई निमित्त प्र.अ.का नाताले सम्पूर्ण शिक्षकहरूको २५ प्रतिशत दसैं पेस्की उठाई माओवादीलाइ दिनुपर्छ भनेका थिए । फेरि दसैंको षष्ठीका दिन उनीहरू आए, खोइ त पैसा भन्दा उहाँले शिक्षक साथीहरूबीच नदिने सल्लाह भयो भन्नुभयो । त्यसो भए तपाईंको भाग दिनुस् भनी दबाब दिए । साथीहरूको सल्लाह विपरीत मैले मात्र दिन सक्दिनँ भन्नुभयो । त्यसपछि खान बस्न दिनुपर्‍यो भन्ने कुरा गरे । घरमा पनि श्रीमती रोगी छ, सबै जनालाई पकाएर ख्वाउने कुरो सम्भव हुँदैन, पकाउने बिखय टक्र्याउँछु पकाऊ, खाऊ भन्नुभयो । त्यसपछि पख्लास् तँलाई फटाहाको दाँजोमा नराखी त्यसै छाड्दैनौं भन्दै उनीहरू गएका थिए । गाउँघर एवम् स्कुलमा पटकपटक आएर थर्काउने, धम्क्याउने त सामान्य नै थियो त्यतिबेला ।'

देवेन्द्र पौडेल कुनै बेला लमजुङ जिल्लाको तत्कालीन माओवादीको पार्टी कार्यालय सचिव थिए । हाल उनी नेत्रविक्रम चन्द 'विप्लव' नेतृत्वको नेपाल कम्युनिस्ट पार्टी माओवादीमा रहेको थाहा भएको छ । साधुराम घिमिरे (प्रभु) लाई पार्टीले आर्थिक हिनामिना गरेको आरोपमा कारबाही गरिएको स्रोतले जानकारी दिएको छ । यद्यपि उनले त्यो कुरा स्वीकार गरेनन् । ध्रुवराज अधिकारी डा. बाबुराम भट्टराई अर्थमन्त्री हुँदा उनका स्वकीय सचिव भएका थिए । अधिकारी रातोपाटीडटकमका पूर्व सम्पादक हुन् ।

यो अध्यायको लेखाइ समाप्त गर्ने तयारी गरिरहँदा सोचें, अभियोग लागेका व्यक्तिलाई सम्पर्क गर्दा के होला ? २८ नोभेम्बर २०१७ मा फेसबुक म्यासेन्जरबाट ध्रुवराज अधिकारीलाई सम्पर्क गरें ।

• *ध्रुवजी नमस्कार !*

- *नमस्कार ।*

• *आरामै हुनुहुन्छ नि ?*

- *हजुर ।*

• *मेरो नाम श्रीभक्त खनाल हो । द्वन्द्वसम्बन्धी किताब लेख्दै छु । यही सिलसिलामा तपाईंलाई सम्पर्क गरेको । कुरा गर्न मिल्छ होला नि ?*

- *त्यही त तपाईंको नाम कताकता सुनेजस्तो लाग्यो । म तपाईंको फेसबुक प्रोफाइल हेर्दै थिएँ । भन्नुस् न ।*

• *तपाईंलाई मुक्तिनाथको हत्यामा अभियोग लगाइएको रहेछ । सञ्चारकर्मी भएको नाताले पनि यो कुरा सोध्नुपर्ने हुन्छ । तपाईं आफैं पत्रकारिता गरेको मान्छे । तपाईंलाई थाहा छ नि सञ्चारकर्मीकोभूमिका ।*

- *तपाईंलाई थाहा रै'छ । मलाई जानकारी भएन ।*

म्यासेन्जर कल काटियो । मलाई अनफ्रेन्ड गरिएको रहेछ । त्यो ज्ञान मलाई भएन । टेक्नोलोजीमा मलाई साक्षर पनि भन्न मिल्दैन

जस्तो लाग्छ । नेपाली, अङ्ग्रेजी टाइप र इन्टरनेट प्रयोग मात्र हो जानेको । सोचेँ, केही प्राविधिक समस्या आयो । फेरि फ्रेन्ड रिक्वेस्ट पठाए । उनले एसेप्ट गरे । कल उनले नै गरे र भने :

• *ल भन्नु न ।*

- त्यति मात्र हो । खासै कुरा छैन, मेरो कुरा सकियो ।

• *तपाईंको घर कहाँ हो ?*

- तनहुँ ?

• *कहाँ हुनुहुन्छ ?*

- पोर्चुगल

• *कुनै पत्रिका अथवा अनलाइन चलाउनुहुन्छ कि ?*

- छैन । साधारण कामदार हो । त्यै पनि अहिले त काम पाएको छैन ।

टुङङ्ग म्यासेज आयो । लेखिएको थियो :

I unnfriend you. Where are you? What do you want? How did you dare to ask such an absurd question whom you do not know personally? I will understand you. Never ever ever try to play with tranquil academic life of mine. Do something good for your living.

प्रत्युत्तरमा मैले लेखेँ : Thank you.

उनले केही लेखेनन् । मात्र यस्तो देखियो : √ seen 4:36 am

ल्यापटपमा नेपाली समय सेट गरेको छु । त्यही समय अनुसार उनले त्यो म्यासेज हेरेको देखियो । त्यसपछि हाम्रो सम्पर्क टुटेको छ ।

ध्रुवराज अधिकारीले लेखेको लेखबाट एउटा अंश यहाँ राख्न चाहन्छु, जसको आरोपसँग ट्वाक्कै सरोकार त छैन तर माओवादी

पार्टी र त्यसका कार्यकर्ताले के अपेक्षा गरेका थिए भन्ने बारेमा केही जानकारी दिन्छ ।

शान्ति सम्झौता सम्पन्न भएको १२ वर्ष बितिसक्दा पनि हाम्रा दाजुभाइ दिदीबहिनीहरू रोजगारीका लागि खाडी भासिने क्रम रोकिएको छैन, बढेको छ । स्वयम् माओवादी पूर्व लडाकुहरू ८० प्रतिशतभन्दा बढी खाडी भासिइसकेका छन् । माओवादी युद्धमा सामेल ९५ प्रतिशतको भविष्य उजाडिएको छ । उनका आफन्तहरू र विरोधीहरूले उनीहरूलाई खुचिङ भनिरहेका छन् । मुट्ठीभर मान्छेलाई माओवादी पार्टी स्वर्गजस्तो छ । पार्टी सानो हुँदै गए पनि एकथरीलाई अवसर कुमालेको चक्रजस्तो घुमीघुमी आउने गरेको छ । बहुसङ्ख्यकका लागि नर्कजस्तो छ माओवादी पार्टी । १७ हजार मान्छेको ज्यान जाने, हजारौँको सिउँदो पुछिने, हजारौँ बालबालिका टुहुरा बनाउने अवस्था सिर्जना गरेर अनि लाखौँ युवाहरूको भविष्य उजाडेर माओवादी नेताहरूको एउटा पङ्क्ति काठमाडौँमा महल ठड्याउन र आफ्ना छोराछोरीको भविष्य सिँगार्न व्यस्त छ । उनीहरू सलहजस्तो कहिले काङ्ग्रेसको बारीमा त कहिले एमालेको बारीमा पसेर अन्न खाइरहेका छन् । माओवादीमा कसैलाई सुखैसुखको स्वर्ग छ, कसैलाई दुःखैदुःखको नर्क छ । युद्ध सुरु हुँदा समाजका एकसे एक प्रतिभा उक्त दलमा सामेल भएका थिए । ती प्रतिभाहरूलाई एक-एक गरी निमोठेर त्यो दलमा मिडिओकर (औसत दर्जा) हरूको राज छ । उनीहरू देशै मिडिओकरहरूको जिम्मा लगाउन आतुर छन् । माओवादी नेताहरू यति कृतघ्न छन् कि युद्धमा सहभागी भएकै कारण विभिन्न मुद्दामा तानिएर जेल जानेहरूलाई भेट्न र सान्त्वना दिन पनि उनीहरूले छाडिदिएका छन् । गरिब जनताका छोराछोरीलाई जेलमा सडाएर आफू सत्ताको कुर्सीमा विराजमान हुन पाए त्यसमा माओवादी नेताहरूलाई कुनै सङ्कोच छैन । के थियो माओवादी 'जनयुद्ध' ? आन्दोलन कि 'राजनीतिक व्यवसाय' ? (शीर्षक : के थियो माओवादी 'जनयुद्ध' ? आन्दोलन कि 'राजनीतिक व्यवसाय' ?, लेखक : ध्रुवराज अधिकारी, देशसञ्चारडटकम, ७ मे २०२०)

सन् २०१८ को डिसेम्बर महिनामा माओवादी लमजुङका नेता तथा पोलिटब्युरो सदस्य मोहनहरि पौडेलसँग टेलिफोनमा सम्पर्क भयो । उनले पार्टी नफुट्दासम्म देवेन्द्र पौडेल पार्टीको जिल्ला इन्चार्ज भएर काम गरेको र पार्टी फुटेपछि विप्लवतिर गएको बताए । मैले विप्लव समूहका खड्गबहादुर विश्वकर्मा 'प्रकाण्ड' लाई पनि फोन गरेँ । जो विप्लव समूहका स्थायी समिति सदस्य तथा पार्टी प्रवक्ता हुन् । उनको फोन कसैले उठायो । उनी मिटिङमा रहेछन् । त्यसपछि उनको नम्बरमा कहिल्यै सम्पर्क हुन सकेन ।

डिसेम्बर महिनामै साधुराम घिमिरे (प्रभु) सँग टेलिफोन कुराकानी भयो । भन्दै थिए, 'द्वन्द्वकालको विषयमा म एकदम दुखित छु । म साधारण किसानको छोरो हुँ । सब-ओभरसियर भएर काम गर्दै थिएँ । माओवादीले लमजुङको साना किसान विकास बैङ्क जलाउने, भोर्लेटार प्रहरी चौकीमाथि आक्रमण गर्‍यो । मलाई गिरफ्तार गर्न प्रहरी आयो । बाध्यतावश म भूमिगत भएँ । बालबच्चा साने थिए । मलाई माओवादी पार्टीले पत्यायो र २१ वटा गाउँ विकास समितिको इन्चार्ज भएँ । चन्द्रेश्वर गाविस मेरो कार्यक्षेत्र थियो । मेरो कार्यक्षेत्रमा मुक्तिनाथ अधिकारीको हत्या भएको समाचार रेडियोबाट सुनेँ । भोलिपल्टै म अधिकारीको घरमा गएर सान्त्वना दिएँ र क्षमा मागेँ । यो काम गलत भयो भनेर पार्टीका तर्फबाट म गएको थिएँ, पार्टीका अरु कोही जानै नमान्ने । म पोलिटिकल कमिसार थिएँ । कमिसारका हिसाबले पनि म जानुपर्ने भो । म लड्न जाने लडाकु थिइनँ र होइन पनि । घटनास्थल च्यानपाटा पनि पुगेँ । मैले पार्टीलाई जानकारी गराउनु थियो, गराउनै पर्थ्यो, गराएँ । मैले माथिल्लो तहका हरिराज अधिकारीलाई (हाल गोरखा क्षेत्र नं १ मा माओवादीबाट प्रतिनिधिसभामा विजयी) जानकारी गराएँ । मैले भनेँ, 'अब के गर्ने ?' उहाँले भन्नुभयो, 'अब तपाईंहरूको निर्णय, तपाईंहरूकै जिम्मा । त्यसपछि म स्वर्गीय अधिकारीको घरमा भोलिपल्ट पुगेको थिएँ । सान्त्वना दिन जाँदा मलाई इलाका इन्चार्ज भएको नाताले घटनामा जोडियो ।'

मुक्तिनाथ अधिकारीका जेठा छोरा सुमनलाई सोधेँ, 'माओवादी पार्टीका तर्फबाट आधिकारिक रूपमा क्षमा मागिएको रहेछ । त्यो कुरा किन लुकाउनुभयो ?' उनले भने, 'बुबाको हत्यापछि साधुरामजीहरू कतै जानुभो होला तर हाम्रो घरमा आएको कुरा झूटो हो । घरका कुनै पनि सदस्यलाई हालसम्म उहाँ आएको जानकारी छैन ।'

त्यो हत्यामा सम्पादक राजेन्द्र दाहालले मलाई के देखेर दुराडाँडा पठाएका रहेछन् ? मैले जान्न चाहेँ । 'मेरा धारणा मुक्तिनाथ अधिकारी स्मृतिग्रन्थमा लेखिएको छ,' उनको छोटो उत्तर थियो । त्यसमा उनले लेखेका रहेछन्-

एउटा बिचरो शिक्षकलाई झुण्ड्याएर मारेछन् भनेर मलाई दया लागेको पनि होइन । टेलिभिजनमा अधिकारीको त्यो दृश्य देखेपछि दया त माओवादीप्रति जाग्यो । पत्रिकाको आवरणमा त्यो तस्बिर छापेर देशभरका पत्रिका पसलमा झुण्ड्याउँदा माओवादीलाई लाज लाग्ला भन्ने अनुमान थियो । त्यसले एउटा शिक्षकको असामयिक हत्याभन्दा धेरै गुणा बढी मात्रामा माओवादीभित्र मौलाएको बर्बरता, विवेकहीनता र विनासकारी मानसिकतालाई नङ्ग्याइदिएको थियो । त्यो तस्बिरले देशका कैयौँ शिक्षकलाई 'मुक्तिनाथ अधिकारी' हुनबाट जोगाएको हुनुपर्छ ।

त्यस्तो अड्कल किन पनि गर्न सकिन्छ भने अधिकारीको हत्याको औचित्य माओवादीले कहिल्यै पनि बताउन सकेनन् । ढाँट, छल र कुरा चपाउनतिर लागे । अनौपचारिक तवरमा अर्कैलाई लक्ष्य गरेको, उहाँ पर्नुभएछ भने । त्यो नै माओवादीको पराजयको स्पष्ट सङ्केत थियो । आफ्नो गल्ती स्वीकारेर जनता, परिवार र मृतात्मासमक्ष माफी माग्ने आँट गरेनन् । १६ जनवरी २००२ को साँझ हुनुपर्छ, नेपाल टेलिभिजनको ८ बजेको अङ्ग्रेजी बुलेटिनमा माओवादीले लमजुङ, दुराडाँडामा एक शिक्षकको निर्ममतापूर्वक हत्या गरे भन्ने समाचार प्रसारण गरिएको थियो । सौम्य र शान्त मुद्राको पार्थिव शरीर रुखमा टाँगिएको दृश्यले मन चसक्क छोयो ।

अरुलाई बचाए, आफू मारिए

मुक्तिनाथ अधिकारी मारिएको मितिभन्दा तीन वर्षअघि उनको घर नजिकैको चन्द्रपाटास्थित नेपाल बैङ्क लिमिटेड लुट्न आएका माओवादी कार्यकर्ताहरूलाई गाउँलेले समातेर कुट्नु कुटे । मुक्तिनाथ अधिकारी एवं तत्कालीन गाविस.अध्यक्ष ठाकुर तिवारीले समातिएका माओवादी कार्यकर्ताहरूलाई मार्नुहुन्न भनेर गाउँलेलाई सम्झाए । स्थानीयको नियन्त्रणमा रहेका घाइते माओवादीलाई चन्द्रपाटास्थित चन्द्रेश्वर गाउँ विकास समितिको भवनको कोठामा रातभर थुनेर भोलिपल्ट प्रहरीको जिम्मा लगाइयो । समातिएका ती को थिए ? अहिलेसम्म खुल्न सकेको छैन ।

डा. वावुराम भट्टराइले *कान्तिपुर टेलिभिजन* र *बीबीसी*सँगको अन्तर्वार्तामा मुक्तिनाथ अधिकारीको हत्या गर्नु माओवादीको ठूलो गल्ती भएको बताएका थिए । तर, परिवारसँग पार्टीको तर्फबाट कसैले पनि क्षमा याचना गरेनन् । बरु विद्रोही माओवादी अहिले अनेक हाँगामा विभाजित छन् । पुष्पकमल दाहाल, डा. बाबुराम भट्टराई, नेत्रविक्रम चन्द र मोहन बैद्य (किरण) ले आ-आफ्ना झुण्डको प्रतिनिधित्व गरेका छन् ।

१५ जनवरी २०२० मा काठमाडौंमा थारु समुदायको माघी महोत्सवलाई सम्बोधन गर्दै प्रचण्डले भनेको कुरा यहाँ सम्झनायोग्य हुन सक्छ । उनले भनेका थिए, 'मैले १७ हजार मानिस मारेको भनिन्छ । यो सत्य होइन । सत्य के हो भने हिजोको राज्यले १२ हजार मारेको हो । तर पाँच हजारको जिम्मा मलाई दिनुहुन्छ भने म जिम्मा लिन्छु । राज्यले मारेका पनि मेरै टाउकोमा हालियो भने त्यो न्याय हुँदैन ।'

ooo

चिसापानी

- हाम्रो खोटाङतिर पनि राम्रो लक्षण देखिएन हौ । आफ्नै जातमा काटमार गर्न लागे । राजनीतिले गर्दा बाहुन र मतवाली दुईतिर भए । भारतको साम्प्रदायिकता यता सिके कि क्या हो ?
- कल्ले कल्लाई मारेछ ?
- चिसापानीका हर्क मास्टरलाई पनि सिध्याएछन् ।

रत्नपार्क-लगनखेल रुटमा चल्ने बसमा गफिएका दुई यात्रुको गफले मलाई तान्यो । नचिनिएका, त्यही माथि बसभित्र, थप कुरा सोध्न पनि मिलेन । चार शब्द सम्झिएँ- खोटाङ, चिसापानी, मास्टर र हर्कबहादुर ।

राजनीतिले गर्दा समाजका दुई भिन्न जाति दुईतिर हुन थालेको सङ्केतले पक्कै पनि राम्रो अर्थ दिंदैनथ्यो । देशभर शिक्षकमाथि आक्रमण हुन थालेका थिए । सरकारी कार्यालय र तिनका कर्मचारी गाउँबाट विस्थापित भएर सदरमुकाममा केन्द्रित हुन थालेका थिए । गाउँमा सरकारी निकायको उपस्थिति भनेको विद्यालय र शिक्षक थिए । स्थानीय तहमा रहेका र शिक्षित समूह भनेर चिनिने शिक्षकमाथि भएको मानसिक र भौतिक प्रहार योजनाबद्ध थियो/थिएन, त्यो पार्टीको कुरा भयो । तर, शिक्षकलाई आफ्नो पार्टीमा आउन दबाब दिने र उनीहरूबाट चन्दा उठाउने कार्यचाहिं सर्वत्र थियो ।

चिसापानीको समाचारसम्बन्धी सत्यता पत्ता लगाउनुपर्ने भयो । सत्य भएमा त्यहाँसम्म कसरी जाने ? त्यो पनि कसरी थाहा पाउनुपर्ने भयो । खोटाङे साथी गान्धिप राईले घटना सत्य भएको पत्ता लगाउँदै जाने बाटो समेत बताए । हाल न्युजिल्यान्ड बस्ने गान्धिप र म रत्नराज्यलक्ष्मी क्याम्पसमा कुनै बेला पत्रकारिताका विद्यार्थी थियौं ।

खोटाङ जाऊँ कि भनेर सोध्दा राजेन्द्र दाहालले भने, 'जाने भए जाऊ ।'

सम्पादकको स्वीकृति पाएको भोलिपल्ट म रात्रिबस चढेर उदयपुर जिल्लाको बेल्टार पुगें । बेल्टार जबर्जस्ती सहरीकरणको बाटोमा हिंड्दै थियो । केही होटल, भाँडा दोकान, कपडा पसल यस्तै यस्तै । जग्गाको मूल्य ह्वात्तै बढ्दै थियो । देशको अर्थतन्त्र उकासिएर, विकास भएर र सर्वसाधारणको खर्च गर्न सक्ने हैसियतका कारण मूल्य बढेको थिएन । गाउँमा असुरक्षा भएपछि सहर झर्नेहरूको भीड लागेपछि जग्गाको भाउ छोइनसक्नु भएको थियो ।

बजारमा एउटै मात्र सार्वजनिक फोन थियो । फोन गर्न लाइन लाग्नुपर्ने । म थिएँ, ३५ औं नम्बरमा । सम्पादकलाई फोन गरें र गन्तव्यमा पुग्न सात घन्टा पैदलजति लाग्ने बताएँ । जिल्ला खोटाङ भए पनि उदयपुर जिल्लाबाट नजिक पर्ने हुनाले म उदयपुरको बेल्टार पुगेको थिएँ । भरियाको साथ लागेर बेल्टार-देवीस्थान, पैयाँटार हुँदै चिसापानी पुगें ।

मैले भेटेका एक भरियाको तीन पुस्ताले यसरी नै भारी बोकेको रहेछ । उनी तोक्मामाथि ढाकर अड्याउँथे । टेक्ने लौरीको टुप्पोमा एक बित्ताजति तेर्सो काठ भएको बस्तुलाई तोक्मा भनिंदो रहेछ । पहिलो पटक तोक्मा त्यहीं देखें । उकालोमा थकाइ मार्न रोकिंदा, भरिया भाका हाल्थे, 'ए नि लै लै... ।' कोही मुखमा च्यापेर पात बजाउँथे ।

बेल्टारबाट हिंडेको दिन बाटोमा बास पर्‍यो । ठाउँको नाम सम्झिन सकिनँ । बाटोमा पर्ने कसैको घरमा भरिया बास बसे, जहाँ

उनीहरूको चिनापर्ची रहेछ । नयाँ सदस्य भएर म थपिएँ । भरियाले ढुङ्गाको दुइटा चुल्हा बनाए । एउटामा भात र अर्कोमा तरकारीको सुरसार भयो । जाडो मौसम, थाकेको बेला, आलु-काउलीको तरकारी र तातो भात । सबैभन्दा मीठो भोक त्यसै भनिएको होइन रहेछ । भरियाहरू निकै फरासिला, मृदुभाषी र आत्मीय थिए ।

बेल्टारबाट हिंडेको भोलिपल्ट चिसापानी पुग्दा मान्छे हो कि रुखको ठुटो चिन्न गाह्रो पर्ने उज्यालो थियो । हर्कबहादुर बस्ने घरमा पुगेपछि टर्च लिएर महिला निस्किइन् । उनी रहिछन्, अर्चना राई, हर्कबहादुरकी छोरी । उनले बाबु बस्ने कोठा देखाइन् जहाँ केही किताब र कागजपत्र छरिएका थिए । घटनाबारे अर्चनासँग सोधेँ ।

चिसापानीमा कर्फ्यू त थिएन तर सम्साँझै खाना खाएर सुत्दा रहेछन डरले । साँझ छिप्पिँदै गएपछि कतै बास मिलाइदिन अर्चनालाई अनुरोध गरेँ । अर्चनाको अनुरोधमा एउटा घर बास दिन राजी भयो तर केही सर्तमा । म जुन घरमा बास बस्न जाँदै थिएँ, त्यो कुरा कसैले थाहा पाउन नहुने । अझ सञ्चारकर्मी त भन्नै नहुने । साँझ परेपछि कसैले नदेख्ने गरी सुटुक्क बास बस्ने घरमा जाने र बिहानै ५ बजे नै घर छाड्नुपर्ने । म बसेको घरका मालिकको लवज नेवारी थियो ।

मैले एकाबिहान ५ बजे नै घर छाड्नुपर्ने कारण रहेछ । जुन घरमा बसेको थिएँ, त्यसका घरबेटी र अन्य गाउँ छाडेर विस्थापित हुँदै रहेछन् । बिहान ३ बजेतिर घरबेटी र अन्य मानिसहरू जम्मा भए, साउती मारे । पोका पुन्तुरो मिलाए । केटाकेटी बिउँझाए । नबोली बाटो लागे । चारवटा टर्च लाइटको सहारामा बाटो लागियो । कति थियौँ ? थाहा भएन । सबैलाई भाग्न आतुर भएका बेला गनेर को बस्ने ?

कसैसँग नबोली बेलटार आइयो । द्वन्द्वले विस्थापित भएकाहरू पहिलो पटक त्यही भेटेँ । यो किताब लेख्दासम्म पनि विस्थापितमध्ये चार परिवार गाउँ फर्केका रहेनछन् । यसमा दुई कारण देखियो । केहीले असुरक्षा महसुस गरेर र केहीले सहरमै आर्थिक प्रगति गरेकाले ।

काठमाडौँ आएपछि हिमाल खबरपत्रिकाको १३-२७ फेब्रुअरी २००२ को अङ्कमा चिसापानीको समाचार 'कभर स्टोरी' भएर छापियो-

माओवादीको साम्प्रदायिक साँठगाँठ

श्रीभक्त खनाल

हत्या र हिंसाको बाटो समातेर एउटा गल्ती गरिसकेको नेकपा (माओवादी) ले आफ्नो राजनीतिक लक्ष्य प्राप्तिका निम्ति जातीय र साम्प्रदायिक तत्त्हरूसँग हातेमालो गरेर अर्को महागल्ती गरेको छ । वर्षौंदेखि दिग्भ्रमित रहेको 'खम्बुवान राष्ट्रिय मोर्चा नेपाल' ले केही महिनाअघि माओवादीको साथ पाएपछि पूर्वी पहाडका खासगरी खोटाङ, भोजपुर, सोलुखुम्बु, ओखलढुङ्गा, उदयपुर (पहाडी भेग) र धनकुटा (केही भाग) जिल्लामा जातीयता र साम्प्रदायिकताका आधारमा हत्या, हिंसा र लुट मच्चाउन थालेको छ ।

माओवादीको सक्रियाता 'लिम्बुवान अध्ययन मञ्च' र 'खम्बुवान राष्ट्रिय मोर्चा नेपाल' एकीकृत भएर 'किराँत राष्ट्रिय मोर्चा' बनेको छ । मोर्चाको नेतृत्वमा गोपाल खम्बु रहेका छन् । किराँत राष्ट्रिय मोर्चा (किरामो) को माओवादीसँग सम्बन्ध कहिले नजिक त कहिले समदूरीमा छ । किरामोमा आउने नमान्ने किराँत र गैर-किराँत समुदायका मानिसलाई मार्ने, लुट्ने र गाउँ छोडेर भाग्न बाध्य पार्न थालेको छ । साम्प्रदायिक सद्भावको पक्षमा उभिने बहुसङ्ख्यक किराँतहरूलाई यसले नराम्रोसँग सताइरहेको छ । किरामोका लक्ष्य, सिद्धान्त र नीतिविपरीत, माओवादविपरीत देख्दादेख्दै पनि माओवादीहरू मौन बसेका छन् । माओवादी नेतृत्वले जातीय विद्वेष चर्काउन चाहने विखण्डनकारी तत्त्लाई यसैगरी साथ दिइरहेमा त्यसबाट बहुजातीय र बहुभाषिक नेपाली समाजमा युगौंदेखि रहिआएको सद्भाव र भाइचारा त सङ्कटमा पर्छ नै, अन्ततः माओवादी स्वयम् पनि त्यसको सिकार हुनेछ ।

किरामोको नाममा पछिल्लो सिकार खोटाङको चिसापानीका प्रधानाध्यापक हर्कबहादुर राई भएका छन् । उनको हत्याले स्थानीय

तहमा माओवादी र किराँत राष्ट्रिय मोर्चाबीच पनि मनमुटाव बढाएको छ । स्थानीयलाई स्पष्टीकरण दिन ५ फेब्रुअरी २००२ का दिन चिसापानी बजार आएको माओवादीको सब-एरिया कमिटी नं.४ को छापामार टोलीका तर्फबाट 'विक्रम' ले प्रअ राईको हत्या गर्नुअघि मोर्चा पक्षले आफूहरूलाई कुनै जानकारी नदिएको बताए ।

एक महिनाअघि गाउँ (चिसापानी) छाडेर काठमाडौं आएका एक व्यापारीको भनाइमा, माओवादीले पहिले चेतावनी दिएर मात्र 'कारबाही' गर्छन्, तर किरामो कार्यकर्ताले आरोप लगाउँदैन् र धम्की दिंदैनन्, एकैचोटि कुट्ने, लुट्ने र मार्ने काम गर्छन् । प्रअ राईको हत्यापछि शाही नेपाली सेनाको भवानी दल गुल्मले सर्च अभियान चलाउँदा २४ जनवरी २००२ मा खोटाङ र भोजपुरको सीमा क्षेत्रमा सुनसरीका राजन राई 'मण्डेला' नामका हतियारधारीलाई मार्‍यो । त्यसको दुई दिनपछि राजनको हत्याको बदला लिने नाममा किरामोले भोजपुरको कोट गाविसमा रहेको जलविद्युत् केन्द्रको मेसिनलाई बञ्चरो र घनले हानेर ध्वस्त पारे । चीन सरकारको सहयोगमा ३० वर्षअघि निर्मित २ सय ५० किलोवाट क्षमताको सो विद्युतगृह बन्द हुँदा सदरमुकाम भोजपुर बजार र आसपासका गाउँका करिब १३ सय घर प्रभावित भएका छन् ।

माओवादीको साथ पाएपछि

केही वर्षदेखि छिटपुट रूपमा हिंसात्मक गतिविधि गर्दै आएका किरामोले विगतमा सरकार र माओवादीबीच शान्ति वार्ता चलिरहेको खुकुलो अवस्थामा आफ्नो गतिविधि तीव्र पारेको थियो । त्यसबेला भर्खरै उनीहरूको माओवादीसँग सम्बन्ध पुनः स्थापित भएको थियो । युद्धविरामको सर्तविपरीत किरामोले गरेको हिंसाप्रति माओवादीले आँखा चिम्लेको थियो । त्यसबेला २९ अक्टुबर २००१ मा सोलुखुम्बुको पावै गाविसमा खम्बुवानका कार्यकर्ताले खुकुरी प्रहार गरी धनशेर राई र भुवन राईको हत्या गर्नुका साथै अरू १४ जनालाई घाइते बनाएका थिए । प्रहरीका अनुसार, किरामो समूहमा प्रवेश गर्न नमानेको

र सो समूहको विरोध गरेको कारण नेपाली काङ्ग्रेस समर्थक ती व्यक्तिहरूमाथि आक्रमण गरिएको थियो । खोटाङको दक्षिण-पूर्वी तथा उदयपुरको उत्तरी (महाभारत शृङ्खला आसपास) क्षेत्रका गाउँहरूमा किरामोले आफ्नो जातिका मानिसलाई सङ्गठनमा सामेल हुन जबर्जस्ती गर्छन् भने गैर-किराँत समूहका मानिसबाट जबर्जस्ती चन्दा असुल्ने र 'यो क्षेत्र तिमीहरूको होइन, यहाँबाट भाग' भनेर धम्क्याउने गरेका घटना थुप्रै सुन्न पाइन्छन् । उदयपुरको रामपुर ठोकसिला गाविसका परशुराम अधिकारीले रु. १ लाख चन्दा दिन नसक्दा 'यो बाहुनलाई यही चाहिएको' भन्दै २५ नोभेम्बर २००१ मा हत्या गरे ।

यस्तै, आरोपमा भोजपुरको लेकखर्कस्थित जाल्पादेवी प्राविका प्रअ राजन राईलाई उनीहरूले १७ नोभेम्बर २००१ मङ्सिरमा ढुङ्गामाथि हातखुट्टा राख्न लगाएर निर्ममतापूर्वक किचेर सख्त घाइते तुल्याए । कुनै कसुर नगरेकालाई पनि मनपरी ढङ्गले यातना दिने, मार्ने र धनमाल लुट्ने तर कसैसँग तर्क-बहस नगर्ने शैलीका कारण किरामोलाई स्थानीय बासिन्दा माओवादीहरूको तुलनामा बढी आपराधिक प्रकृतिको ठान्ने गर्छन् । उनीहरूले पैसाकै लागि मात्र पनि मानिसको अपहरण गर्छन् । १२ नोभेम्बर २००१ मा तिहारमा टीका लगाउन घर फर्कंदा खोटाङको चिसापानीबाट अपहरित प्रहरी नायव निरीक्षक (सई) डम्बरप्रसाद बञ्जारालाई रु. ६० हजारको निम्ति किरामोले १५ दिनसम्म थुन्यो र रकम बुझाएपछि सकुशल छोडिदियो ।

मे २००१ मा चिसापानी बजारमा रहेको कृषि विकास बैङ्क लुटिएको थियो भने नोभेम्बर २००१ मा बीपी कोइरालाको सालिकलाई 'बाहुनवादको प्रतीक' भन्दै बञ्चरोले हानी ध्वस्त पारिएको थियो । खम्बुवानका राजन सुप्तिहाङको नेतृत्वमा बीपीको सालिक तोडिँदा माओवादीका कुनै प्रतिनिधि थिएनन् । सई बञ्जाराको अपहरण र प्रअ राईको हत्यामा पनि माओवादीको संलग्नता थिएन । चिसापानीमा ३४ वर्षदेखि रहँदै आएको प्रहरी चौकी नौ महिनाअघि हटाइएपछि किरामोलाई आफ्ना गतिविधि सञ्चालन गर्न सजिलो भएको देखिन्छ ।

आगोसँग खेलवाड

सन् १९९० मा वर्षअघि बहुदलको आगमनसँगै नेपालमा थुप्रै पृथकतावादी पार्टीहरू खुलेका थिए, जसमध्ये एउटा थियो २१ अगस्ट १९९२ मा गोपाल खम्बुले गठन गरेको खम्बुवान राष्ट्रिय मोर्चा (खरामो) । खरामोले जारी गरेको नीति तथा कार्यक्रममा नेपाल अधिराज्यबाट अलग 'स्वतन्त्र खम्बुवान राष्ट्र' स्थापना गर्नुलाई आफ्नो लक्ष्य बताइएको छ । त्यसका निम्ति जुलाई १९९८ मा भोजपुरको दिङ्लास्थित षडानन्द संस्कृत माविमा बम पड्काएर उसकै शब्दमा 'र्‍याडिकल एक्सन' को थालनी गरिएको थियो । त्यसयता खम्बुवानका नाममा छिटपुट हिंसा भइआएको छ । तर, केही महिनाअघि माओवादीले खरामोसँग मित्रताको हात बढाएपछि जातिवादी आतङ्कको नयाँ सिलसिला सुरु भएको हो ।

विगतमा माओवादी नेताहरूले नै खरामोलाई विचारहीन र विध्वंसक समूहका रूपमा चित्रण गरेका थिए । तर, अहिले आफ्नो राजनीतिक स्वार्थका निम्ति उनीहरूले सङ्कीर्ण जातिवादी तत्त्लाई रातो कार्पेट ओछ्याएर स्वागत गरेका छन् । सेप्टेम्बर २००१ मा खरामो र लिम्बुवान राष्ट्रिय मुक्ति मोर्चाबीच एकता गराएर किरांत राष्ट्रिय मोर्चा (किरामो) नामको नयाँ सङ्गठन नेकपा माओवादीले नै जन्माइदिएको हो । त्यसनिम्ति आयोजित राई-लिम्बुको राष्ट्रिय भेलाको उद्घाटन माओवादी नेता मोहन वैद्यले गरेका थिए ।

किरामोको अध्यक्षमा भक्तराज कन्दङ्वा राखिएका छन् । तेह्रथुमका पुराना कम्युनिस्ट कार्यकर्ता कन्दङ्वा मार्च १९९८ मा एमाले विभाजित भएपछि माओवादीतर्फ लागेका हुन् । किरांत राष्ट्रिय मोर्चामा गोपाल खम्बुलाई महासचिव पद दिइएको छ । गोपालले महासचिवमा बस्न मानेको घटनालाई माओवादी नेतृत्वले उनले जातीय 'स्वतन्त्रता' को साटो 'स्वशासन' प्रति सहमति जनाएको ठानेका थिए । तर, माओवादीको आड पाएपछि आफू थप शक्तिशाली भएको महसुस गरी किरामोले नयाँ सङ्गठनलाई पनि आफूले चाहेबमोजिम सञ्चालन गरिरहेका छन् ।

विखण्डनको यात्रा

माओवादीले गोपाल खम्बु र भक्तराज कन्दङ्वा दुवैलाई गएको २३ नोभेम्बर २००१ मा रोल्पाको कुरेलीमा भएको आफ्नो राष्ट्रिय भेलामा सहभागी गराएका थिए । सो भेलाद्वारा डा. बाबुराम भट्टराईको संयोजकत्वमा गठित ३७ सदस्यीय 'संयुक्त क्रान्तिकारी जनपरिषद्' मा पनि ती दुवै जनालाई राखिएको थियो । गोपाल खम्बु लाई ३२ र भक्तराज कन्दङ्वालाई ३३ नम्बरमा राखिएको छ । प्रहरीको रेकर्डमा आफ्नै गाउँका काङ्ग्रेस कार्यकर्ता ठिलबहादुर राईको अप्रिल १९९८ मा हत्या गरेको अभियोग लागेका गोपाल खम्बु (खम्बुका भाइ सोही अभियोगमा चार वर्ष केन्द्रीय कारागारमा थुनिए) का अराजनीतिक क्रियाकलापमाथि अङ्कुश लगाउँदै उनको सङ्गठन र प्रभावलाई आफ्नो पक्षमा पार्ने कोसिस माओवादीले सुरुदेखि नै गरेका थिए । किराँत राष्ट्रिय मोर्चा यही कारण कहिले माओवादीसँग न नजिक त कहिले टाढा हुँदै आएको थियो ।

सोही अङ्कमा अर्को लेख छ । शीर्षक छ, जातीय हिंसाका सिकार : निर्दोष शिक्षक ।

खोटाङको पाथीभरा (घर) देखि चिसापानी आउन-जान दुई घन्टाको उकालो-ओरालो गर्नुपर्ने भएकाले खोटाङ जिल्लाको चिसापानी माविका प्रधानाध्यापक हर्कबहादुर राईले स्कुल नजिकै आफ्नी जेठी छोरी अर्चनाको घरमा डेरा लिएका थिए । ज्वाइँ काम गर्न मलेसिया गएकाले त्यहाँ उनी छोरी र नातिनीसँगै बस्थे ।

चिसापानी मावि र उच्च माविमा अङ्ग्रेजी र जनसङ्ख्या पढाउने प्रअ राई १६ जनवरी २००२ का दिन बिहानचाहिँ घरैबाट स्कुल आएका थिए । त्यस दिन फर्केर पनि घरै जानुपर्ने काम भएकाले उनी स्कुलमा धेरै बसेनन् र डेरामा फर्किहाले । भोक लागेकाले खाजा खाएर हिंड्ने विचार गरेर चुलोमा हाँडी बसाले र आफैं मकै छोडाउन थाले ।

पेटको अल्सरबाट पीडित राईलाई पेट खाली राख्न र चिल्लो-पीरो खानु हुँदैनथ्यो । त्यस दिन छोरीचाहिँ नातिनीलाई लिएर माइतै बसेकीले त्यहाँ उनी एक्लै थिए । दिउँसो साढे दुई बजेतिर एउटा मङ्गोल युवक भरुवा बन्दुक लिएर घरमा पस्यो र 'हर्के कहाँ छ ?' भन्दै उसले राईलाई कठालोमा समातेर घिच्याउँदै बाहिर निकाल्यो । त्यतिन्जेल बाहिर अरू सात जना बन्दुकधारी युवकले घर घेरिसकेका थिए । त्यहाँ उनीसँगै रहेका एक नातेदारलाई उसले 'हल्लाखल्ला गरिस् भने राम्रो हुनेछैन' भनेर धम्की दियो र उनलाई पाखुरामा समातेर 'डाँडामा हिंड्' भन्यो ।

राई केही बोलेनन् । डेराबाट आधा घन्टा टाढा हाङ्मा पोखरीतिर लगेको स्थानीय बासिन्दाहरूले देखे । डाँडातर्फ लैजाँदै गर्दा बजारमा एक्कासि अरू १० जना युवक आएर बजारका ४८ वटै घरवालाहरूलाई 'ढोका लाएर बस्नू' भनेका थिए । राईलाई यसअघि कतैबाट कुनै चेतावनी र धम्की आएको थिएन, त्यसैले सामान्य सोधपुछ गरेर छाडिदेलान् भन्ने गाउँलेको अनुमान थियो । विगतमा यस्ता घटना यहाँ धेरै भइसकेका थिए । किराँत राष्ट्रिय मोर्चा (किरामो) का छापामार हरूले पाँच महिनाअघि प्रहरी नायव निरीक्षक डम्बरप्रसाद बञ्जारालाई अपहरण गरेर रु. ६० हजार लिई छाडेका थिए । तर, यसपटक गाउँलेहरूको अनुमान मिलेन । करिब एक घन्टापछि लगातार दुई पटक बन्दुक पड्केको आवाज सुनेर सबै झस्किए । गाउँलेहरू त्यहाँ पुग्दा प्रधानाध्यापक हर्कबहादुर राई मारिइसकेका थिए । उनको अनुहार र शरीरमा थुप्रै नीलडाम र छाती-ढाडमा गोलीले पारेका भ्वाङ थिए ।

परिवारले रामकुमार राई 'पासाङ', जितबहादुर राई लगायतका किराँत राष्ट्रिय मोर्चाका युवकहरूमाथि हत्या अभियोग लगाएको छ । रामकुमार राई माओवादीका तर्फबाट खोटाङको प्रदेश सभा सदस्य भएका छन् । हर्कबहादुरसँगै उनीहरूले मार्नका लागि अर्को एक जनालाई पनि साथैमा लगेका थिए । दूरसञ्चारमा काम गर्ने राकेश

नामका कर्मचारीलाई के सोचेर हो कुन्नि ? बाटोबाटै फकाईएछ । राकेश पछि राजविराज दूरसञ्चारमा सरुवा भए ।

खासमा किरामोले विद्यालयका प्रधानाध्यापक जगदीशराज नेपाल र सहायक प्रधानाध्यापक रेवतीरमण कोइरालालाई 'एक्सन' गर्न खोजेका रहेछन् । दुवै शिक्षक त्यहाँबाट भागेपछि पाँच महिनाअघि हर्कबहादुर राईको काँधमा जिम्मेवारी आएको थियो । नेपाल र कोइरालालाई भगाएको र बाहुनवादी भएको आरोप पनि राईलाई लगाइएको रहेछ ।

किराँत राष्ट्रिय मोर्चाका कार्यकर्ताले राईलाई मारेनन् मात्र, लुटे पनि । शिक्षक सङ्घको पैसा र बहिनीज्वाइँ जयकुमार राईको ऋण तिर्न साथमा बोकेको रु. १ लाख २० हजारसँगै उनले बाँध्ने गरेको 'सिको फाइभ' घडी पनि लगे । काठमाडौँबाट दुई दिनपछि सुरक्षाकर्मीहरू लिएर राज्यमन्त्री सर्वधन राई र सांसद शिवकुमार बस्नेत नपुग्दासम्म १६ जना गाउँलेहरू त्यहीँ शव रुँगेर बसे । उनीहरूले आक्रमणकारीहरू फेरि कहिले आउने हुन् भन्ने त्रसित वातावरणमा रात काटेका थिए । डरत्रासकै कारण राईको शव उनको गाउँ पाथीभरासम्म लैजान सकिएन । आतङ्ककारीहरूले पछि आएर आक्रमण गर्लान् भन्ने डरले चिसापानीमा चिहान बनाउन एक टुक्रा जग्गा दिने साहस कसैले गरेनन् । अन्ततः उनैले पढाउने गरेको स्कूल चिसापानी माध्यमिक विद्यालयको प्राङ्गणको एक छेउमा प्रधानाध्यापक राईको चिहान बनाइयो । आक्रमणकारीले 'त्यो (प्रअ राई) बस्ने घरै भत्काइदिन्छौँ' भनेकाले छोरी अर्चना हिजोआज दिउँसो-दिउँसो घर बस्ने र सुत्नचाहिँ सगोल घरमा जाने गरेकी छन् ।

तीन दशकदेखि निरन्तर अध्यापनमा लागेका ५१ वर्षीय हर्कबहादुर राई चार वर्षदेखि नेपाल शिक्षक सङ्घका जिल्ला सभापति थिए । खोटाङको दक्षिण-पूर्वी भेगमा चिसापानी मावि, चिसापानी उच्च मावि, बालोदय निमावि, फगतपुर बूढाभैरव प्रावि र पाथीभरा पञ्चकन्या प्रावि स्थापना गरेर त्यस क्षेत्रको शैक्षिक विकासमा ठूलो योगदान पुर्‍याएका

राई एउटा शिक्षक मात्र नभएर त्यस क्षेत्रका लोकप्रिय सामाजिक कार्यकर्ता पनि थिए । राई समुदायको भएर पनि किरामोमा नलागेका र उनीहरूले मागेजति चन्दा नदिएका कारण नै उनको हत्या भएको अनुमान स्थानीय बासिन्दाहरू गर्छन् । हत्यापछि मोर्चाका छापामारले बजारका पसलमा उनको हत्या किन गरियो भन्ने सूचना टाँसेका थिए, जसमा आफ्ना साथीहरूलाई सुराकी दिएर गिरफ्तार गराउने गरेको, मोर्चाका छापामार कमान्डर राजन सुप्तिहाङलाई प्रहरीद्वारा कुटपिट गराएको, एसएलसी परीक्षाको भगवती मावि केन्द्रको 'सिट प्लान' मा धाँधली गरेको र स्कुलमा संस्कृत विषयको परीक्षा लिएको आरोप लगाइएको थियो ।

शिक्षक हर्कबहादुर राईको हत्या गरेकै दिन मोर्चाका छापामारहरूले खोटाङकै मौवाबोटे गाविसका युवक केदार राईलाई पनि अपहरण गरेका थिए । केदारलाई ६ माघमा शाही सेनाले लेकखर्कबाट उद्धार त गऱ्यो तर यी घटनापछि चिसापानी लगायत छिमेकी दिप्लुङ, मौवाबोटे, काउले, बोपुङ, देवीस्थान र डमर्खु शिवालय गाविसका बासिन्दा आतङ्कित नै छन् । यी गाउँका करिब १० हजार विद्यार्थी पढ्ने र १ सय ४० जना शिक्षकहरू काम गर्ने ३० वटा स्कुल किरामोको आतङ्कबाट नराम्ररी प्रभावित भएका छन् । ३ सय ५० जना विद्यार्थी पढ्ने डमर्खु शिवालयको जलेश्वरी निमाविमा १७ माघमा २५ जना मात्र विद्यार्थी थिए । विद्यार्थी २५ जनाबाट पनि घट्न थालेपछि अहिले विद्यालयमा 'स्थानीय बिदा' दिइएको छ । अभिभावकहरू आएर आफ्ना छोराछोरी अन्यत्र सार्न स्थानान्तरण प्रमाणपत्र माग्न थालेका छन् । आतङ्कवादीहरूले शिक्षकबाट जबर्जस्ती चन्दा असुल्ने, संस्कृत पढाइस् भने मारिदिन्छु भन्ने जस्ता धम्की दिएका कारण स्कूल आउने शिक्षक र विद्यार्थीहरूको सङ्ख्या घट्दै गएको हो । राईको हत्यापश्चात यस क्षेत्रका १० जना शिक्षकहरू स्कुल जान छोडेका छन् ।

प्रअ राईको हत्या र त्यसपछि बढेको आतङ्कका कारण विद्यार्थी र शिक्षक मात्र नभई यस भेगका सामान्य बासिन्दाहरू पनि त्रसित

छन् । गाउँलेहरू घटनाका बारेमा कसैसँग केही बोल्न चाहँदैनन् । सेनाको 'सर्च' अभियान र मोर्चाका छापामारको आक्रमण तथा दुवैको सम्भावित मुठभेडको त्रासबाट यो घटनापछि १ हजार ३ सयभन्दा बढी गाउँलेहरू छिमेकी जिल्ला उदयपुरको बेलटार झरेको जानकारी बेलटार प्रहरी चौकीले दिएको छ । तीमध्ये थोरै मात्र गाउँ फर्केका छन् भने बाँकी चाहिं सदरमुकाम दिक्तेल, धरान, विराटनगर र काठमाडौंतिर लागेका छन् र कैयौं बेलटारमै बसेका छन् । गाउँ छाड्नेहरूमा शिक्षक, समाजसेवी, गाविस अध्यक्ष र जिविस सदस्यसम्म छन् ।

अपडेट : किरांत राष्ट्रिय मोर्चाका कार्यकर्ताले चिहानमा सुतेका राईलाई चिहानबाट उधिने र बजारको बीचमा लगेर जलाए । यो हत्याको वर्षदिनपछिको कुरा थियो । हर्कबहादुर राईको हत्यामा अहिलेसम्म कसैले माफी मागेका छैनन् ।

९ डिसेम्बर २०१७ मा रामकुमार राईलाई सम्पर्क गर्दा उनी भर्खरै मात्र प्रदेश सभा सदस्य भएका थिए माओवादीबाट । अबिर जात्रा चलिरहेको थियो । संयुक्त वाम गठबन्धनमार्फत प्रदेश १ अन्तर्गत पर्ने खोटाङ (२) बाट उनी विजयी भएका थिए ।

• *रामकुमारजी बधाई छ यहाँलाई*

- धन्यवाद छ हजुर । को बोल्नु भो नि ?

श्रीभक्त

• *धन्यवादसहित म एउटा प्रश्न सोध्न चाहन्छु । तपाईंलाई हर्कबहादुर राईको हत्यामा दोषी बनाइएको भनिन्छ, के हो ?*

- खै हजुर, यो प्रतिपक्षहरूले के के भन्छन् । मलाई चाहिं थाहा छैन । दोष लाए होलान् । आरोप लगाउने, हतकण्डा मच्चाउने नै भयो हजुर । विरोधीले आफू कसरी अघि बढ्ने भन्ने कुरामा मलाई दोष लगाउन सक्छन् ।

• *त्यो दोषविरुद्ध यहाँले कुनै प्रतिवाद गर्नुभएको छ ?*

- छैन । हामीले किन प्रतिकार गर्नुपऱ्यो र ? हामीले त्यस्तो घटना गराएको होइन । हिजो जनयुद्धको प्रकियामा जे भयो...अँ... शान्ति सम्झौता भयो । जनयुद्धका कुराहरूलाई शान्ति सम्झौताद्वारा हल गर्ने कुरा भैसकेको हो ।

- *उसो भए त्यो कुरा समाधान भैसक्यो ?*

- त्यो कुरा समाधान भैसकेको हो त । अनि कसैले जनयुद्धको कुरा उठायो भन्दैमा त्यो बिउँतिने कुरै भएन नि ।

किराँत राष्ट्रिय मोर्चाद्वारा मारिएका ठिलबहादुर राईका छोरा तेजप्रसाद राईको भनाइ सुन्छु । 'गोपालको पार्टी माओवादीसँग नमिलेको समय थियो । बुबासँग उनीहरूले ५० हजार मागे । बुबा पहिले राष्ट्रिय प्रजातन्त्र पार्टीको गाउँ इकाई समितिमा हुनुहुन्थ्यो । पछि नेपाली काङ्ग्रेसमा जानुभयो । गोपाल खम्बुसँग मेरो तीन पटक भेट भयो । हाम्रो बाजे एउटै हो । मेरो बुबालाई किन मारियो जवाफ चाहियो भन्दा त बोल्दै बोल्दैन । हाम्रो परिवार खम्बु र राज्य दुवैबाट पीडित हो । बहिनी मनिला राईलाई सोलुमा शाही नेपाली सेनाले माऱ्यो । गोपालको सेनाबाट बुबा मारिनुभयो । यो सरकारवादी मुद्दा हो । हामीसँग कागजपत्र केही छैन । गोपालको भाइले सजाय भुक्तान गऱ्यो । पक्रिन बाँकी अरु पनि छन् भन्ने सुनेका छौं । हामीचाहिं केही जान्दैनौं । हामीसँग मिसिल पनि छैन । हामीले अर्को कुरा पनि बुझेका छैनौं- कहिले तिमेरु राई हो भन्या छ, कहिले खम्बु भन्या छ, कहिले किराँती भन्या छ । के हो के हो ?'

अब गोपाल किराँतीलाई सम्पर्क गर्नुपर्ने हो । गोपाल राई, गोपाल खम्बु, गोपाल किराँती जे नामले चिनिए पनि पार्टीमा कमरेड साइँला भनेर चिनिने किराँती नेकपा (माओवादी केन्द्र) का प्रदेश १ इन्चार्ज थिए । हाल उनी १९ मे २०१६ मा पुर्नगठित नेकपा (माओवादी केन्द्र) का अध्यक्ष छन् । डिसेम्बर २०१७ मा उनीसँग गरिएको टेलिफोन कुराकानी-

• यो चुनावमा लड्नु भएको छैन । केही आरोपका कारण चुनाव नलड्नुभएको सुनियो । त्यस्तो हो ?

– यो वर्ग समाजमा अनेकथरी टिकाटिप्पणी हुन्छन् । अहिले पार्टीमा माओवाद र पहिचान छाड्नु हुँदैन भनेर सङ्घर्ष गरिराखेका छौं । मुद्दाको कारण उम्मेद्वार नभएको होइन । पहिलो संविधानसभाको निर्वाचन (२००८) मा म सोलुबाटै उम्मेद्वार भएर जितें । सन् २०१३ मा झापाबाट उठें, हारें । यस पटक एमालेको घेराबन्दीमा चुनाव जितेर क्रान्तिको सेवा गर्न सकिँदैन भनेर म उम्मेद्वार नभएको हुँ । कानुनी कारण छैन ।

• तपाईंमाथि गाउँकै ठिलबहादुर राईको हत्या अभियोग लगाइयो भन्ने सुनें, स्पष्ट पार्दिनुस् न ।

– छैन । ठिलबहादुर राईको हत्या गाउँलेहरूको आपसी झगडाबाट भएको हो भन्ने बुझेका छौं । त्यसमा आरोप लगाएर मेरो भाइ (जसको नामै भाइ किराँत हो) नौ वर्ष कम तीन महिना जेल बस्यो । बालकृष्ण ढुङ्गेलको मुद्दा जस्तो छ त्यो । ठिलेकै हत्यामा आरोपित भएर बलबहादुर राई र ग्याम्जे राई भन्ने दुई वर्षदेखि सल्लेरी जेलमा छन् । उनीहरूले तारेख खेपेनछन् । अरु केही फरार छन् भनेको होला । मलाई त्यस घटनामा मुद्दा छैन ।

• ठिलबहादुरका परिवारले पनि तपाईंमाथि मुद्दा छ भन्दै थिए त ?

– म २०४३ सालदेखि घर छाडेर क्रान्तिको खोजीमा हिंडेको । नयाँ पुस्तालाई म चिन्दिनँ । ठिलेकी छोरी जनयुद्धमा थिइन् । २०६० सालमा किराँतबाट जनसरकार घोषणा गर्ने बेला भोजपुरमा भेटिएकी थिइन् । पछि सहिद भइन् भन्ने बुझियो ।

• प्रसङ्ग थोरै बदलें- तपाईंले कहिले खम्बु, कहिले किराँत लेखेजस्तो लाग्छ । कि म झुक्किएँ ?

– पहिले राई लेखिन्थ्यो । त्यसपछि हाम्रो पहिचान त खम्बु रहेछ भनेर खम्बु लेखियो । सन् २००६ मा जब शान्ति सम्झौतामा आइयो,

चुनाव लड्नुपर्ने भयो । चुनाव लड्दा खासगरी खस-आर्य साथीहरू सशङ्कित देखिए । उनीहरू बेकारमा सशङ्कित देखिने, मैले भोट पनि माग्नुपर्ने । यस्तो स्थिति आयो । मतदातालाई शङ्का नहोस् भनेर मैले किराँती बनाएँ मतदाता नामावलीमा । खम्बु र लिम्बु बेग्लाबेग्लै भन्ने झमेला थियो । आखिर खम्बु पनि किराँती (मङ्गोलाइड जाति) नै हुन् भनेर किराँती लेख्न थालियो ।

• तपाईंले किराँती भन्नेबित्तिकै मैले खोटाङको घटना सम्झिएँ । हर्कबहादुर राईको घटनामा किराँत राष्ट्रिय मोर्चाको संलग्नता थियो भनिन्छ नि ?

- यो देशमा सङ्कटकाल लागिसकेपछिको कुरा हो । खोटाङको चिसापानीमा साना किसान बैङ्क हाम्रा साथीहरूले कब्जा गर्नुभयो । तमसुक घरघरमा पुऱ्याउने काम गरियो । हर्कबहादुर राई काङ्ग्रेसी शिक्षक सङ्घका जिल्ला अध्यक्ष थिएछन् । उनले तमसुक पाएका व्यक्तिलाई घरघरमा गएर तुरुन्त तमसुक सीडीओ कार्यालयमा पुऱ्याउनू, नत्र घरघरमा शाही सेना ल्याएर ठीक पार्छु भनेर धम्की दिएछन् । गाउँले किसानहरूलाई धम्क्याएपछि जवाफमा साथीहरूले सफाया गरे ।

• भनेपछि त्यसमा किराँत राष्ट्रिय मुक्ति मोर्चाको संलग्नता थियो ?

- हो । त्यो टोलीले गऱ्यो ।

• तपाईंले त्यतिबेला मोर्चाको नेतृत्व गर्नुभा'थ्यो हैन ?

- भक्तराज कन्दङ्वा अध्यक्ष र म महासचिव थियौं मोर्चाको । कन्दङ्वा हाल जीवित हुनुहुन्न ।

• अबको तपाईंको राजनीति कसरी अघि बढ्छ ?

- यो संसदीय चुनाव (२०१७) मा एमालेसँग माओवादीले गरेको तालमेलमा मेरो आपत्ति होइन । चुनावमा साथीहरूलाई कार्यक्षेत्रमा सघाएँ । चुनाव सकिएपछि पार्टीमा छलफल गर्ने भनेका छौं । पहिला पार्टीभित्र दुई लाइन सङ्घर्ष गर्ने । पार्टीमा दुई लाईन सङ्घर्षको

ठाउँ भयो भने पार्टीलाई सच्याउन पहल गर्ने । अब अध्यक्ष प्रचण्डले एमालेसँग एकता घोषणा गर्ने भन्नुभयो भने हामी मान्दैनौँ, आफ्नो सिद्धान्त छाड्दैनौँ । माओवादको सिद्धान्त र पहिचानको मुद्दा नमान्ने एमालेसित एकतामा म जान सक्दिनँ । (अन्तर्वार्ता लिँदा एमाले र माओवादीबीच एकीकरण भैसकेको थिएन ।)

• भनेपछि हतियार फेरि उठाउनुहुन्छ ?

– मार्क्सवादीको नाताले बल प्रयोगको सिद्धान्त छाड्न मिल्दैन । बल प्रयोगको तरिकालाई हतियार भनिन्छ । हतियार कहिले र कुन तरिकाले भन्ने कुरा अध्ययन गर्नुपर्छ ।

• सत्य निरुपण आयोगले आफूलाई कुनै घटनामा दोषी देखायो भने तपाईंको प्रतिक्रिया के हुनेछ ?

– मानौँ, मलाई टीआरसी (सत्य निरुपण आयोग) ले दोषी ठहर गऱ्यो भने, फरार भन्यो भने, कुन घटना हो ? कुन दोष हो ? त्यो किटानी गर्नुपऱ्यो । युद्धका बेला भएका कुराबाहेक मैले कसुर गरेको रहेछु भने म सजाय व्यहोर्न तयार छु । मैले टीआरसी स्वीकार गरेको छु ।

• युद्धका बेलाबाहेक भन्नाले ?

– युद्धको बेला र परिस्थितिबाहेक । युद्धमा त कसले के गरे, गरे नि ।

• भनेपछि तपाईंमाथि अहिलेसम्म कुनै अभियोग छैन ?

– मैले धेरै ख्याल गऱ्या छैन । देव गुरुङ कानुनमन्त्री हुनुहुन्थ्यो । उहाँको पालामा मेरो मुद्दा खारेज गरियो । सिरहा, सप्तरी, मोरङ, सुनसरी, खोटाङ र भोजपुरको अदालतमा मुद्दा थियो । मलाई लाग्छ, सोलुमा मेरो मुद्दा छैन ।

• देव गुरुङ मन्त्री हुँदा विद्रोहीका मुद्दा मात्र फिर्ता भए कि सेना-प्रहरीका पनि ?

- मलाई त्यो सम्झना छैन । करिब ३ सय ४९ जनाको मुद्दा फिर्ता लिइएको थियो । सेनामा विभागीय प्रणाली छ । त्यो विभाग वा सङ्गठनबाट मुद्दा फिर्ताका लागि पहल भएन कि ?

(सोलु जिल्ला अदालतले ठिले राई हत्या प्रकरणमा भाइ किराँत राई र बलबहादुर राईलाई २३ सेप्टेम्बर २००४ मा जनही १० वर्ष कैद हुने गरी सर्वोच्च अदालतबाट फैसला भएको र गोपाल खम्बुमाथि कुनै मुद्दा नभएको जनायो ।)

गोपाल किराँतसँग अन्तर्वार्ता सकिएको केही घन्टापछि अनलाइनहरूमा आएका समाचार हेर्छु । सबैमा मुख्य समाचारमा 'माओवादी नेता बालकृष्ण ढुङ्गेल प्रहरीद्वारा पक्राउ' छ । ढुङ्गेलका बारेमा अलिकति उल्लेख गर्नैपर्ने भयो । उनी द्वन्द्वकालीन मुद्दामा सर्वोच्च अदालतले दिएको आदेशका आधारमा ३१ अक्टोबर २०१७ मा पक्राउ परेका थिए । उनीमाथि ओखलढुङ्गा, पोकलीका उज्जनकुमार श्रेष्ठको हत्या अभियोगमा सर्वोच्च अदालतबाट सर्वस्वसहित जन्मदकैदको सजाय तोकिएको थियो । २४ जुन १९९८ मा उज्जनको गोली हानी हत्या भएको थियो । सर्वोच्चले सजाय तोके पनि उनी पक्राउ परेका थिएनन् । ढुङ्गेलको सजाय माफीका लागि डा. बाबुराम भट्टराई नेतृत्वको सरकारले राष्ट्रपतिसमक्ष सिफारिससमेत गरेको थियो । तर, सर्वोच्च अदालतले सो सिफारिस अस्वीकार गरेपछि ढुङ्गेल फरार अभियुक्तका रूपमा रहेका थिए । उनका बारेमा प्रधानमन्त्री भएका बखत डा. भट्टराईले २०११ नोभेम्बरको तेस्रो साता भनेका थिए-

बालकृष्ण ढुङ्गेलको प्रकरणलाई जुन ढङ्गले उचालिँदै छ, यो चाहिँ मलाई अचम्म लागिरहेको छ । विकल्प के त भन्ने प्रश्न आउँछ । द्वन्द्वकालका सबै मुद्दा फिर्ता लिने भनिसकेपछि यो भन्दा अर्को विकल्प के थियो त ? सबैलाई मुद्दा लाउने भन्ने हो भने त त्यो बेला सरकारको नेतृत्व गर्ने मान्छे सबैभन्दा बढी जिम्मेवार हुन्छन् । इन्सेकलगायतका संस्थाहरूको प्रतिवेदनलाई मान्ने हो भने पनि मारिने त माओवादी धेरै

छन् । माओवादी एक चौथाइ दोषी हुँदा तीन चौथाइ त अरु दोषी ठहरिन्छन् । यसै गरी जाँदा त शान्ति र मेलमिलाप कसरी हुन्छ ?

शान्ति र मेलमिलापका लागि त मुद्दा फिर्ता लिनुपर्‍यो । बालकृष्णजीको केसमा उनको असावधानीले सर्वोच्चमा पुगेको हो । यस्ता मुद्दा अरुका पनि हुन्छन् । अहिले राष्ट्रपतिबाट फिर्ता गराउनुबाहेक अर्को विकल्प नै छैन । फिर्ताको प्रक्रिया माधव नेपाल प्रधानमन्त्री हुँदा सुरु भएको र झलनाथ खनालको पालामा फाइल अघि बढेको हो । मैले सुरु गरेको होइन । यसलाई बुझीबुझी पनि चर्काइँदै छ । व्यक्तिहत्याकै कुरा गर्ने हो भने यो भन्दा पहिले अरु नेताहरूलाई पनि यस्तै आरोप लागेको हो । त्यसैले द्वन्द्वकालका मुद्दालाई राजनीतिक ढङ्गले सोच्नुपर्छ । (प्रधानमन्त्री भट्टराईले कात्तिक २९ गते आफ्नै निवास बालुवाटारमा पत्रकारसित गरेको कुराकानीको मुख्य अंश, स्रोत घटना र विचार साप्ताहिक, शीर्षक : मेरो आदर्श र बाध्यता, डा. बाबुराम भट्टराई, प्रधानमन्त्री, ghatanarabichar.com/6094) ।

ओखलढुङ्गा जिल्ला अदालतले १० मे २००४ मा ढुङ्गेललाई जन्मकैदको सजाय तोकेको थियो । पहिलो संविधानसभा निर्वाचनमा उनी ओखलढुङ्गा क्षेत्र नं २ बाट सभासद् थिए । सर्वोच्चको अन्तिम फैसलापछि कारागार चलान गर्नुपर्नेमा सभासद् बनाइएको दाबीसहित उज्जनकी दिदी सावित्री श्रेष्ठले अप्रिल २०११ मा रिट दायर गरेकी थिइन् । उक्त रिट विचाराधीन रहेकै अवस्थामा बाबुराम भट्टराई नेतृत्वको तत्कालीन सरकारले माफीका लागि राष्ट्रपति रामवरण यादवसमक्ष सिफारिस गरेको थियो । उक्त निर्णय कार्यान्वयन भएमा न्यायिक उपचारको हकमा गम्भीर आघात पुगी फौजदारी न्याय र न्यायिक स्वतन्त्रता औचित्यहीन बन्ने दाबीसहित सावित्री श्रेष्ठले अर्को रिट दायर गरिन् ।

उज्जन हत्यामा जन्मकैद तोकिएका पुष्कर गौतमलाई पक्राउ गरी थुनामा राखियो । नेपाल प्रहरीका प्रमुखहरू रमेश चन्द ठकुरी,

रवीन्द्रप्रताप शाह, कुवेरसिंह राना र उपेन्द्रकान्त अर्यालले ढुङ्गेललाई पक्राउ गरेनन् । कुवेरसिंह राना महानगरीय प्रहरी कार्यालय रानीपोखरीको हाकिम हुँदा ढुङ्गेल र राना एउटै मञ्चमा बसेको फोटो पत्रिकामा छापिएको थियो । उतिबेला प्रहरी प्रमुख थिए रवीन्द्रप्रताप शाह, जो पछि माओवादीबाट समानुपातिक सूचीमा सभासद् भए । फरार भएका भनिएका ढुङ्गेलसहित माओवादी/एमालेका नेताहरूको सामूहिक फोटो अन्नपूर्ण दैनिकको अनलाइन संस्करणले १४ अक्टुबर २०१७ मा राखेको थियो ।

प्रधानन्यायाधीश कल्याण श्रेष्ठलाई समेत ढुङ्गेलले धम्क्याए । १२ अप्रिल २०१७ मा सर्वोच्चमा पक्राउ पुर्जीसहित ढुङ्गेलविरुद्ध रिट दायर भयो । त्यसपछि सर्वोच्चले ढुङ्गेललाई जहाँ भए पनि पक्राउ गरेर कारागारमा बुझाउन सरकारका नाममा परमादेश जारी गरेको थियो ।

सर्वोच्चको आदेश पालना नभएको भन्दै अधिवक्ता दिनेश त्रिपाठीले प्रहरी प्रमुखविरुद्ध सर्वोच्चमा अवहेलना मुद्दा दायर गरेपछि तत्कालीन प्रहरी प्रमुख प्रकाश अर्याललाई ढुङ्गेलको गिरफ्तारी गर्ने बाटो खुलेको थियो ।

एमाले र नेकपा (माओवादी केन्द्र) ले संयुक्त वाम चुनावी गठबन्धन बनाएपछि ढुङ्गेल पक्राउ परेका थिए । माओवादी पार्टी त्यतिबेला नेकपा (माओवादी), नेकपा (एमाओवादी) हुँदै नेकपा माओवादी (केन्द्र) मा परिणत भएको थियो । ढुङ्गेलको पक्राउमा आलटाल भैरहँदा अधिवक्ता त्रिपाठीलाई मुद्दा हाल्न लगाइएको बजारी चर्चा पनि चल्यो । ढुङ्गेलले १२ मार्च २०१७ मा रामेछापको सैपु गाविसको एक कार्यक्रममा पूर्वप्रधानन्यायाधीश खिलराज रेग्मी, कल्याण श्रेष्ठ र उतिबेलाकी न्यायाधीश सुशीला कार्कीको नामै किटेर धम्की दिएको भन्दै अधिवक्ता दिनेश त्रिपाठीले दिएको मुद्दामा सर्वोच्चले पक्राउका लागि सात दिने 'वारेन्ट' जारी गरेको थियो ।

डिल्लीबजार कारागारमा रहेका ढुङ्गेललाई आममाफी दिन केपी ओली सरकारले गरेको सिफारिस राष्ट्रपतिको कार्यालयले स्वीकृत गरी गृह मन्त्रालयलाई पत्र पठाएपछि उनी २९ मे २०१८ मा रिहा भए ।

पहिले डा. बाबुराम भट्टराई पक्षधर रहेका ढुङ्गेल पछि पुष्पकमल दाहालको पक्षमा लागेका थिए ।

२६ अप्रिल २०२० मा सर्वोच्च अदालतले द्वन्द्वकालीन अपराधमा कसैले पनि उन्मुक्ति नपाउने र गम्भीर अपराधमा क्षमादान दिन नमिल्ने फैसला गर्‍यो । यसअघि २६ फेब्रुअरी २०१५ मै सर्वोच्चले मेलमिलाप जबर्जस्ती लाद्न नसकिने, पीडितको आत्मसम्मानमा चोट पुग्ने गरी मेलमिलाप हुन नहुने र मेलमिलापको विषय गम्भीर मानवअधिकार उल्लङ्घनका दोषीहरूलाई आममाफी दिने माध्यमका रूपमा प्रयोग हुन नसक्ने र नहुने फैसला गरिसकेको थियो ।

फैसलामा यातना, बलपूर्वक बेपत्ता, बलात्कार र नियन्त्रणमा लिएर गरिएको हत्यालाई गम्भीर प्रकृतिका अपराधमा सूचीकृत गर्दै तिनमा पीडितको सहमति हुँदा पनि मेलमिलाप हुन नसक्ने आदेश दिएको थियो । तर, सुशील कोइराला नेतृत्वको सरकारले (कानुनमन्त्री नरहरि आचार्य) सर्वोच्च अदालतको यस्तो आदेश उल्ट्याउन माग गर्दै पुनरावलोकनको निवेदन दिएको थियो ।

ooo

जब कोदालो अड्क्यो

'अहिले म पश्चिम नेपालको एउटा जङ्गलमा छु । द्वन्द्वका बेला यो ठाउँमा तीन जनालाई माओवादी कार्यकर्ताको आरोपमा मारेर गाडिएको थियो । मारिएकामध्ये कोही पनि माओवादी कार्यकर्ता थिएनन् । प्रमाण नष्ट हुने डरले यो कुन ठाउँ हो ? म बताउन चाहन्नँ । जतिबेला राज्यले छानबिन आयोग बनाउला र तेरो सहयोग चाहियो भन्ला, त्यतिबेला म यसबारे सम्बन्धित ठाउँमा बयान दिनेछु ।'

माथिको संवाद सन् २००७ मा निर्मित 'वार टू पिस : माओइस्ट इन्सरजेन्सी इन नेपाल' डकुमेन्ट्रीबाट साभार गरेको हुँ । आवाज मेरै हो र डकुमेन्ट्री पनि आफैंले निर्देशन गरेको थिएँ । माथि नै भनें, सबै कुरा अहिले खुलाउन मिल्दैन । मैले ठाउँ उल्लेख गर्ने, दोषीमाथि कारबाही नहुने र घटनास्थलबाट प्रमाण नष्ट भयो भने त्यसको जिम्मेवारी कसले लिने ?

डकुमेन्ट्री बनाउँदा सत्य निरुपण तथा मेलमिलाप आयोग बनेको थिएन । पछि बन्यो । आयोगमा मृतकका परिवारको उजुरी देखियो ।

डिसेम्बर २००६ तिरको कुरा । सशस्त्र द्वन्द्वको डकुमेन्ट्री बनाउनु केही वर्षअघि पश्चिम नेपालमा तीन जनालाई माओवादी आरोपमा मारेर गाडियो भन्ने सुनेको थिएँ । त्यसलाई डकुमेन्ट्रीमा समावेश गर्ने विचारले

घटनास्थल खोज्न लागैं । जुन जिल्लाको घटना थियो, ती जिल्लाका विभिन्न पार्टीका नेतालाई सम्पर्क गरैं । उनीहरू सबै काठमाडौंमा थिए । एक पार्टी नेताले जिल्लामा गएर सोध्नुस् भने । जिल्ला नेतृत्वले घटना भएको तर घटनास्थलबारे थाहा नभएको बतायो ।

प्रहरी, सशस्त्र र सेनाका केही राम्रा अधिकृत मेरो सम्पर्कमा थिए । राम्रा के कारण भने उनीहरू सही-गलत छुट्याउँथे । तर, द्वन्द्वकालीन अवस्था भएकाले बोल्दैनथे अर्थात् बोल्नका लागि एक प्रकारले अघोषित प्रतिबन्धजस्तै थियो । कुरै कुरामा एक दिन एक अधिकारीले भने, 'हाम्रा हाकिमले त्यसो गर्न नहुने हो ।' यही सानो 'क्लु' बाट घटना थाहा पाएँ । यसबारे अहिले योभन्दा बढी नलेखौं होला ।

घटना भएको जिल्लाका चल्तापुर्जा मान्छेलाई सम्पर्क गरेपछि उनीहरूलाई गाडिएको जङ्गलको नाम जानकारीमा आयो । घना जङ्गलमा कहाँ गएर खोज्ने ? तैपनि प्रयास जारी नै राखें । जङ्गलको आसपास बस्ती भए कसै न कसैले त देखेका होलान्, घटना सुनेका होलान् वा कसैले घटनास्थल पनि देखेका होलान् । यही विश्वासमा मैले घटनास्थल जाने निधो गरैं ।

खुल्दुली लाग्यो, गाडिएकै होलान् कि हल्ला मात्र ? घटनास्थल पुग्ने निर्णय त गरैं तर प्रस्ट सूचनाको अभावमा केही दिन अलमलिए । जिल्ला र जङ्गलको नाउँ थाहा भयो तर जङ्गलको कतातिर भन्नेमा अझै थाहा हुन सकेन । ठूलो जङ्गलमा कहाँ गएर खोज्ने ? सम्भव पनि हुँदैन ।

क्यामराम्यान र म कुनै प्रस्थान विन्दुबाट जनही १५ हजारजति गाडी भाडा खर्च गरेर गन्तव्यसम्म पुग्यौं । कच्ची सडक धेरै भएकाले भाडा पनि महँगो लाग्यो । एउटा बस र दुई जिप फेरेर हामी त्यहाँ पुग्यौं । रातको १० बजे हिलाम्मे जिपबाट ओर्लंदा हामी ब्रोइलर कुखुराजस्ता श्वास मात्र भएका प्राणी भएका थियौं । भोक र थकाईले गालेको थियो । एउटा सवारी साधन छाडेर अर्को समात्दा हामीसँग

खाजा खाने समय भएन । बिहानदेखि मुखमा अन्नको गेडो परेको थिएन ।

स्थानीय एक घरमा बासका लागि ढोका ढकढक्यायौं । बिजुली बत्ती नभएको ठाउँमा चाँडै भात खाएर सुत्ने चलन हुन्छ । त्यसै त जाडोको बेला चाँडै रात पर्ने, १० सै बजे पनि मध्यरात जस्तो । जसरी पनि बास दिन र खाना बनाइदिन अनुरोध गरियो । त्यहाँ बास नदिए अन्यत्र जानुपर्ने हुन्थ्यो । रातको बेला घरघरै कता चाहार्दै हिंड्ने ?

घरधनीले भुटेका मकै र माछाको सुकुटी बनाइदिए । भोकको झोकमा निकै खाइएछ । अपचका कारण राती नै उल्टी गरें ।

बिहान ५ बजेतिर बिउँझिएँ । टुकीको उज्यालोमा एउटा केटो गुन्द्रीभरि किताब पसारेर बसेको छ । यति धेरै हाई काढ्यो कि उसले अभिभावकलाई देखाउन मात्र किताब पसारो पारेको रहेछ, पढ्नमा रुचि छैन । ऊ माध्यमिक तहको विद्यार्थी रहेछ । छर्लङ्ग उज्यालो भएपछि पैसा दिन घरधनी खोज्दा कोही भेटिएनन् । सायद कुनै काममा कतै लागेका हुंदा हुन् । केटोलाई हामीले आफ्नो योजना सुनायौं र सोध्यौं, त्यस घटनाबारे केही थाहा छ ?

मैले यसअघि अरु नै जिल्लामा खिचेका केही कच्चा दृश्य पनि उसलाई देखाएँ । दृश्य उसले चाख मानेर हेऱ्यो । पहिले नै नाम बताएका कारण ऊ बोल्न सक्छ भन्ने थाहा भयो तर त्यसपछि केही बोलेन ।

उसको मौनता उदेकलाग्दो थियो । रुचिपूर्वक सुन्छ, बोल्दैन । घटनाबारे केही सुनेको भए बताइदिन र बताइदिएबापत पारिश्रमिक दिने बताएँ । तिम्रो नाम कतै आउंदैन, केही सुनेको भए बताइदेऊ भनेर निकै बिन्ती बिसाएँ । ऊ किन मौन बस्यो भनेर मेरो खुल्दुली बढ्यो । पारिश्रमिकको कुरा फेरि बताउंदै र फकाउंदै सोधें-

• सुन्या छौ त केही ?

– टेस्टै त भन्न परो केरे ।

• के भा'थ्यो त्यतिखेर ? जङ्गलमा मारिएका हुन् ?

– टेस्टै होला के रे ।

• तिमीलाई जङ्गलको कुन ठाउँ हो, ठ्याक्कै ठाउँ थाहा छ ?

– नाइँ । सिडा माठि गए पुगिएला के रे ।

• कसरी जान सकिन्छ त्यता ? बाटो छ ? कति समय लाग्छ ?

– माठि जङ्गलतिर जाने । टेटाटी (त्यताबाट) बाटो बनाम्डै जाने हो के रे ।

• मान्छेलाई त्यतै गाडिएको भन्थे हो ?

– होला ट के रे ।

• ऊबाट थप कुरा आउन सक्ने देखियो । कुरालाई सहज बनाउन खोजें । सोधें,

• माथि पुगेपछि कता लाग्ने त हामी ?

– ट्यै चौरमा हो भन्छ ।

लवजको हिसाबले ठिटो मगर समुदायको कि जस्तो लाग्छ । हामीले सही ठाउँ, सही घर र सही मानिस भेटेका रै'छौ । लाग्थ्यो, ऊ डरले भन्दा पनि आफ्नै स्वभावका कारण बताउन खोजिरहेको छैन । कसै कसैमा यस्तो बानी भेटिन्छ । अब यकिन भयो, घटनास्थल डाँडोका टुप्पोमा रहेको चौरमा छ ।

क्यामराम्यान भन्छ, 'तपाईं र भाइ गफ गर्दै गर्नू । म गएर आउँछु ।' क्यामराम्यान डाँडामा कोदालो लिएर जाने भयो । कोदालोबारे केटोले भन्यो, 'पखालेर जाँ'को टेइ राखिदिनू ।' केटो र कोदालो दुवैको मूल्य तिरेर क्यामराम्यान डाँडातिर उक्लियो । म ऊसँग जाने

थिएँ तर उँधोउँभोको बिरामी भएकाले सकिनँ । खाना धेरै खाएको वाक्कब्याक्क गर्नेलाई बिरामी नै त के भनुँ ? जेहोस्, म जान सकिनँ ।

तीन घन्टापछि क्यामराम्यान आइपुग्यो । सुनायो, 'माथि चौर रैं'छ । एक ठाउँमा झार कम उम्रेको छ ।' अनि हामी दुई कोदालो बोकेर त्यता लागियो ।

क्यामराम्यानको उमेर २० हाराहारी छ । घरको आर्थिक कारणले बीचमै पढाइ रोकेर यो पेसामा लागेको रे । किताबी पढाइमा रुचि पनि छैन तर बडो ठूलो हास्य चेत भएको ठिटो छ । पढाइलाई निरन्तरता दिन पनि खोजेको तर किताब फुकाएपछि अक्षरले दोहारी गाउने, नाच्ने गर्न थाले, सकिन भन्यो । हामी खुब हाँस्यौं ।

पहिलो पटक फिल्डमा हिंडेको थियो । तर, ऊ धेरै कुरा जान्न उत्सुक थियो । ऊ सिकारु थियो तर काममा व्यावसायिकता देखाउँथ्यो । मैले लिनुको कारण चाहिं अरुको भन्दा पारिश्रमिक सस्तो पर्थ्यो ।

डाँडाको टुप्पोमा पुग्यौं । उसले भनेझैं झार कम उम्रिएको चौर भेटियो । हामीले त्यहीं खन्ने भयौं । 'तिमी खन,' म भन्छु । ऊ 'बूढा मान्छे, मलाई त डर लाग्छ' भन्छ । ट्राइपडमा राखिएको सोनी पीडी-१७० मोडलको क्यामरा अन गरियो । मैले कोदालो चलाएँ । करिब १० मिनेट खिचेपछि कोदालो अड्कियो । बिस्तारै खोतलेर हेरें । एउटा हड्डी र खैरो कलरको ज्याकेटको बाहुलाको टुप्पो देखियो । त्यो हड्डी नाडीको थियो भन्नेमा कुनै शङ्का थिएन । माटो हालेर खनिएको भाग जस्ताको जस्तै बनाइयो ।

मृतक, तिनका आफन्त र कानुनसँग क्षमा माग्दै के भन्नुपर्छ भने मैले जे गरेको थिएँ, त्यो कार्य राम्रो थिएन । मेरो व्यावसायिकताले पनि त्यसो गर्न पटक्कै दिंदैनथ्यो । उसो भए मैले जानीबुझीकन किन त्यसो गरें त ?

अज्ञात स्थलमा लेखक श्रीभक्त खनाल

द्वन्द्वकालमा जति समाचार सुनिन्थ्यो, कतिपय अवस्थामा तिनलाई पुष्टि गर्न निकै गाह्रो । मैले माथि नै उल्लेख गरें, सुरक्षा अधिकारीबाट सुनेको त्यो समाचार सत्य थियो कि थिएन ? यसलाई म पुष्टि गर्न चाहन्थें, जुन पुष्टि भयो । आफन्तले थाहै नपाई अरु मानिस पनि पो यसरी गाडिएका छन् कि ? यो पनि थाहा हुन आयो कि मृतकहरूको घर र घटनास्थलको दूरी निकै टाढा रहेछ । घरपरिवारलाई घटनास्थलबारे थाहा नभए उनीहरूलाई जानकारी दिन हाम्रो कार्यले सहयोग नै पुग्ला । पक्राउ गरी गोली हानेर मारिएका व्यक्तिलाई कसले पक्राउ गऱ्यो ? कसरी उनीहरूलाई त्यहाँ पुऱ्याइयो र कुन प्रकारले उनीहरूको हत्या गरियो भन्ने कुरा पनि जानकारी भएको छ । कुनै दिन राज्यलाई सहयोग चाहिएको खण्डमा मैले सकेको गर्नेछु ।

बाँकी रह्यो, प्रमाण नष्ट होला भन्ने डर । मैले गरेको शव उत्खननले प्रमाण नष्ट गर्न नभई जोगाउन मद्दत पुऱ्याउँछ किनभने यी सबैको भिडियो खिचिएको छ । थोरै खनेर जस्ताको तस्तै पुरियो । विधिविज्ञान अनुसन्धान गरिने भयो भने पनि उत्खननले कुनै असर पुऱ्याउँदैन ।

सुनेको कुराको पुष्टि र उत्सुकता मेटाउन मैले जे गरेँ, त्यसबाट चोट पुग्न गएका सबैसँग म पुनः एक पटक क्षमा माग्छु । मृतकलाई श्रद्धाञ्जलि, परिवारलाई समवेदना ।

घटनास्थल छाडेको दोस्रो दिन हामी आआफ्ना घर पुग्यौं ।

सुन्दा कथा जस्तो लाग्ने यो घटना मैले थाहा पाएसम्म समाचार बनेर कतै आएको छैन । नेपाली पत्रपत्रिकाका समाचार कतिपय अवस्थामा शङ्कामा घेरामा पर्छन्, विश्वसनीयताको कमीले । गैरजिम्मेवार मान्छे जब व्यावसायिक पत्रकारिताको खोल ओढेर आउँछ, तब सदैव विश्वासको खडेरी पर्छ । पाठकलाई सन्देह नहोस्, भनेर घटनासम्बन्धी फोटो राखिएको छ । यसलाई पाठकले घटनाको लालपुर्जा, प्रमाणपत्र, नाता, डीएनए, साक्षी जे भने पनि त्यो मलाई मञ्जुर छ ।

घटनास्थलबाट प्रमाण चोरिनु, नष्ट हुनु कुनै नौला कुरा होइनन् ।

*हिमाल खबरपत्रिका*को १३-१९ अगस्ट २०१७ को अङ्कमा प्रकाश सिंहले दराजमा खप्पर शीर्षकमा लेखे-

नेकपा (एमाले) बाजुरा जिल्ला कार्यालयको दराजमा रहेको मानव खप्परले न्याय पर्खेको ११ वर्ष भयो । एमालेको 'शान्ति र प्रजातन्त्रका लागि जनअभियान' का क्रममा सदरमुकाम मार्तडीबाट गाउँ हिंडेका पार्टीका तत्कालीन बाजुरा जिल्ला उपसचिव ताराचन्द्र रेग्मी ६ मार्च २००४ मा कुल्देवमाण्डौको मौरे पुगेका थिए । त्यहींबाट नियन्त्रणमा लिएर लगेका तत्कालीन नेकपा माओवादीका कार्यकर्ताहरूले उनलाई 'सफाया गरेको' विज्ञप्ति एक महिनापछि जारी गरे ।

कोल्टी, बाजुराका रेग्मीलाई माओवादीले चन्दा नदिएको, कोल्टीमा सेना राखेको लगायतका आरोप लगाएका थिए । सन् २००१ तिरबाट कोल्टी क्षेत्रमा प्रभाव जमाउन थालेको माओवादीले उनीसँग रु. ३० लाख चन्दा मागेको थियो । माओवादी कार्यकर्ताले रेग्मीलाई नभेटेपछि उनकी श्रीमती शान्ता रेग्मीलाई निर्घात कुटपिट गरेका थिए ।

ताराचन्द्र रेग्मीकी श्रीमती शान्ता रेग्मीका अनुसार जुन २००१ मा रोपाइँको दिन 'तेरो श्रीमान् कहाँ छ' भन्दै खेतमै आएका माओवादीले उनलाई पिटेर बेहोस पारे । उपचारका लागि नेपालगन्जदेखि काठमाडौँसम्म धाउनुपर्‍यो । पिठ्यूँमा कुटाइको खत अझै हराएको छैन ।

हत्याको तीन वर्षपछि एमालेका बाजुरा सचिव कर्णबहादुर थापा (हाल पोलिटब्युरो सदस्य) को अगुवाइमा रेग्मीको शव उत्खनन गरिएको थियो । थापाका अनुसार, बाजुराको छतारासँग जोडिएको अछामको ऋषिदहमा नियन्त्रणमा राखिएका रेग्मीलाई हत्या गरेर खाल्डोमा पुरिएको थियो ।

स्थानीय एक वृद्धले देखाएको खाल्डो खोतल्दा अस्थिपञ्जरसँगै 'शान्ति र प्रजातन्त्रका लागि जनअभियान' को ब्यानर भेटिएपछि शव उनकै हो भन्ने विश्वास गरिएको उनले बताए । थापा भन्छन्, 'पछि न्याय खोज्दा प्रमाण हुन्छ भनेर शव उत्खनन गरी खप्पर पार्टी कार्यालयमा ल्याएर राखेका हौं ।'

एमालेको बाजुरा सचिव रहेका रेग्मीका भाइ बलदेव यही खप्परलाई प्रमाण मानेर सत्य निरुपण तथा मेलमिलाप आयोगमा उजुरी गरिएको बताउँछन् । एमाओवादीका नेता-कार्यकर्ता भने द्वन्द्वकालका घटनालाई यतिबेला उचाल्न नहुने बताउँछन् । नाम उल्लेख नगर्ने सर्तमा माओवादी केन्द्रका एक जना जिल्ला नेताले रेग्मीको सफाया पार्टीकै निर्देशनमा भएकोसम्म बताए ।

२० वर्षअघि सन् १९९७ को स्थानीय निकाय निर्वाचनमा ताराचन्द्र रेग्मी कोल्टी गाविसको अध्यक्षमा निर्वाचित भएका थिए । उनकी छोरी सृष्टि अहिले एमालेका तर्फबाट बूढीनन्दा नगरपालिका बाजुराको उपमेयरमा निर्वाचित भएकी छन् ।

सृष्टिलाई मैले सम्पर्क गर्दा उनी पोखरा विश्वविद्यालयमा मास्टर्स तहको प्रवेश परीक्षाको तयारी गर्दै थिइन् । १ डिसेम्बर २०१७ मा लिइएको यो अन्तर्वार्ता एमाले र माओवादी केन्द्र एकता हुनुअघिको हो ।

• *सृष्टिजी तपाईंको पिताको हत्या जुन पार्टीबाट भयो, अहिले तपाईंको पार्टीले त्यही पार्टीसँग चुनावी गठबन्धन गरेको छ । कस्तो लाग्यो राजनीति ?*

- वातावरण राम्रो बन्दै गएको छ । शान्ति र स्थिरताका लागि पार्टीहरू एकजुट भएर अघि बढ्नु अहिलेको आवश्यकता हो । राष्ट्रको माग पनि यही हो ।

• *उसो भए तपाईंको परिवार अभियुक्तलाई क्षमा दिन तयार छ ?*

- होइन । मेरो बुबाको हत्यामा माओवादी पार्टीको भन्दा पनि व्यक्तिगत रिसइबी छ कि भन्ने लाग्छ । त्यो बेला युद्धविराम भएको थियो । बुबा निरस्त्र हुनुहुन्थ्यो । बुबाको अपहरणपछि हत्या भएको छ । घटनाको प्रकृति हेरेर क्षमा दिने र लिने हुन सक्छ । मेलमिलाप गर्नै हुँदैन भन्ने पक्षमा म छैन ।

• *तपाईंले रिसइबीको सङ्केत फेला पार्नुभएको छ ?*

- यो मेरो अनुमान हो । कुनै कारण नहुँदा पनि कोही मारिन्छ भने त्यो राजनीतिकभन्दा पनि आपराधिक घटना हो । मलाई लाग्छ, माओवादी युद्धको माग पनि त्यो थिएन ।

• *तपाईंले पार्टी कार्यालयमा रहेको खप्पर देख्नुभएकै होला । त्यो हेर्दा के लाग्छ तपाईंलाई ?*

- देखेको छु । छोएको छैन । (लामो समयको मौनतापछि उनले मधुरो स्वरमा भनिन्) मेरो बुबाको हत्याका अभियुक्तलाई क्षमा

दिन सकिँदैन । योजना बनाएर मान्छे मारिएको छ । हामीलाई न्याय चाहिन्छ ।

• आशावादी हुनुहुन्छ ?

– आशावादी हुनुपर्‍यो । यति बेलासम्म हामीले न्याय पाइसक्नु पर्थ्यो । सत्य निरुपण आयोग बनेको छ । अब त्यसले अघि बढाउँला कारबाही ।

• घटनामा किटानी पनि गरिएको छ कि ?

– हजुर । हामीले कालीकोटका दानबहादुर सहकारी (हितमान), नवीन विक (क्षितिज), बाजुराका कर्णबहादुर विक (केशव), पदमबहादुर भण्डारी (पवन), नरेन्द्र पाध्याय (क्रान्ति), ऐनबहादुर सार्की (अरविन्द), गणबहादुर गिरीमाथि किटानी जाहेरी दिएका छौँ । कर्णबहादुर विक अहिले माओवादीबाट बिना विभागीय मन्त्री हुनुहुन्छ भने भने पदमबहादुर भण्डारी काङ्ग्रेस प्रवेश गर्नुभएको छ । उहाँ हाल पाण्डवगुफा गाउँपालिका वडा नं ४ को अध्यक्ष हुनुहुन्छ । (नोट : कालीकोटका बोगटीहरूले सहकारी पनि थरका रूपमा लेख्ने गर्छन् ।)

• एमाले र माओवादीको गठबन्धनले तपाईंको परिवारले न्याय पाउने कुरामा प्रभाव पार्ला कि नपार्ला ?

– अँ...।

• धेरै सोच्नुभयो नि ?

– यसलाई माओवादी नेतृत्वले कसरी लिन्छ ? यसमा भर पर्छ । माओवादी नेतृत्वको जोड कारबाहीभन्दा पनि मेलमिलापमा छ । अप्ठ्यारो पक्कै छ । अभियोग लागेकाहरूको उच्च राजनीतिक पहुँच छ । कति सेना समायोजनमा पनि गएका छन् । हिजोसम्म हामीले आफ्नै नेता (एमाले) लाई झकझक्याइरहने स्थिति थियो । अब त्यो सम्भावना पनि कम छ । एमालेको नेतृत्व तह पनि लचिलो हुन सक्छ । म आफैँ पनि एमालेको राजनीतिमा छु । जिम्मेवारीबाट भाग्ने र एकले अर्कोलाई दोष लगाएर प्रक्रिया लम्ब्याउन सक्छन् । सहज पक्कै छैन ।

• *न्याय नपाए के गर्नुहुन्छ ?*

- सत्य निरुपण आयोगले के गर्छ, त्यो हेर्छौं । नभए हामी अदालत जान्छौं । अन्तर्राष्ट्रिय प्रक्रिया हुन्छ कि हुँदैन, त्यो बुझ्छौं । न्याय पाउने कुरामा हाम्रो परिवार लचिलो हुँदैन । मेरो राजनीति बुबाको आत्माले न्याय पाउने कुरामा बाधक बन्दैन ।

... ...

बिना विभागीय मन्त्री कर्णबहादुर विक (केशव) सँग २३ डिसेम्बर २०१७ का दिन सम्पर्क गरें । उनी शेरबहादुर देउवा नेतृत्वको सरकारमा सामेल थिए । उनले को बोलेको ? कहाँबाट सम्पर्क गरेको ? नम्बर कहाँबाट पाउनुभयो आदि जिज्ञासा राखे । मैले उत्तर दिएँ । बाँकी कुरा उनकै शब्दमा-

हिजो एकातिर राज्य र अर्कातिर विद्रोहीको सङ्घर्ष थियो । त्यो सङ्घर्षका बेला हरेक खालका कारबाही त भए नै । ती कारबाहीहरूलाई राज्यले स्वीकार गरेर १२ बुँदे समझदारी हुँदै संविधानसभा चुनावसम्म आयो । द्वन्द्वकालीन मुद्दालाई सत्य निरुपण आयोगमार्फत समाधान गर्ने भनेर समझदारी गरिसकेपछि फेरि पुराना कुरालाई अनेक तरहबाट निकाल्नु राम्रो होइन ।

तपाईंले ताराचन्द्र रेग्मीको कुरा उठाउनुभयो, ममाथिको आरोप गलत हो । अभियोगका आधार छन् भने कुरा जति पनि गर्न मिल्छ तर यो कुरामा मेरो संलग्नताको आधार छैन । संलग्न हो कि होइन ? आरोपित व्यक्ति घटनाको बेला कहाँ थियो भन्ने कुरा पनि होला । हिजो विभिन्न खालका कारबाही भए । त्यसमा व्यक्तिको संलग्नताको कुरा रहेन । पार्टीगत रूपमा गरिएको हो कि होइन भन्ने कुरा हुन्छ । पार्टीले गरेका कारबाही व्यक्तिगत रिसइबीबाट नभई संस्थागत रूपमा गरिएको हो । संस्थागत रूपमा गरिएको कामको जिम्मवारी पनि पार्टीले नै लिन्छ । सत्य निरुपण आयोगको काम पनि मेलमिलापको वातावरण

तयार पार्ने हो । त्यतिबेलाका कुरा यसैले हेर्छ । द्वन्द्व फेरि नफैलियोस् भनेर समाधान गर्ने पनि यसैको जिम्मा हो । मेराबारे मानिसले जे आरोप लगाएका छन्, जो बोलेका छन्, त्यसले समाजमा झन् द्वन्द्व भड्काउने काम गर्छ ।

अर्को घटना

उत्तरी लमजुङको सिम्पानी गाविस वडा नं ५ स्थित पामचोकमा माओवादीका दुई कार्यकर्ताको कङ्काल चोरिएको घटनालाई पनि हामीले भुल्न मिल्दैन । संयुक्त राष्ट्रसङ्घीय मानवअधिकार उच्चायुक्तको प्रतिवेदन अनुसार १४ नोभेम्बर २००४ मा चन्द्रेश्वर गाविस वडा नं ३ की रीना अधिकारी र सल्यान जिल्ला कालागाउँ वडा नं ६ की जीतकुमारी पुन मगरको हत्या भएको थियो । सेनाले घेराबन्दी गरेर हत्या गरेपछि उनीहरूलाई घटनास्थल नजिकै गाडिएको थियो । गाडिएको छ वर्षपछि अर्थात् २६ डिसेम्बर २०१० राती उनीहरूको कङ्काल चोरिएको पाइयो । राष्ट्रिय मानवअधिकार आयोग पोखराका ज्योति घिमिरे र इन्सेक लमजुङका प्रतिनिधि कृष्णप्रसाद अधिकारीले घटनास्थलको अनुगमन गरेका थिए । हाल रेडियो चौतारीको स्टेसन म्यानेजर रहेका कृष्णप्रसाद अधिकारीले उतिबेलाको प्रसङ्ग सम्झँदै भने, 'हामी अरु नै घटनाको अनुसन्धान गर्न त्यहाँ गएका थियौं । शव चोरिएको भन्ने जानकारी आएपछि अनुगमन गऱ्यौं । तर, थप केही जानकारी पाउन सकिएन ।'

मैले जिज्ञासा राखें- के हुन सक्थ्यो त त्यो घटना ?

अधिकारी : माओवादीले सेनालाई र सेनाले माओवादीलाई आरोप लगाउने काम मात्र भयो । केही सुराक मिलेन ।

सिम्पानीको घटना रहस्यमै रह्यो ।

०००

मैना

प्रणय लिम्बुसँग मेरो चिनजान उनले 'इतिहास जित्नेहरूका लागि' डकुमेन्ट्री बनाउनुअघिकै हो । गायकद्वय कुवेर राई र धीरज राईलाई लिएर उनले बनाएको त्यो डकुमेन्ट्रीले सन् २००३ मा आयोजित 'फिल्म साउथ एसिया' मा पुरस्कार जितेको थियो ।

प्रणय डिल्लीबजार, पीपलबोट नजिकै बस्थे । बेलाबखत म उनीकहाँ जान्थेँ । उनलाई भेट्न र नेसनल ज्योग्राफिक म्यागजिन मुसार्न । प्रणयका बुबाले सानैदेखि उनलाई पत्रिकाको ग्राहक बनाइदिएका थिए । चिल्ला पाना, आकर्षक फोटोग्राफी र बौद्धिक लेख यसको विशेषता हो । नयाँ कागजबाट आउने सुगन्धको मिठास छुट्टै छ ।

कुनै एक दिन म प्रणयको कोठामा उनले बनाउँदै गरेको डकुमेन्ट्रीका क्लिप हेर्दै थिएँ । डकुमेन्ट्री तराईका सपेराहरूका बारेमा थियो । गफगाफको सिलसिलामा उनले भने, 'ब्रदर, मैले हनुमानढोका (जिल्ला प्रहरी कार्यालय) एउटी महिला भेटेँ ।'

अनि ?

काभ्रेमा एउटी किशोरी मारिएकी रहिछन् । स्थानीय प्रहरीले छोरी खोज्न सहयोग नगरेपछि मृतकका बाबुआमा काठमाडौँ आएका रहेछन् । हनुमानढोकामा गएर दिनभर प्रहरीलाई छोरी खोजिदेऊ भन्दा रहेछन् ।

कसैले उनीहरूलाई काठमाडौं गए छोरी खोज्न सजिलो हुन्छ भनेर बताइदिएछ । अनि उनीहरू यता आएछन् ।

सम्पर्क नम्बर छ ?

छैन । बरु मैले उनीहरूको डेरा देखेको छु । धरहरा नजिक बस्छन् ।

जाम न त ।

प्रणय लिम्बुले मोटरसाइकल तयार पारे । दुवै जना उनीहरूको डेरामा पुगियो । प्रणयको अरु नै केही काम थियो । मलाई छाडेर उनी फर्किए ।

धरहराको दक्षिणपट्टि लगनटोल नजिक अति पुरानो घरमा उनीहरूको डेरा थियो । कोठाको मूलढोका काठको थियो । बाछिटा र घामले खाएर तलको आधा भाग ह्वाङ्ङै । ढोकाले नै बताउँथ्यो घरको जीर्णता । ठूलो हावाको झोक्काले पनि घर लडाउँला जस्तो । ढोका नजिकका केही इँटा मक्किएर खसेका । वर्षौंदेखि पानीले पिटिएर थलिएका काँचा इँटको भित्ता हेर्दैमा धरापजस्तो देखिन्थ्यो । कोठामा एक जोर ओढ्ने-ओछ्याउने, दम दिने फलामे स्टोभ र केही थान भाँडाकुडा थिए ।

ती महिलाले नाम देवी सुनार बताइन् र छोरीको नाम मैना । देवीका श्रीमान् पूर्णबहादुर दिनभर कवाडी समान खोजी बेचेर गुजारा चलाउँदा रहेछन् । कुराकानी गर्दा गर्दै उनी पनि टुप्लुक्क आइपुगे । त्यो दिन कवाडी सामान धेरै पाएनछन् र कवाडी किन्ने मालिकले पनि पैसा दिएनछ । कोठाभित्र छिर्ने बेला उनको मुखबाट ह्वास्स गन्ध आयो रक्सीको । बेपत्ता छोरी र गरिबीको पीडा भुलाउन पिए होलान् पनि ।

देवीले छोरीको फोटो पोलिथिन झोलामा राखेकी थिइन् । फोटो हेर्दा मैना स्कुल ड्रेसमा थिइन् । आकाशे रङको सर्ट लगाएकी थिइन् उनले । झोला तान्दा अल्झिएर अरु सामान पनि आए । सिसाको

गिलास र २५-३० गेडा चामल भुइँमा गुडुल्किए । महिनावारी सात सयका दरले उनीहरूले कोठा भाडामा लिएका थिए । घरबेटीलाई चार महिनाको भाडा दिन बाँकी रहेछ । देवीसँग कुरा गर्दा घरबेटी आइपुगे । भन्दै थिए, 'अब अर्को महिना पनि कोठाको पैसा नदिने हो भने निकाल्छु ।' पत्रकारिताले सबैको आवाज बोक्छ तर कहिलेकाहीं यसले सम-वेदना पनि जन्माउँछ ।

पत्रकारिता गरेको समय साह्रै अप्ठ्यारोमा परेका मानिसलाई मैले व्यक्तिगत रूपमा सहयोग पनि गरेको थिएँ । उतिबेला पुगिसरी आएर होइन, अर्को विकल्प नहुँदासम्म पीडितलाई आपत् नपरोस् भनेर । म आफूले गरेको सहयोग कसैले चाल नपाऊन् भन्छु । आफ्नो मनले गरेको कुरा अरुलाई सुनाउन जरुरी जस्तो पनि लाग्दैन । व्यक्तिबाहेक परोपकारी संस्थालाई गरेको रसिदको अधकट्टी लिन्थैं तर नाम उल्लेख गर्न चाहँदैनथैं । बाल मन्दिर नक्साल, काठमाडौंका तत्कालीन हाकिम राजेश्वर निरौलाले नामबिनाको अधकट्टी दिन्नँ भनेपछि मात्र मैले नाम लेखाउन थालेको थिएँ ।

देवीले छोरी हराएको कथा विस्तारमा सुनाइन् । मनको दुःख सुनिदिने मान्छे भेटिए पनि कहिलेकाहीं आधा दुःख हराए जस्तो लाग्छ । सबै दर्द भनिसक्दा देवीका आँखा सुन्निन थालिसकेका थिए । बेलुका पकाउने चामल थिएन । पूर्णबहादुर भुइँमा इन्तु न चिन्तु भएर सुतेका थिए । काभ्रेको गाउँबाट विस्थापित भएर उनीहरूले छोरी खोज्न गरेको सङ्घर्ष र हिम्मत साँच्चिकै साहसपूर्ण थियो ।

ब्याधाले डमरु मारिदिएको बघिनीजस्ती थिइन् देवी । अत्यन्त आक्रामक- विशेष गरी सेनासँग । औपचारिक शिक्षा नपाएकी देवीका कुरा सुनेपछि मलाई के अनुभव भयो भने यिनलाई कुनै न कुनै हिसाबले सहयोग गर्ने हो भने अन्यायविरुद्ध एक्लै लड्न सक्छिन् । मैले उनमा बोल्न सक्ने खुबी र गरिबीसँग जुध्ने सामर्थ्य देखें । छुट्टै मनोबलले बनेकी महिला थिइन् तिनी ।

मैले खल्तीमा भएको पाँच सय देवीलाई दिएँ । त्यसले कोठा भाडाबाहेक अत्यन्तै न्यून खर्च गरेर वा खोले खाएर भए पनि एक-डेढ महिना चलाउन सक्थिन् । एक महिनासम्म घटनाले अर्कै रूप लिन सक्थ्यो । तिम्रो आँटप्रति मेरो समर्थन छ है भनेर ऐक्यबद्धता जनाएको थिएँ ।

देवीलाई डेरामै छाडेर म फर्किएँ । मेरी श्रीमती मुना उतिबेला फेसन डिजाइनिङको तालिम गर्दै थिइन् । फोटोग्राफी र समाचार लेख्ने तरिका म आफैँले सिकाउँथेँ ।

अर्को दिन मुना र म फेरि देवीको डेरामा गयौँ । थप कुराकानी भयो ।

'मैनालाई खोज्न तपाईंले सहयोग गर्न सक्नु होला ?' देवीले याचना गरिन् ।

हामीले भन्यौँ, 'सक्दो गर्छम् । यसै भन्न सकिन्न । सके नि नसके नि तपाईं हामी सम्पर्कमा बसम् ।'

मुनाले मैनाको बारेमा टिपोट गरिन् । टिपोटबाटै समाचार बन्यो । सोचेँ, हिमाल खबरपत्रिकामा दिनुपर्ला । मैले यसो किन भनेको भने त्यतिबेला मैले हिमाल खबरपत्रिका छाडिसकेको थिएँ । अध्ययनका लागि विदेश जाने तयारी गर्दै थिएँ । चर्चित कवि तथा 'अविजित' उपन्यासका लेखक विप्लव प्रतीक उतिबेला पत्रिकामा डेक्स एडिटर थिए । उनीसँग भेट भैरहन्थ्यो । मैनाको फोटो र एक पाना कागज उनलाई दिँदै भनेँ, 'कविजी, समाचार छ, अलिक मिलाउनु पर्ने ।' उनले त्यसलाई छाँटकाँट पारेर हिमाल खबरपत्रिकाको २-१६ अक्टुबर २००४ अङ्कमा छापिदिए । यस्तो रूपमा-

अत्तोपत्तो छैन मैनाको

काभेपलाञ्चोक, खरेलथोककी मैना सुनारलाई सुरक्षाकर्मीले पक्रेर लगेको आठ महिना भइसक्दा पनि कुनै अत्तोपत्तो छैन ।

स्थानीय भगवती मावि कक्षा ९ मा पढ्ने मैनालाई सुरक्षाकर्मीहरूले १७ फेब्रुअरी २००४ को बिहान साढे ६ बजे घर घेरा हालेर पक्राउ गरेका र हात बाँधेर लगेका उनका बाबुआमा बताउँछन् । 'छोरीकै पीरले मरिन्छ कि जस्तो छ । हामीलाई जस्तो दशा कसैलाई नलागोस, बर्बर्ती आँसु झार्दै आमा देवी र बाबु पूर्णबहादुर भन्छन् ।

छोरीको खोजीमा अहिले यो दम्पती काठमाडौंमा भौतारिइरहेको छ । पक्राउ परेको भोलिपल्टै लामीडाँडा काभ्रेको सैनिक ब्यारेकमा मैनाका बाबुलाई बोलाएर उनकी छोरीलाई सेनाले पक्राउ नगरेको, माओवादीले सेनालाई बदनाम गर्न यो आरोप लगाएको हुन सक्ने बताइएको थियो । उता, काठमाडौंमा सुनिएको माओवादी नियन्त्रित एफएमले मैनालाई सेनाले गिरफ्तार गरेको बताएको थियो । मैनाको गिरफ्तारीपछि भगवती माविका पाँच शिक्षक र ६३ जना स्थानीयको हस्ताक्षरसहित उनी निर्दोष रहेको निवेदन शाही सेनाको मुख्यालय, प्रहरी प्रधान कार्यालय र विभिन्न मानवअधिकार सङ्गठनमा बुझाइएको थियो । मैनासँगै पक्राउ परेकी विमला विकलाई केन्द्रीय कारागारमा राखिएको थाहा भएको छ ।

समाचार छापिएको पत्रिका देवीलाई दिएँ । सोचेथैं, कतै सानोतिनो काम खोजिदिनुपर्छ कि क्या हो ? मैले गर्ने प्रयास हो, कामै खोजेर लगाइदिने हैसियत थिएन । देवीको सङ्गतबाट थाहा भयो कि उनी काम गरेर छोरीको पीडा भुल्नेवाला छैनन् । जसरी पनि उनलाई छोरीको बारेमा पूर्ण जानकारी चाहिएको छ । 'तपाईंको के इच्छा छ ? के गर्न चाहनुहुन्छ' भनेर सोध्दा देवीले गाउँ जान पाए हुन्थ्यो भनिन् । गाउँ छाडेर आएपछि उनी उताका कसैसँग पनि सम्पर्कमा रहिनछन् । छोरीको खबर कतैबाट गाउँ पुगेको छ कि भन्ने उनलाई लागेको रहेछ । डर र अर्थका कारण उनी उता नगएकी रहिछन् ।

एक बिहान देवी, मुना र म पुरानो बसपार्क पुग्यौँ । त्यहाँबाट बनेपा जाने गाडी छोप्यौँ । (तनहुँतिर हामी गाडी समात्नुलाई छोप्नु भन्छौँ) । बनेपामा भट्ट (भटमास) र आलुको तरकारीसँग समोसा खायौँ । देवीले केही खान मानिनन् । गाडी छुटे पनि बसको झ्यालमा टोलाएर बसिन् ।

बनेपाबाट अर्को गाडी फेरेर हामी काभ्रेको पलाञ्चोक भगवती आसपासको खरेलथोक जाने भयौँ । देवीको घरसम्मै गाडी जाँदो रहेछ अनि बाटोकै छेउमा घर । देवी गाडीबाट ओर्लनेबित्तिकै छिमेकी आए । छोरीको खबर केही छ कि भनेर आएकी देवीलाई उल्टै गाउँले सोधे-

केही पत्ता लाग्यो त नानीको ?

देवीले दायाँबायाँ टाउको हल्लाएर अहँ भन्ने सङ्केत गरिन्, डाँको छाडेर रोइन् । सबै रोए । स्तब्ध ।

देउरानीसँग साँचो मागेर देवीले घरको ढोका खोलिन् । ढुङ्गामाटोले बनेको दुईतले घरको तल्लो तलामा खुर्रर मुसा दौडिए । माथिल्लो तलामा मैना सुनारका चप्पल, कपडा, झोला देखिएपछि फेरि डाँको छाड्न थालिन् । थोत्रो टिनको बाकसमा उनका किताब, केही कपडा र खित्रिङमित्रिङ सामान देखिए, जसमा ऐना, काइँयो, टीकी आदि थिए । देवीलाई घरमै छाडेर हामी उनी पढ्ने विद्यालयतिर लाग्यौँ ।

घर नजिकैको भगवती माविमा पुगेर उनका सहपाठी र प्रधानाध्यापकलाई भेट्यौँ । सबैको जिज्ञासा उनी काठमाडौँमा कतै भेटिइन् कि भन्ने थियो । के मैना माओवादी थिइन् ? हामीले प्रअसँग जिज्ञासा राख्यौँ । 'हाम्री नानी माओवादीको नाचगान कार्यक्रममा गएको सुनियो । अल्लारे केटाकेटी हुन् । रहर, जिज्ञासा, दबाब केही हुँदो हो । काँचो माटोको के दोष ?' सबै कुरा उनले एकैचोटि प्रस्ट्याए ।

खासमा सेना मैनालाई होइन, उनकी आमा देवीलाई खोज्न आएका रहेछन् । माइती गएकी देवीलाई नभेटेपछि सैनिक टोलीले मैनालाई पक्राउ गरेको रहेछ । त्यतिबेला मैना १५ वर्षकी रहिछन् ।

देवीले उतिबेला मलाई बताए अनुसार यो घटना प्रतिशोधसँग जोडिएको छ । मैनालाई नियन्त्रणमा लिनुभन्दा पाँच दिनअघि काभ्रेमा सेनाको छुट्टाछुट्टै टोलीले रीना रसाइली, शुभद्रा चौलागाईं र टसी लामाको हत्या गरेको थियो । सेनाले मुठभेडमा मारिएको दाबी गरे पनि देवीले मुठभेड नभई नियन्त्रणमा लिएपछि आफ्नी भदिनी रीनाको हत्या भएको खुलासा गरेकी थिइन् ।

रीनालाई नियन्त्रणमा लिएपछि सैनिक अधिकारीहरूले गोठमा लगेर 'अनैतिक व्यवहार गरेको' र त्यसको पाँच घन्टापछि उनको मृत्यु भएको घटनाको साक्षी मैनाकी आमा देवी रहिछन् । घटना सार्वजनिक गर्न मैनाकी आमा देवीले अधिकारकर्मीहरू बोलाइन् । देवीकै कारण मानवअधिकार उल्लङ्घनको भेद खुल्ने भयो भन्ने त्रासका कारण सैनिक टोली उनको घरमा आएको स्थानीयहरूले बताए ।

मुनाले नेपालीमा लेखै लेखिन् । मैनामाथि अन्याय नै भएको रहेछ । हामीले सोच्यौं, यो समाचार अङ्ग्रेजीमा आयो भने विदेशीले पढ्लान् र सरकारलाई दबाब देलान् । कतिपय अवस्थामा विदेशीले दबाब नदिई केही नहुने कुरा हामीले भोगेकै हौं ।

काभ्रेको स्थलगत भ्रमणको समाचार हामीले नेपालीमा लेखेर नेपाली टाइम्स साप्ताहिकमा पठाइदियौं । अङ्क २२२ (१९-२५ नोभेम्बर २००४) मा 'मैनाज स्टोरी' नामको करिब दुई पृष्ठको स्थलगत लेख अङ्ग्रेजीमा छापियो । अङ्ग्रेजीमा कसले उल्था गऱ्यो ? नेपाली टाइम्सका सम्पादक कुन्द दीक्षितले बताउन सक्लान् । समाचार र फोटोमा मुना शर्माको नाम उल्लेख गरिएको छ । समाचारमा मैना पढ्ने विद्यालयको फोटो पनि छ ।

सञ्चारकर्मीले घटनास्थल भ्रमण गरेर अनुसन्धानमूलक समाचार खासै दिन नसकेको अवस्थामा मैनाको घटना बाहिर आयो । अङ्ग्रेजीमा

छापियो । यी दुई कारणले मात्र मैना प्रकरण अन्तर्राष्ट्रियकरण भयो । होइन भने देशभरि सयौं मैनाहरू समाचार नबनी मारिएका हुन सक्थे ।

समाचारमा एउटा युवतीको भनाइ छापिएको थियो तर सुरक्षाका कारण नाम उल्लेख थिएन । भनेकी थिइन्, 'मलाई सेनाले हिरासतमा लिएपछि सैनिक ड्रेस लगाउन भन्यो । मैनाको घर देखाउन लगाइयो । मैनाको घर मलाई थाहा थियो । मैना र मलाई काभ्रेको लामीडाँडा ब्यारेक ल्याइयो । हामीलाई सल्लाको बोटमा हात पछाडि लगेर बाँधियो । पिटेर यातना दिएपछि म बेहोस भएछु । होसमा आउँदा मेरो शरीरमा पेन्टी मात्र थियो । मैनालाई देखिनँ । त्यहाँ छ दिन राखेपछि मलाई प्रहरीको जिम्मा लगाइयो ।'

ती युवतीमाथि यौन हिंसा भएको प्रस्ट थियो तर हामीले सोध्न सकेनौं । सेनाले प्रहरीलाई हस्तान्तरण गरेपछि एक जना हवल्दारले 'तँ मेरी छोरी समान होस्' भनेर केही कपडा दिएको पनि बताएकी थिइन् ।

हामीलाई यसो भन्ने युवती थिइन्, स्थानीय विमला विक । विकलाई हामीले काठमाडौंको एक जेलमा भेटेका थियौं । विमलालाई भेट्नुअघि हामीले जेलरसँग केही पटक भेटिसकेका थियौं । विमलासँग भेटेर कुराकानी गर्ने र उनको फोटो लिने कुरा बताएपछि उनले ठाडै अस्वीकार गरे । भनेथे, 'जेलमा माओवादी समर्थक बन्दीसँग कुराकारी गर्न मिल्दैन, फोटोको कुरा नगर्नू ।'

मैले जेलरलाई भनें, 'हामी इतिहासको एउटा अप्ठ्यारो समयमा छौं । तपाईं र मलाई आ-आफ्नो जिम्मेवारी थाहा छ । आजका कुरा भोलि इतिहास बन्छन् । तपाईं र म यो समयको कैयौं कुराका साक्षी हौं । विश्वास गर्नुस्, म जोसँग कुरा गर्छु, तिनको नाम र फोटो सार्वजनिक गर्ने छैन ।' आफ्नो कार्यकक्षमा रहेका कर्मचारीलाई बाहिर जान निर्देशन दिएर उनले विमला विकलाई बोलाइदिएका थिए । सोही बेला मैले विमलाको छ स्न्याप फोटो लिए ।

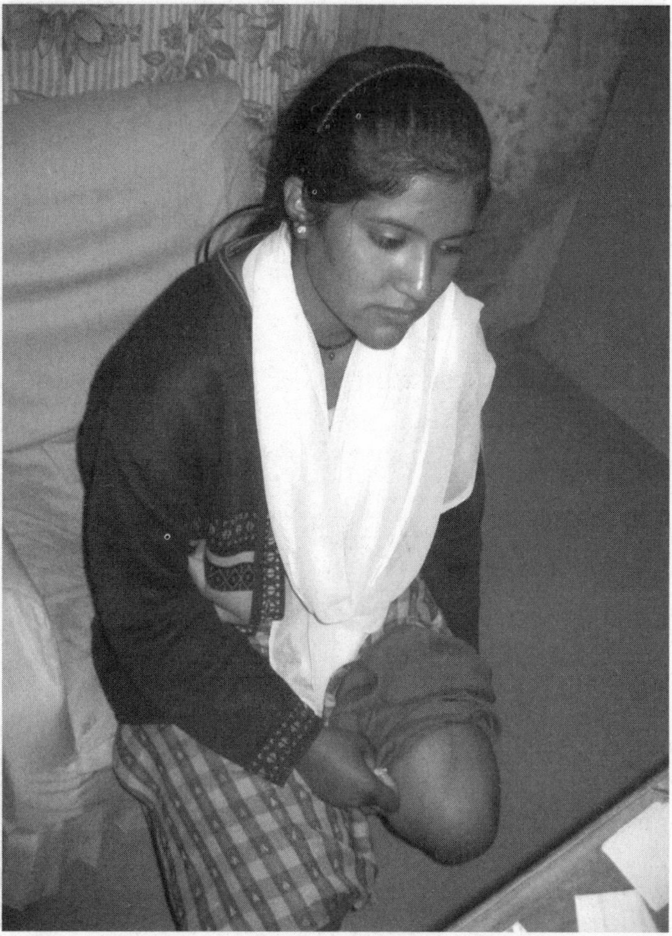

विमला विकको घुँडाको जोर्नीनजिक पत्तिले चिरिएको डाम स्पष्ट देखिन्छ ।

अहिले यी कुरा भन्दा फरक पर्दैन भनेर उल्लेख गरेको हुँ । किनभने यी कुरा बताउने समय आएको छ । सायद म हडबडाएर हो कि सबै फोटो हल्का फोकस आउट छन् । उनले भनेकी थिइन्, 'सैनिक हिरासतमा रहँदा मलाई दाह्री काट्ने पत्तीले चिरेर घाउमा

नुन-खुर्सानी लगाइयो । म माओवादी हुँ तर मैना होइन । सेनाको पिटाइले मर्छु जस्तो लागेको थियो । धन्य बाँचें ।' नाडी र तिघ्रामा चिरिएका डाम फोटोमा प्रस्ट देखिन्छन् ।

विमला जेलबाट छुटिछन् । सुने अनुसार चौधरी थरका प्रहरीसँग बिहे गरिन् रे । त्यसपछि उनको अत्तोपत्तो छैन रे । यो मैले सुनेको कुरा थियो । नभन्दै हो रहेछ । सरकारद्वारा गठित 'बेपत्ता पारिएका व्यक्तिको छानबिन आयोग' ले जारी गरेको सूचनामा भनिएको छ-

सिरियल नम्बर : ३७६

नाम : विमला विक चौधरी

उमेर : १८

जिल्ला : काभ्रे

ठेगाना : नारायणस्थान गाविस वडा नं ६

अब मसँग विमलाको नेपाली टाइम्समा छापिएको भनाइ र फोटो मात्र छ ।

सबैभन्दा पहिले काभ्रेबाटै निस्कने एक पत्रिकाले मैनाका बारेमा लेखेको थियो रे । त्यो कुन पत्रिका थियो ? देवीले सम्झिन सकिनन् । त्यो आवाज काठमाडौंसम्म आउन पाएन । स्थानीय सञ्चार माध्यमको समस्या के हो भने कहिलेकाहीं तिनका आवाज राजधानीसम्म आइपुग्दैन ।

अब काठमाडौंबाट निस्कने पत्रपत्रिकाले पनि मैनाबारे छाप्न थाले । केही समयपछि देवीले भनिन्, 'मैनालाई सेनाको स्वयम्भूको बारुदखानामा राखेको छ भन्छन् ।' अधिकारकर्मी हुँ भन्ने एक व्यक्तिले मैनालाई त्यहाँ देखेको र छुटाउनका लागि पाँच हजार मागेको रै'छ ।

कुरा पत्यारिलो थिएन । बारुदखानामा सम्पर्क गरें । केही खबर छैन । अपत्यारिलो कुरा त पैसाको थियो । जम्मा पाँच हजारको कुरा थियो । बिजुलीबजार पुल नजिकै कार्यालय रहेको एउटा संस्थाको मान्छेले पैसा मागेको थियो । संस्थामा गएँ । दुई-चार वटा कुर्सी र

एउटा स्टिलको दराज थियो । भित्तामा राजा ज्ञानेन्द्रको तस्बिर । उनीहरूले मास्क लगाएका थिए र मैना छुटाउनका लागि दौडधुप गर्न पेट्रोल किन्ने खर्च चाहिएको बताए । पैसा माग्ने मान्छेको नामसहितको फोटो र समाचार *समय साप्ताहिक*मा छापियो । म युवराज घिमिरेद्वारा सम्पादित *समय साप्ताहिक*मा कार्यरत थिएँ । फोटो पत्रकार दीपेन्द्र बज्राचार्यले उनीहरूको फोटो खिचेका थिए ।

देवी र पूर्णलाई भनें, 'तपाईंहरूसँग पैसा माग्ने मान्छे ठग हुन् । संस्था पनि दर्ता गरेका छन् कि छैनन्, मेसो पाउन सकिनँ । तपाईंहरू अब भद्रकालीमा आमरण अनसन बस्नुस् ।' उनीहरू राजी भए । कम्प्युटर प्रिन्ट गरिएका २० प्रति कागजको प्लेकार्ड बनाइदिएँ । यिनै थिए शब्दहरू :

आमरण अनसन । कहाँ छिन् मैना ?

केही दिनको फरकपछि म देवीको डेरा लगनटोलतर्फ जानका लागि माइक्रो बसमा सुन्धारा आउँदै थिए ठमेलबाट । मोबाइल बज्यो । सैनिक मुख्यालयबाट एक अफिसरले बोलाएका थिए, म तत्कालै त्यहाँ पुगें । उनले भने, 'मैनाका बाबुआमाको बिजोग र तपाईंको पेसाप्रतिको इमान्दारिता देखेर भनेको हुँ । मलाई अप्ठेरोमा नपार्नु होला । आइ थिन्क सी इज नो मोर ।'

उनले मलाई चिया खुवाए । केही बेर पारिवारिक कुरा निकाले । मैले गरेको रिपोर्टिङको प्रशंसा गरे । मलाई अहिले के लाग्छ भने उनले भन्न त भने । तर, जानकारी दिएकोमा उनलाई भित्रभित्रै डर वा पछुतो थियो । सायद मैले कतै उल्लेख गर्ने पो हो कि भनेर । अफिसरसँग बिदा मागें । हात मिलाउँदै उनले भने, 'मेरा जहान परिवारलाई भोको नबनाउनु होला ।'

यहाँभन्दा बढी मैले ती अफिसरका बारेमा बताउन मिल्दैन । यति भन्न मिल्छ, मैले आजसम्म भेटेका सैनिक अफिसरमध्ये उनी आफ्नो पेसामा अत्यन्त व्यावसायिक थिए ।

सैनिक मुख्यालयबाट बाहिरिएर म देवीको डेरामा पुगें । सेनालाई भेटेर आएको कुरा उनीहरूलाई थाहा थिएन । मैना संसारमा नभएको कसरी भन्ने ? बडो असमञ्जसमा परें । उनीहरूलाई भनें, 'भद्रकाली गएथें । उनीहरूले मैनालाई खोज्नुभन्दा उनीहरूका बाबुआमालाई गाउँ फर्केर काम गर्न भनेका छन् ।'

देवीले कुरा बुझ्न थालिन् । पूर्ण अलमल्लमा परे । देवी र पूर्णमा आकाश-जमिनको फरक थियो घटनालाई बुझ्ने सन्दर्भमा । देवी गाउँमा सामाजिक कायकर्ता रहिछन् । हक अधिकार बुझेकी । पूर्ण यस्ता कुरामा मेसो पाउँदैनथे । देवीलाई छोरी जीवित छैनन् भन्ने मनमा लागेकै थियो तर मनको कुनै कुनामा थोरै विश्वास पनि थियो, जीवितै छिन् कि ?

देवीले १३ नोभेम्बर २००५ मा काभ्रे प्रहरीमा किटानी जाहेरी दर्ता गरे पनि प्रहरीले अनुसन्धान अघि बढाएन । सैनिक अदालतको कारबाहीलाई फौजदारी अभियोगमा कारबाही नहुने भनेर प्रहरी पन्छिएपछि पीडित, कानुन व्यवसायी र अधिकारकर्मीले सर्वोच्च अदालतमा गुहारे ।

सर्वोच्च अदालतका न्यायाधीशद्वय मीनबहादुर रायमाझी र रामप्रसाद श्रेष्ठको इजलासले आरोपितलाई फौजदारी न्यायप्रणालीको दायरामा ल्याउन आदेश दिए । सर्वोच्च अदालतको आदेशपछि मात्र २१ जनवरी २००८ मा काभ्रे जिल्ला अदालतमा मुद्दा दयार भयो । सेनाको कारबाहीलाई लिएर नागरिक अदालतमा मुद्दा हालिएको यो पहिलो र महत्त्पूर्ण घटना थियो ।

देवीलाई अप्रत्यक्ष रूपमा धम्की आउन थालेछ । देवीले भनिन्, 'धम्की आउन थाल्यो । एड्भोकेसी फोरमले मलाई पोखरा लग्यो । त्यहीं तीन-चार महिना बसें । गोप्य ठाउँमा राखियो । कसैसँग भेटघाट छैन । यसो विचार गरें, म पोखरा बसेर हुन्न । म अन्डरग्राउन्ड भएर बसें भने केस पछि हट्छ । रोइकराई गर्न काठमाडौं नै जानुपर्छ । यही सोचेर म काठमाडौं जान्छु भनें । काठमाडौं आएपछि पनि अन्डरग्राउन्डजस्तै

भएँ । तरकारी किन्न जाँदा पनि यसो हेरेर जानुपर्ने । काठमाडौँमा पनि म एड्भोकेसीको निगरानी र संरक्षणमा रहेँ ।'

मैनाको हत्या के कसरी भयो भन्ने सम्बन्धमा चित्तबुझ्दो जवाफ आएपछि पीडित परिवारको आग्रहमा राष्ट्रिय तथा अन्तर्राष्ट्रिय मानव अधिकारकर्मीहरूले चौतर्फी दबाब दिएपछि सेनाले घटनामा चासो दिन थाल्यो ।

संयुक्त राष्ट्रसङ्घीय मानवअधिकार उच्चायुक्तको कार्यालयले तयार पारेको 'नेपालको द्वन्द्व प्रतिवेदन २०१२' (पृष्ठ २५) एवं ह्युमन राइटस वाच र एडभोकेसी फोरमले संयुक्त रूपमा तयार गरेको 'चोटमाथि थपिँदो अपमान' (पृष्ठ २२) अनुसार सैनिक अधिकारीहरूले मैना पक्राउ परेको र गाडीमा ब्यारेकमा ल्याउन खोज्दा काभ्रेको होक्से जङ्गलबाट भाग्न खोज्दा सैनिकले प्रहार गरेको गोलीले उनको मृत्यु भएको जवाफ दिए ।

सेनाले इक्वायरी बोर्ड गठन गरेको बतायो । मेजर जनरल किरणशमशेर थापाको संयोजकत्वमा गठित तीन सदस्यीय बोर्डले निकालेको निष्कर्ष यस्तो थियो :

विमला विकको सूचनाका आधारमा क्याप्टेन निरञ्जन बस्नेतको नेतृत्वमा मैना पक्राउ परेको, अपरेसन टोलीका कमान्डर बस्नेतले मैना सुनारलाई पक्राउ गरेर कर्णेल बबी खत्रीकै उपस्थितिमा सोधपुछ गर्ने कार्य गरेको, बिहानै पक्राउ परेकी मैनालाई ब्यारेकमा ल्याउनासाथ चिसोपानीमा डुबाई यातना दिने र करेन्ट लगाउने काम भएको, मुखबाट फिँज काढेकी मैनालाई सैनिकहरूले भात खुवाउने प्रयास गरेको, त्यसको करिब तीन घन्टापछि मैनाको मृत्यु भएको । (इन्सेकको Extra judicial Killing of Maina Sunar: A Case Report बाट)

सहसेनानी निरञ्जन बस्नेतको कमान्डमा पक्राउदेखि यातनाका सबै क्रियाकलाप भएको ठहऱ्याए पनि सैनिक अदालतले बस्नेतबाहेक बबी खत्री, सुनीलप्रसाद अधिकारी र अमित पुनलाई मात्रै सैनिक

ऐनअनुसार कारबाहीको सिफारिस गरेको थियो । सैनिक अदालत (कोर्ट मार्सल) ले ८ सेप्टेम्बर २००५ बबी खत्रीलाई छ महिना कैद र दुई वर्ष बढुवा रोक्का, सुनीलप्रसाद अधिकारी र अमित पुनलाई जनही छ महिना कैद र एक वर्ष बढुवा रोक्का गर्ने निर्णय गऱ्यो । साथै बबीबाट ५० हजार अनि सुनिल र अमितबाट जनही २५ हजार रुपियाँ जरिवाना हुने ठहऱ्यायो । सैनिक अदालतले मैनालाई पानीमा डुबाउने, करेन्ट लगाउने जस्ता क्रियाकलाप गैरकानुनी भन्दै मैनालाई मार्ने मनसाय नभएको तर सोधपुछका क्रममा अपनाइएको प्रक्रियाका कारण मैना सुनारको मृत्यु भएको निष्कर्ष दियो । ब्यारेकभित्र मैनाको लास गाड्नु पनि गलत भएको सैनिक अदालतको निष्कर्ष छ । (मैना सुनार : असङ्गत तर्कहरू र वास्तविकता प्रतिवेदनबाट, एड्भोकेसी फोरम)

सैनिक अदालतले १३ जना अधिकारीहरूसँग बयान लियो । यो प्रकरण टुङ्ग्याउन खोज्यो । निरञ्जन बस्नेतलाई सैनिक अदालतले सफाई दियो । सफाई मात्र होइन, उनको बढुवा पनि भयो ।

सैन्य फैसलाको करिब दुई वर्षपछि निरञ्जन बस्नेतलाई सेनाले अफ्रिकी मुलुक चाडको शान्ति मिसनमा पठायो । ट्रयाक रेकर्ड फेला पारेपछि संयुक्त राष्ट्रसङ्घले उनलाई १३ डिसेम्बर २००९ मा फिर्ता पठायो । नेपाल फर्किएलगत्तै सैनिक मुख्यालय लगिएका बस्नेतको पछिल्लो अवस्थाबारे नेपाली सेनाले कुनै पनि विवरण दिएको छैन ।

१३ जनवरी २०१० मा संयुक्त राष्ट्रसङ्घका तत्कालीन महासचिव वान की मुनले नेपाली सेनालाई अदालतको आदेश पालना गर्न तथा मेजर बस्नेतलाई निलम्बन गर्न आग्रह गरेका थिए । मैना सुनार हत्याकाण्डका आरोपित क्याप्टेन अमित पुन २००८ मा बेलायत सरकारको चेभेनिङ कोर्सअन्तर्गत मानवअधिकार विषय पढेर फर्किए । उनी क्याप्टेनबाट मेजरमा पदोन्नति भए । अर्का आरोपी क्याप्टेन सुनील अधिकारी मेजरमा बढुवा भए । कर्णेल बबी खत्री सरकारले कार्यावधि

थप नगरिदिएपछि अवकाश पाए । (स्रोत : हिमालखबर पत्रिका, १६-३० जुलाई २००९, शीर्षक : दण्डहीनताको वटवृक्ष) ।

यता, काभ्रे अदालतले नेपाली सेनाको प्रधान कार्यालयलाई 'कोर्ट अफ इन्क्वायरी' का बयानहरू भएका सबै फाइल अदालतमा पेस गर्न १२ अगस्ट २००९ मा आदेश दियो । *२०१० डिसेम्बरमा केही कागजपत्रहरू पेस गरिएको भए पनि अरू धेरै कागजपत्र अदालतलाई उपलब्ध गराइएन । सर्वोच्च अदालतको आदेश बमोजिम फैसला प्रतिलिपि बुझाए पनि सेनाले अरु ३३ वटा मिसिल बुझाएन । जसमा मैना हत्या प्रकरणमा निरञ्जन बस्नेत समेत जोडिएका प्रमाण र विवरणहरू थिए । (शीर्षक : यस्तो थियो मैना सुनार हत्या प्रकरण, कान्तिपुर, कृष्ण ज्ञवाली/नगेन्द्र अधिकारी, १८ अप्रिल २०१७)*

मैना मारिएको दुई वर्ष आठ महिनापछि अर्थात् २३ मार्च २००७ मा मैनाको शव उत्खनन गरियो । काभ्रेस्थित श्री वीरेन्द्र शान्ति कार्य तालिम केन्द्र, पाँचखाल, काभ्रेको ब्यारेकभित्र शव उत्खनन हुँदा एड्भोकेसी फोरम, मैनाकी आमा देवी, संयुक्त राष्ट्रसङ्घीय मानवअधिकार उच्चायुक्तको कार्यालयका प्रतिनिधि, फरेन्सिक विज्ञ डा. हरिहर वस्ती लगायतको उपस्थिति थियो । त्यहाँबाट निकालिएका मैनाका हाडखोर अहिले त्रिभुवन विश्वविद्यालय शिक्षण अस्पतालको फरेन्सिक मेडिसिन विभागमा राखिएको छ । संयुक्त राष्ट्रसङ्घीय मानवअधिकार उच्चायुक्तको कार्यालय नेपालमा उतिबेला नहुँदो हो त सैनिक ब्यारेकभित्र पसेर शवोत्खनन गर्ने कामको कल्पना पनि गर्न सकिँदैनथ्यो ।

देवीको मनसाय छ, काभ्रेमा मानवअधिकार अध्ययन केन्द्र बनाउने र मैनाको अस्थिपञ्जर त्यही केन्द्रमा राख्ने । उनले मलाई बताएअनुसार काभ्रेमा सरकार र विद्रोही दुवैतर्फबाट बेपत्ता र मारिएका ४ सय ६२ परिवार छन् । हरेक परिवारसँग उनीहरूको जुत्ता, चप्पल, कपडा केही न केही चिनो छ । ती सबैलाई केन्द्रमा राखेर द्वन्द्व सङ्ग्रहालय बनाउने सबै द्वन्द्वपीडितको सोचाइ छ ।

१७ अप्रिल १०१७ मा जिल्ला अदालत, काभ्रेका न्यायाधीश मोदिनीप्रसाद पौड्यालको इजलासले वीरेन्द्र शान्ति तालिम केन्द्रका तत्कालीन शाही नेपाली सेनाका कर्णेल बबी खत्री, क्याप्टेनद्वय अमित पुन र सुनीलप्रसाद अधिकारीलाई मुलुकी ऐन ज्यानसम्बन्धी महलको १३ (३) बमोजिम जन्मकैद (२० वर्ष) हुने गरी फैसला गऱ्यो । चालक रहेका तत्कालीन मेजर निरञ्जन बस्नेतलाई भने आदेशमात्रै पालन गरेको भन्दै अदालतले सफाई दिएको छ । क्याप्टेन निरञ्जन बस्नेतलाई सफाई दिएको भन्दै सुनुवारका परिवार भने असन्तुष्ट भएको छ । अदालतले फैसला गर्दा कुनै सैनिक अधिकारी उपस्थित थिएनन् । (स्रोत : बीबीसी नेपाली सेवाको वेबपेज, शीर्षक : मैना हत्यामा तीन पूर्व सैनिक 'दोषी', १७ अप्रिल २०१७) ।

सैनिक अदालतले कारबाही गरिसकेको व्यक्तिलाई पुनः मुद्दा चलाउन नमिल्ने भन्दै काभ्रे जिल्ला अदालतको फैसलालाई बदर गरिपाऊँ भनी सेनाले २२ सेप्टेम्बर २०१७ मा सर्वोच्चमा रिट हालेको छ । प्रधानमन्त्री तथा मन्त्रिपरिषद् कार्यालय, महान्यायाधिवक्ताको कार्यालय, काभ्रे जिल्ला अदालत, मैनाकी आमा देवीलाई विपक्षी बनाई रिट दर्ता भएको हो । सैनिक अदालतमार्फत कारबाही गरिएका व्यक्तिलाई क्षेत्राधिकार मिचेर जिल्ला अदालतले फैसला गरेको सेनाले हालेको रिटमा भनिएको छ । राज्यका सुरक्षा संयन्त्र परिचालन गरिएका बेला केरकार गर्दा मृत्यु भएकाले मृतकलाई मार्ने पूर्व योजना र रिसइबी नभएकाले जन्मकैदको फैसला बदर गरिपाऊँ भनी सेनाले रिट हालेको हो । (शीर्षक : जन्मकैद फैसला बदर गर्न सर्वोच्चमा रिट, कान्तिपुर १० अक्टुबर २०१७) ।

सरकारी अङ्ग (सेना) ले सरकारविरुद्ध मुद्दा हालेको न्यायिक इतिहासमा त्यही पहिलो घटना हो ।

यो लेख बनाउने क्रममा केही कुरा देवीसँग सोध्नुपर्ने भयो । १३ वर्षपछि पुनः देवीसँग टेलिफोनमार्फत सम्पर्कमा जोडिएँ । यो बीचमा

हाम्रो सम्पर्क नै भएन किनभने म पत्रकारितामा खास सक्रिय थिइनँ । परिचय दिएँ, चिनिनन् । बिर्सनु स्वाभाविकै थियो । कति सञ्चारकर्मी भेटिन्, कति समाचार छापिए, सम्झेर साध्य पनि भएन ।

लगनटोलको कुरा गरेपछि देवी पूर्वस्मृतिमा फर्किइन् । लामो समय गफ गऱ्यौं । पछिल्लो समय देवीले सेनाको मेलमिलाप प्रस्ताव अस्वीकार गरेको बताइन् । मैनाको नाममा अक्षयकोष खडा गर्ने, उनको सालिक बनाउने, उनी पढेको विद्यालयको पूर्वाधार विकास गरिदिने सेनाको प्रस्तावलाई देवीले अस्वीकार गरेकी हुन् । देवीले भने हत्यामा संलग्नलाई जेल सजाय माग गरेकी छन् ।

बहिनी गीतासँग काठमाडौंको तीनकुनेस्थित एक क्याफेमा आफूसँग नेपाली सेनाले चार घन्टा कुराकानी गरेको देवी स्वयम्ले बताएकी छन् । सेनाका अधिकारीले उक्त भेट प्रधान सेनापति पूर्णचन्द्र थापाको आग्रहमा गरिएको बताएका छन् । देवीले भनिन्, 'सेनाको कर्णेलले पहिले जे भयो, त्यसमा माफी माग्दै अब मिलौं, हामी मैनाको नाममा केही गर्न चाहन्छौं भनेर प्रस्ताव राखे ।' (शीर्षक : सेनाको मेलमिलाप प्रस्ताव परिवारद्वारा अस्वीकृत, २१ अगस्ट २०१९, राजधानी दैनिक, निराजन पौडेल) ।

हिम्मत, सङ्घर्ष र निरन्तरताले देवी सुनारलाई यहाँसम्म ल्याई पुऱ्यायो । उनको निरन्तरता यस्तो देखियो । जस्तो : तप्केनी पानीले बलेँसीको ढुङ्गालाई प्वाल पार्छ ।

ooo

सिमलको आडमा

'यहाँबाट कोही अघि बढ्न पाइन्न । गाडी साइड लाम् । सधैं ढाँट्या छ, बेबकुफ बना'छ । कति ढाँट्न सक्नी हो । हद हुन्च नि ।'

बिस्तारै गुडिरहेको गाडी धीमा गतिमा रोकियो । झ्याल खुलै थियो । कसैका यी आवाज कानमै ठोक्किए ।

शान्ति वार्ता (२१ नोभेम्बर २००६) पछि माओवादीले भरतपुर चितवनमा बृहद् आमसभा राखेको थियो । सभाभन्दा अघि पुष्पकमल दाहाल (प्रचण्ड) ले बाँदरमुढे घटनाका पीडितलाई उहीं गएर भेट्ने कार्यक्रम रहेछ । पछि भेटघाट कार्यक्रम रद्द गरेर आमसभा मात्र गरियो । पीडितलाई पटकपटक राहतको प्याकेज लिएर भेट्न आउने भनेर प्रचण्ड नगएपछि पीडितहरू आक्रोशित भएका रहेछन् ।

बाँदरमुढे घटनाका पीडितले आमसभामा भरतपुर जान लागेका माओवादी कार्यकर्ता चढेका बस रोकेका रहेछन् । चितवनको ठोरीबाट चौबिसकोठी (चितवन बजार) हिंडेका गाडी र चौबिसकोठीबाट ठोरी हिंडेका गाडी माडीको वसन्तपुर बजारमा रोकिएका थिए । वसन्तपुर घटनास्थल बाँदरमुढेबाट उति टाढा रहेनछ । बसमै मैले माथिको संवाद सुनें ।

खासमा म बाँदरमुढे घटनाका पीडितलाई भेट्न नै त्यहाँ पुगेको थिएँ । कुन ठाउँ ओर्लने थाहा थिएन । संयोगले सबैजसो पीडित

भेटिए । घटनामा परेकी दुई छोराकी आमा सावित्री ढकाल भरतपुर जिल्ला अस्पतालमा गोडाको तेस्रो पटकको अप्रेसन गराउँदै थिइन् । विस्फोटनमा परेको विक्रम बाबा यातायातको बस आधा लाखभन्दा पनि कम मूल्यमा कवाडीलाई बेचिएको थियो भने बस चालक विक्रम महतो विदेश जाने मनसायमा थिए । घटनापछि सेनाले गरेको अनुसन्धानअनुसार त्यहाँ सल्फर मिक्स्चरको १० किलोग्रामजतिको फलामको बाल्टिन विस्फोट गराइएको रहेछ ।

रिजर्भ गरिएको गाडी लिएर अघि बढ्न नपाएका माओवादी चुपचाप थिए । पहिलो पटक मैले यस्तो दृश्य देखेको थिएँ- माओवादी कार्यकर्ता चुपचाप लुत्रुक्क परेर बसेका । उनीहरूले भने, 'हामीलाई आज छाडिदिनुस् । हामी जसरी पनि प्रचण्ड कमरेड र पार्टीका जिम्मेवार कार्यकर्तालाई लिएर आउँछौं ।' पीडितमध्येका एक कृष्ण अधिकारीले भने, 'अहँ हुन्न ।'

नेकपा (एकता केन्द्र-मसाल) र सो पार्टीको चुनावी मोर्चा 'जनमोर्चा नेपाल' को पकड भएको क्षेत्र रहेछ माडी क्षेत्र । ठाकुरप्रसाद ढकाल नामका जनमोर्चाका कार्यकर्ताले नारायणकाजी श्रेष्ठ (प्रकाश) लाई फोन गरे । श्रेष्ठ उतिबेला एकता केन्द्रका महासचिव थिए । ढकाल भने जनमोर्चाको चितवन जिल्ला अध्यक्ष रहेछन् । नारायणकाजीले प्रचण्डलाई फोन गरे । त्यो कुरा त्यहीं थाहा भयो । फेरि ठाकुरप्रसादलाई नारायणकाजीले फोन गरे । ठाकुरप्रसादले भने, 'माओवादी पार्टीको उच्च तहबाट मलाई खबर आएको छ । उहाँहरू यहाँ समय मिलाएर पक्का आउनुहुन्छ । म त्यसको ग्यारेन्टी लिन्छु । मेरो जिम्मामा आज गाडी छाडिदिनु होला ।'

जनमोर्चा नेपाल, माओवादीकै समर्थनमा थियो । खालि पार्टी एकता भएको थिएन । एकता केन्द्रका महासचिव नारायणकाजी पार्टी एकीकरणका लागि प्रयत्नरत थिए । त्यसैले माओवादी र एकता केन्द्रका कार्यकर्ता एकै विचारका थिए ।

दुई पार्टीबीच एकताका लागि प्रयास हुँदै थियो । बाँदरमुढे घटना मत्थर गराउन प्रचण्डले नारायणकाजी श्रेष्ठलाई गुहार्नुपर्ने स्थिति आयो । पार्टी एकीकरण भयो भने नारायणकाजीको हैसियत पार्टीमा के होला ? मैले यही सोचिरहें । एकीकरणपछि नारायणकाजी पार्टीमा वरिष्ठ उपाध्यक्ष भए । एकीकरणपछि बनेको नेपाल कम्युनिस्ट पार्टी (एकीकृत माओवादी) मा प्रचण्ड, डा. बाबुराम भट्टराईपछि नारायणकाजी श्रेष्ठको रोलक्रम तेस्रोमा रह्यो । १३ जनवरी २००९ मा नेकपा (माओवादी) र नेकपा (एकता केन्द्र-मसाल) एकीकृत भए । भट्टराई र श्रेष्ठ दुवै गोरखाली हुन् । सन् २०१७ को प्रतिनिधिसभा सदस्यमा गोरखा-२ बाट नारायणकाजीलाई हराउँदै बाबुराम सांसद बनेका थिए । डा. बाबुराम भट्टराई हाल नयाँ शक्ति हुँदै जनता समाजवादी पार्टी, नेपालका नेता बनेका छन् ।

माओवादी पार्टीसँग भतभेद भएपछि डा. भट्टराईले १२ जुन २०१६ मा नयाँ शक्ति पार्टी स्थापना गरे । नयाँ शक्ति र उपेन्द्र यादव अध्यक्ष रहेको सङ्घीय समाजवादी फोरम मिलेर ६ मे २०१९ मा समाजवादी पार्टी नेपाल बन्यो । फेरि समाजवादी पार्टी र महन्थ ठाकुर नेतृत्वमा रहेको राष्ट्रिय जनता पार्टी मिलेर २२ अप्रिल २०२० मा बनेको जनता समाजवादी पार्टी बनेको हो ।

नारायणकाजी भने माओवादी र एमाले मिलेर १७ मे २०१८ मा बनेको 'नेपाल कम्युनिस्ट पार्टी' मा आबद्ध छन् । नारायणकाजीलाई एकीकृत पार्टीमा किन उच्च पद दिइयो ? जब कि उनी जत्तिकै नेता पार्टीमा छ्यासछ्यासी थिए । एक माओवादी नेताले यस्तो बताए- (क) बाबुरामलाई पछाडि पारेर प्रचण्ड भारतसँग नजिक हुन (ख) बाबुराम र मोहन वैद्यलाई वैचारिक रूपमा ठेगान लगाएर पार्टीमा प्रचण्डको पकड कायम राख्न (ग) नारायणकाजीले बाँदरमुढे घटनाको आवेगलाई मत्थर पार्न खेलेको भूमिकाको गुन तिर्न ।

अनाम रहने चाहने ती नेताले भने, *'हामी युद्ध लड्दा नारायणकाजी श्रेष्ठ माओवादीलाई सामाजिक फाँसीवादी भन्थे । ब्याज खाने बेला*

टुप्लुक्क आइपुगे ।' यसको प्रतिकार गर्दै पार्टी एकीकरण भएको नौ महिनापछि श्रेष्ठले भनेका थिए, *'अनेक थरी मानिस रहेकाले पार्टीमा अनेक थरी विचार आउनु अस्वाभाविक होइन । तर, मबारे हाम्रो पार्टीको आधिकारिक धारणा त्यस्तो छैन ।'* (शीर्षक : बाबुरामजी के सोच्नुहुन्छ, म जान्दिनँ : नारायणकाजी श्रेष्ठ, हिमाल खबरपत्रिका, १२ सेप्टेम्बर २०१३)

सशस्त्र सङ्घर्षमा सबैभन्दा बदनाम बाँदरमुढे घटना भएको केही महिनापछि म पुगेको थिएँ । ६ जुन २००६ मा बाँदरमुढे खोलामा यात्रुवाहक ना२ख ३२४५ बसमा 'ट्रिगर ब्लास्ट' गरिंदा ३८ जनाले ज्यान गुमाए भने ७२ भन्दा बढी घाइते भए ।

द्वन्द्वकालमा माओवादीले प्रयोग गरेका धरापलाई इम्प्रोभाइज इलेक्ट्रिक डिभाइस (आईईडी) भनिन्छ । प्रेस कुकुर, खानेपानी पाइप, बाल्टिन आदिमा पङ्खाको टाइमर, घडीका पाटपुर्जा, डिटोनेटर आदिमा इलेक्ट्रिक सामग्री टाकनटुकन जोडेर बनाइएका घरेलु उपकरण नै विद्युतीय धराप हुन् । यिनलाई सुधारिएका वा परिवर्तन गरिएका विद्युतीय उपकरण भनेर बुझ्न सक्छौं । यस्ता सामग्री घरमै सस्तोमा बनाउन सकिन्छ । बाँदरमुढेमा प्रयोग गरिएको बाहेक माओवादीले अधिकांश ठाउँमा यस्तै विस्फोटक सामग्री प्रयोग गरेका थिए ।

युद्धका बेला माओवादीले प्रयोग गरेका धरापलाई हामीले ल्यान्डमाइन अर्थात् विद्युतीय धराप भनेर बुझ्यौं । तर त्यसो होइन । विद्युतीय धराप कारखानामा निर्मित हुन्छन् । विशेषतः सेनाले यसलाई प्रयोग गर्छन् । *ल्यान्डमाइन व्यक्ति वा सवारी साधनलाई लक्षित गरेर जमिनमुनि गाडिन्छ जहाँ जुन निश्चित बलले थिचेपछि विस्फोट हुन्छ । उदाहरणका लागि व्यक्तिलाई लक्षित गरिएको ल्यान्डमाइन १० किलोग्रामभन्दा बढी ओजनले थिचेपछि विस्फोट हुन्छ ।* (merriam-webster.com) ।

नेपालमा अहिलेसम्म ल्यान्डमाइन प्रयोग गरिएको छैन । बाँदरमुढेमा प्रयोग गरिएको प्रविधि 'ट्रिगर ब्लास्ट' थियो ।

ट्रिगर ब्लास्टमा कसैलाई पर्खेर वा लक्षित गरेर विस्फोट गराइन्छ, कुनै निश्चित स्विच दबाएर । बाँदरमुढेमा त्यसै गरिएको थियो । यात्रुबाहक बसलाई लक्षित गरेर करिब तीन सय मिटर तार (घरायसी प्रयोजनमा प्रयोग गरिने कालो/रातो) जमिनमुनि बिच्छ्याएर सिमलको रुखको फेदमा लगेर राखिएको थियो । त्यही सिमलको रुखको आड लिएर माओवादी कार्यकर्ताले ब्लास्ट गरे । घटनास्थलबाट पूर्व-उत्तर दिशामा अहिले पनि सो रुख रहेको छ ।

बाँदरमुढे चितवन क्षेत्र नं ३ मा पर्छ । सोही क्षेत्रबाट माओवादी केन्द्रका अध्यक्ष प्रचण्ड सन् २०१७ मा प्रतिनिधिसभा सदस्य निर्वाचित भए । उनी चुनाव प्रचारप्रसारमा व्यस्त भएका बेला मैले यो लेखको मस्यौदा बनाएको थिएँ । चुनावी सभामा उनले सम्बोधन गरेका थिए । *'म रोल्पाबाट दाङ झर्दा चौतारीमा आराम गरिरहेको बखत बाँदरमुढे घटना थाहा पाएँ । मेरो परिवार सँगै थियो । हामीले एक दिन खाना खान सकेनौँ । रातभर निद्रा आएन । मलाई लाग्यो, यो त बहुत दुःखद घटना हो । भोलिपल्टै मैले घटनाको छानबिन गरिने र दोषीलाई कारबाही गरिने बताएँ ।'* (शीर्षक : बाँदरमुढे पीडितलाई सम्बोधन गर्दा प्रचण्डले भावुक हुँदै भने, 'हामीले त्यो दिन खाना खान सकेनौँ, रातमा निद्रा परेन ।' रातोपाटी, राजेश भण्डारी, ३ डिसेम्बर २०१७)

घटनालगत्तै प्रचण्डले जारी गरेको विज्ञप्ति खोजेँ । प्रचण्डद्वारा हस्ताक्षरित विज्ञप्तिमा तीनवटा बुँदा थिए । पहिलोमा क्षमा याचना, दोस्रोमा 'जनमुक्ति सेनाको एक टुकडीले थापेको विद्युतीय धराप' भन्ने जानकारी र तेस्रोमा त्यस कार्यमा प्रत्यक्ष निर्देशन गर्ने पार्टी नेतृत्वलाई निलम्बन गरिएको सूचना ।

घटनालाई स्थानीय सञ्चारकर्मी र अख्तियारप्राप्त अनुसन्धान अधिकारीले जति विस्तृतमा वर्णन गर्न सक्छन्, त्यो सामर्थ्य अरुमा हुन्न । यसका लागि सञ्चारकर्मी **एकल सिलवाल**भन्दा अरु उत्तम व्यक्ति भेटिएनन् । उनले घटनालाई यसरी वर्णन गरेका छन्-

माओवादी नेता देवेन्द्र पौडेल (सुनील) ले घटनाको ठीक १४ महिना पुगेको दिन ७ अगस्ट २००६ मा माडीमै पुगेर पीडितहरूमाझ ट्रिगर ब्लास्टका दोषीहरूको उपनाम सार्वजनिक गरे । उनले सार्वजनिक गरेका नामहरू साहस, सुजन, किसान र हर्क थिए । विष्फोटमा ज्यान गुमाउनेका परिवार र घाइतेहरूको पीडा तथा पार्टीप्रतिको स्थानीय जनआक्रोश शान्त पार्ने त्यो प्रयासका बेला सुनीलले मुख्य दोषीहरू सुजन र साहस घटनापछि भागेको स्पष्टीकरण दिंदै किसान र हर्क तुलनात्मक रूपमा कम जिम्मेवार देखिएकाले उनीहरूलाई श्रमकैदमा राखेर कारबाही गरिएको बताएका थिए ।

भागेका भनिएका 'साहस' चितवन, भण्डाराका चण्डिका पौडेल हुन् भन्ने थाहा भयो । उनी घटनाताका माओवादीका जिल्ला सदस्य थिए । जिल्लामा कुनै पनि फौजी कारबाहीको योजना बनाउँदा प्रस्तावित ठाउँको भूगोलको अध्ययन गरेर माओवादी सेनालाई सरसल्लाह दिनु उनको दायित्व थियो । तर, माडी घटनामा सम्भाव्यता अध्ययन, सिफारिस, तयारी, योजना र विस्फोटसम्मका सबै चरणहरूमा उनको संलग्नता रहेको माओवादीसम्बद्ध स्रोतहरू बताउँथे ।

'सुजन' गोरखा जिल्लाको दसकिलो भन्ने ठाउँका रामबहादुर कुमालको नाम रहेछ । उनी चितवनमा क्रियाशील माओवादी सैन्य टुकडीको तत्कालीन स्पेसल टास्क फोर्स कमान्डर थिए । ट्रिगर ब्लास्टको नेतृत्व लिन तत्पर सुजनले 'साहस' को साथ पाएपछि योजनाले मूर्तरूप लिएको बुझियो ।

दोषी भनिएका अर्का व्यक्ति 'किसान' चितवन, जगतपुरका अनक मगर थिए । घटनाताका उनी माओवादीका जिल्ला सदस्य र माडी इलाका इन्चार्ज थिए । १४ वर्षदेखि नै उनी पार्टीको मजदुर सङ्गठन अखिल नेपाल ट्रेड युनियन महासङ्घको चितवन जिल्ला संयोजक पनि थिए । माओवादी स्वयम्ले दोषीका रूपमा उपनाम सार्वजनिक गरेका 'हर्क' तत्कालीन जिल्ला सदस्य एवम् पार्टी निकट थारूवान मुक्ति मोर्चाका चितवन इन्चार्ज शिव रेग्मी रहेछन् ।

माओवादीका विभिन्न स्रोतहरूबाट अलगअलग बुझ्दा के सूचना आयो भने काण्डका मुख्य दोषी भनिएका साहस र सुजन विस्फोटलगत्तै बेपत्ता भएका थिएनन् । पूर्ववत् रूपमा पार्टीको काम गरिरहेका उनीहरू घटनाको दुई सातापछि गोरखाको गुम्दामा पूर्वनिर्धारित विशेष प्रशिक्षणमा भाग लिनेवाला थिए । तर, घटनाको चौतर्फी निन्दा र दोषीहरूलाई कारबाही गर्नुपर्ने पक्षमा माओवादीमाथि परेको राष्ट्रिय/अन्तर्राष्ट्रिय दबाबपछि उनीहरूलाई त्यो प्रशिक्षणमा भाग लिनबाट रोक लगाइएको थियो । त्यसपछि मात्र सुजन देखा पर्न छाडे ।

माओवादीका तत्कालीन लडाकुहरूबाट प्राप्त सूचनाअनुसार घटनाको केही महिना पछिसम्म पार्टीकै काममा चितवनको पहाडी इलाकामा खटिएका साहसमाथि ज्वरोले थलिएकी एक महिला छापामारलाई उपचारका लागि स्वास्थ्य केन्द्रतर्फ लैजाँदा बाटोमा बलात्कार गरेको आरोप लाग्यो । त्यस घटनामा दोषी प्रमाणित भए 'सफाया' सम्मको कारबाही हुन सक्ने बुझेपछि भने उनी देशै छाडेर फरार भए ।

मुख्य दोषी भनिएका दुई आरोपितहरू बेपत्ता भए पनि बाँकी रहेका दुई जनाले आफूमाथिको आरोप र घटनाको यथार्थबारे बताउन सक्थे । चार जनालाई जिम्मेवार देखाई आफ्नै पार्टीले गरेको घोषणापछि उनीहरूमाथि पीडितहरूको आक्रोश र सार्वजनिक दोषारोपण शान्त हुनुको सट्टा झन् चर्कंदै गयो । लगत्तै माओवादी लडाकुको हतियार व्यवस्थापनसम्बन्धी सम्झौता, शान्ति सम्झौता, अन्तरिम संविधान निर्माणलगायतका चरणहरू पार गर्दै अघि बढेको शान्तिप्रक्रिया खलबलिन सक्ने चिन्ताका माझ यो विषयको उत्खनन गर्नु तत्कालका लागि जोखिम पनि हुन सक्थ्यो । परिस्थिति जेजस्तो भए पनि ट्रिगर ब्लास्टका आरोपितहरूबारे मसँग केही पत्यारिला सूचना थिए तर उनीहरू स्वयम्को प्रतिक्रियाबिना त्यस्ता सूचनाको विश्वसनीयता स्थापित हुँदैनथ्यो । तिनलाई पुष्टि गर्ने उपयुक्त समय पर्खनुबाहेक अर्को विकल्प थिएन ।

संविधानसभा (पहिलो, १० अप्रिल २००८) को चुनावबाट पूर्व विद्रोही माओवादी राष्ट्रिय राजनीतिमा पहिलो शक्ति बन्यो । जीतसँगै उसमाथि जवाफदेहिता र जिम्मेवारी पनि थपिएको थियो । तथापि कतिपय नेता तथा कार्यकर्ताहरूमा युद्धको आवेग आलै भएकाले शान्तिमार्गमा रूपान्तरणको यात्रा सहज थिएन । त्यसका बाबजुद पनि द्वन्द्वकालमा भएका मानवताविरुद्धका गम्भीर अपराध, तिनका जिम्मेवारहरूको पहिचान तथा कानुनी कारबाही एवम् पीडितले पाउनुपर्ने न्याय र परिपूरणका विषयमा सञ्चार माध्यमहरूले सुझबुझका साथ आवाज उठाउन थाले । कुनै एक राजनीतिक दलको बहुमत नआएका कारण उत्पन्न सत्ताको खिचातानीका बीच शान्तिप्रक्रिया अन्योलग्रस्त अवस्थाबाट गुज्रँदै अघि बढ्यो ।

माडी घटनामा दोषी भनिएका चार जनाको उपनाम सार्वजनिक भएको दुई वर्ष बित्दै थियो । द्वन्द्वपछिको न्याय र मेलामिलापका लागि आवश्यक सत्य निरुपण तथा मेलमिलाप आयोगजस्ता सङ्क्रमणकालीन संयन्त्रहरू बन्न ढिलाइ हुँदा दण्डहीनता मौलाउनुका साथै द्वन्द्वपीडितहरू निराश बन्दै गएका थिए । माओवादी आफैँले द्वन्द्वकालको एउटा भयानक भूल ठानेको माडी घटनाका आरोपितहरूमाथि पीडितको आक्रोश र आम मानिसको प्रश्न ज्यूँका त्यूँ थियो । तर, आरोपित स्वयम्‌ले न आफूमाथिको आरोपबारे केही बोलेको सुनिन्थ्यो, न त उनीहरूलाई कसैले भेटेर प्रश्न नै सोधेको थियो ।

१६ जुलाई २००९ मा निस्कने हिमाल पाक्षिक खबरपत्रिकामा दण्डहीनताले बढाएको अपराधका विषयमा आवरण कथा प्रकाशन गर्ने योजना रहेको जानकारी सम्पादक किरण नेपालबाट त्यसको एक साताअघि पाएँ । त्यसलाई नै मैले माडी घटनाका आरोपितहरूको आवाज सुनेर उनीहरूले दिने जवाफ सार्वजनिक गर्न पर्खिरहेको उपयुक्त समय ठानेँ । सबैभन्दा पहिले आफूसँग भएका पुराना सूचनाहरूलाई जम्मा पारेर अद्यावधिक गरेँ । त्यसपछि आरोपितमध्येका शिव रेग्मी (हर्क) लाई फोन गरेर कुराकानीका लागि समय मागेँ । सोझै माडी

घटनाका आरोपितका रूपमा उनीमाथि उठेका प्रश्नहरू सोध्न चाहेको बताउँदा उनलाई अप्रिय लाग्न सक्थ्यो । तर पनि मलाई उद्देश्य लुकाएर अर्को बहाना बनाउन मन लागेन । सोझै उद्देश्य बताएँ । उनले भेट्न तयार रहे पनि यस विषयमा भने कुरा नगर्ने जवाफ दिए । मैले चित्त नबुझे तपाईंलाई बोल्न कर लगाउँदिनँ भनेर आश्वस्त तुल्याएँ ।

फोनमा कुराकानी भएको भोलिपल्ट १२ जुलाई २००९ साँझपख उनले दिएको ठेगाना पछ्याउँदै म भरतपुर–८, गौरीगन्जको एउटा घरमा पुगेँ, जहाँ उनी मेरो प्रतीक्षा गरिरहेका थिए । सानो बालकलाई काखमा लिएर बसिरहेका रेग्मीलाई देख्दा उनी मैले सोचेभन्दा सरल र सहज देखिए । सामान्य शिष्टाचारपछि मैले उनलाई सोधेँ, 'भूमिगत हुँदा हर्क उपनामले चिनिनुहुने शिव रेग्मी तपाईं नै हो ?' उनले 'हो' भन्दै मलाई एउटा कोठाभित्र लगेर बसाए र सोधे, 'ल भन्नुस्, मसँग भेट्नुपर्ने काम के थियो ?'

माओवादीले माडी घटनाका जिम्मेवार भनी नाम सार्वजनिक गरेका चार जनामा परेकाले त्यो घटनामा उनको भूमिका के थियो, त्यो उनकै मुखबाट सुन्न चाहेको मैले बताएँ । उनले भने, 'विष्फोट गराएको मैले होइन, पदमा बसेका कारण नैतिक जिम्मेवारी लिनुपरेको मात्र हो । यसबाहेक यो विषयमा मैले बोल्नुपर्ने केही छैन । अरु कुरा केही छ भने गरौं ।'

रेग्मी अलि हच्किए जस्तो लागेपछि मैले उनलाई थप आश्वस्त पार्न खोजेँ । अलि लामै भूमिका बाँधेर मैले भनेँ, 'म तपाईंलाई बोल्न करकाप त लगाउँदिनँ तर तपाईंले आफ्नै हितका लागि भए पनि बोल्ने बेला यही हो । आफ्नै पार्टीदेखि आम मानिससम्मले हर्क उपनामको मान्छे घटनाको जिम्मेवार व्यक्ति हो भनेर चिनेका छन् । जनचासो एकदम बढेका कारण तपाईंलाई शिव रेग्मीका रूपमा मात्र चिन्नेले पनि यी दुवै नामका व्यक्ति एकै रहेछन् भनेर थाहा त पाई नै हाल्छन् ! तपाईंको जिम्मेवारी कति हो भन्ने प्रस्टसँग थाहा नपाएसम्म

सबैले तपाईंलाई सिङ्गो काण्डकै जिम्मेवार अपराधीका रूपमा चित्रित गरिरहन सक्छन् । आफूमाथि उठेको प्रश्नको जवाफ आफैंले नदिएसम्म तपाईंप्रति आम मानिसको आशङ्का बलियो भइरहन्छ । त्यसकारण यथार्थ बताएर सबैलाई स्पष्ट पार्न पनि तपाईंले बोल्नु आवश्यक छ । सार्वजनिक रूपमा बोल्नु आफूलाई लागेको आरोपमाथि सफाइ पेस गर्ने अवसर पनि हो ।'

त्यति भनेपछि उनी कुरा गर्न तयार भए । मैले उनका लागि सबभन्दा पहिले एकदम खुला प्रश्न राख्दै त्यो घटना कसरी हुन गयो, बताइदिन आग्रह गरें । उनले घटनाबारे सविस्तार सुनाए । थारुवान मुक्ति मोर्चाको पूर्णकालीन कार्यकर्ता बनाउने जिम्मा लिएर माडी गएका बेला घटनाको योजना बनाउन बसेको पहिलो बैठकमा रेग्मी पनि सामेल भएका रहेछन् । 'सार्वजनिक बसमा शाही सेना चढेर दुःख दिए, उनीहरूलाई तर्साइदिनुपर्‍यो भन्ने माग माडीका जनताबाट आएकाले म सहभागी इलाका सङ्गठनको बैठकमा पहिलो पटक त्यो विषय उठेको हो,' उनले भने ।

त्यही बैठकको निर्णयअनुसार सेनालाई दच्काउने योजना पार्टीले बनायो । रेग्मीको भनाइमा घटना हुनुभन्दा दुई दिनअघिको रात बसेको पहिलो बैठकले बसको छत मात्र उछिट्याउने योजना बनाएको थियो । त्यस लगत्तैको अर्को रात बसेको दोस्रो बैठकमा भने आफू अनुपस्थित रहेको उनले बताए । 'त्यही बैठकमा पार्टी इलाका समिति र जनसेनाको संयुक्त छलफलबाट 'तोपमाइन' को सट्टा 'ल्यान्डमाइन' को योजना बनेछ र उसै रात बाँदरमुढे खोलामा माइन पनि थापिएछ । बिहानै एक जना साथीले माइन राति नै थापिएको र एकछिनपछि पड्किँदै छ भनेर सुनाएको अलि बेरपछि त पड्केको आवाज नै सुनियो,' रेग्मीले मसँग एकै सासमा बताए ।

घटनापछि पार्टीको जिल्ला कमिटीले दोषी ठानेर निलम्बन गरेका चारमा उनी पनि परे । चारमध्येका सुजन र साहस त्यतिबेलै भागेको

दाबी गरेका रेग्मीले विद्युतीय धरापको स्विच दबाउने व्यक्ति भने चितवन, शिवनगरका देवेन्द्र नेपाली रहेको र उनी पार्टीले निलम्बन गर्नुअघि नै फरार भएको बताए । नेपालीसँगै रहेका अर्का एक जनाको नाम पछिसम्म खोजतलास गर्दा पनि नखुलेको र व्यक्ति पनि फेला नपरेको जानकारी उनले दिए ।

आफू सहभागी बैठकको योजनाअनुसार बसमा चढेका सेनालाई तर्साएको मात्र भए निर्दोष सर्वसाधारणको ज्यान जोगिने थियो भन्दै लामो सास तानेका रेग्मीले एउटै भूगोलमा भएर पनि घटनालाई रोक्न नसकेका कारण मात्र आफूले जिम्मेवारी लिनुपरेको बताए । पार्टीले घटनापछि निलम्बन गरे पनि पछिल्लो योजना र विष्फोटमा संलग्नता छैन भन्ने थाहा पाएपछि तुरुन्तै फुकुवा भएको उनको भनाइ थियो । यद्यपि यस घटनाको छानबिन भएर दोषीमाथि कानुनी कारबाहीको प्रक्रिया चल्छ भने आफूलाई कुनै आपत्ति नहुने बताएका रेग्मीले करिब एक घन्टा लामो वार्तालापको बिट मार्दै भने, 'दोषी प्रमाणित भए कानुनले दिने सजाय भोग्न तयार छु ।'

त्यस प्रसङ्गको कुराकानी सकिएपछि उनले द्वन्द्वकालमा सरकारले गरेको धरपकडबाट आफ्नो परिवारले भोग्नुपरेको पीडा र आर्थिक क्षतिका विषयमा गुनासो राखे । बिदा हुने बेलामा मैले उनलाई भनें, 'तपाईंले आफ्ना कुरा यति प्रस्टसँग राख्नुभयो, अब फोटो पनि खिचौं है ?' उनले सुरुमा सुरक्षा चुनौती आउन सक्ने भन्दै अलि आनाकानी गरेपछि मैले पहिले जसरी नै थपें, 'यसमा पनि तपाईंलाई जबर्जस्ती चाहिं गर्दिनँ ।' त्यसपछि एकैछिन सोचेर उनले भने, 'हुन त म अपराध नै नगरेको मान्छे किन लुकेर बस्नुपर्‍यो र हगि ?' घरको आडमा तयारी साथ उभिएका रेग्मीको फोटो खिचेर म छुट्टिएँ । भोलिपल्ट साँझ मलाई फोन गरेर आफ्नो भनाइबाट पार्टीलाई अप्ठ्यारो पर्ने हो कि भनी चिन्ता प्रकट गरेका रेग्मी त्यसबेला माओवादी निकट किसान सङ्गठनको जिल्ला अध्यक्ष थिए । त्यो जिम्मेवारी सकिएपछि उनी पार्टीमा निष्क्रिय भए ।

घटनाका अर्का आरोपित किसान अर्थात् अनक मगरलाई भेट्ने काम बाँकी नै थियो । रेग्मीलाई भेटेको भोलिपल्ट बिहान फोन गरेर समय मागेँ । दिउँसो भरतपुर हाइटमा रहेको अखिल नेपाल ट्रेड युनियन महासङ्घको कार्यालयमा निम्ता गरे । उनले बोलाएको समयमै पुगेँ । उनीसँग कुराकानीको विषयबारे फोनमा केही बताएको थिइनँ । मेरो उद्देश्य सुन्नासाथ उनी तर्किन खोजे । तर, रेग्मीलाई जसरी नै आश्वस्त पारेर कुराकानी सुरु गरेँ ।

आफ्नै नेतृत्वको इलाका समितिले विष्फोटको योजना बनाएको स्वीकार्दै उनले पनि रेग्मीकै भाषामा भने, 'चितवन राष्ट्रिय निकुञ्जका शाही नेपाली सेनाले सार्वजनिक यात्रुबस प्रयोग गर्ने गरेकाले उनीहरूलाई तर्साउने योजना थियो तर जनसेनाका कमान्डर सुजनले विवेक नपुऱ्याउँदा जनताको ज्यान गयो ।' मगरले त्यसबेला मसँग बताएअनुसार स्थानीय भूगोलको जानकार मानिएका तत्कालीन जिल्ला सदस्य साहस (चण्डिका पौडेल) ले यात्रुबसमा सेना चढेको मौका पारेर माइन थाप्न सकिने सम्भावना औँल्याए । योजना बनाउने जिम्मा जिल्ला समितिले इलाकालाई दियो । इलाका समितिको बैठकले बसको छत मात्र उछिट्याउने गरी पड्काउने योजना मगरकै नेतृत्वमा बनायो । तर छत मात्र उडाउने उपयुक्त ठाउँ नपाएपछि अर्को बैठकबाट 'ल्यान्डमाइन' को योजना बन्यो ।

बैठककै रात सुजन (रामबहादुर कुमाल) को कमान्डमा जनसेनाको टुकडीले बाँदरमुढे खोलामा खाल्डो खनेर विस्फोटक पदार्थ बिछ्यायो । त्यस दिन सैनिकहरू समेत चढेको सार्वजनिक बस जिल्ला सदरमुकाम भरतपुरतर्फ लागेको खबर पाएपछि कमान्डर सुजन र जिल्ला सदस्य साहस समेत चार जनाको टोली माइनको स्विच दबाउन बस्यो । बसको छतमा सेना चढेको सूचना आएपछि स्विच दबाउँदा नहुनुपर्ने घटना हुन पुगेको मगरको भनाइ थियो ।

'घटनापछि सुजन, साहस, म र हर्कजीलाई पार्टीले कामबाट निलम्बन गऱ्यो । हर्कजी र मैले पार्टी छोडेनौँ । अरु दुई जना कता

गए, थाहा भएन । निलम्बनपछि पार्टीले श्रमशिविरमा पठायो । चितवनकै पहाडी क्षेत्रमा सामान ओसारपसार गर्ने र कार्यक्रमहरूको प्राविधिक व्यवस्था मिलाउने जस्ता भौतिक श्रम गर्नुपर्थ्यो । चार महिनापछि चितवनको चण्डिभञ्ज्याङ गाउँ विकास समितिबाट सेनाले समात्यो । १५ दिन ब्यारेकमा राखेर नजरबन्दका लागि भरतपुर कारागारमा पठाइदियो । बन्दी अवस्थामै पार्टीले निलम्बन फुकुवा गरेछ । २०६२/०६३ को जनआन्दोलनपछि थुनामुक्त भएँ । त्यसपछि भएको ट्रेड युनियन महासङ्घको सम्मेलनले जिल्ला संयोजकको जिम्मेवारी दियो । सँगै केन्द्रीय सदस्य पनि भएँ,' उनले मसँगको कुराकानीमा भनेका थिए ।

माडी घटनालाई सर्वहारा र श्रमिक वर्गका लागि लड्ने क्रममा भएको त्रुटि ठान्ने मगरले आफू जिल्ला सदस्य र माडी इलाका इन्चार्ज भएकाले मात्र नैतिक जिम्मेवारी लिनुपरेको बताउँदै नैतिक जिम्मेवारीका लागि पार्टीबाट सजाय पाइसकेको कारण आफूमाथि दोहोऱ्याएर कारबाही गरिएमा न्यायोचित नहुने दाबी गरे । उनले भने, 'दोषीका रूपमा कतै गएर उभिनुपर्ने आवश्यकता त छैन तर वातावरण मिल्यो भने माफी माग्न चाहिँ सकिन्छ ।'

कुराकानीका क्रममा मगरले उल्लेख गरेका साहस र सुजनबाहेकका दुई व्यक्ति को थिए भन्नेबारे खुलाउन चाहेनन् । सायद तीमध्येका एक जना रेग्मीले नाम लिएका देवेन्द्र नेपाली र अर्का उनीबाट पनि नाम नखुलेका लडाकु थिए । माओवादी पार्टीले संस्थागत रूपमा आरोपितहरूको नाम सार्वजनिक गर्दा ती दुई जनाको नाम बाहिर ल्याएन । देवेन्द्र त्यसबेला १४/१५ वर्षका मात्र रहेको बुझिन्थ्यो । उनलाई दोषी देखाउँदा बालसैन्य प्रयोग गरेको प्रमाणित हुने भएकाले लुकाएको टिप्पणी पीडितहरूले गर्दै आएका छन् ।

माडी घटनाका पीडितहरूका तर्फबाट घाइते लेखनाथ अधिकारीले सत्य निरुपण तथा मेलमिलाप आयोगमा १५ मे २०१६ पठाएको उजुरीमा पनि मानवअधिकारको गम्भीर उल्लङ्घनकर्ताका रूपमा उल्लेख गरेका १६ जनामा देवेन्द्र नेपालीको नाम समेत समावेश छ जसमा उनी

त्यसबेला १४ वर्षका थिए भनी उल्लेख छ । उजुरीमा माओवादी अध्यक्ष प्रचण्डदेखि स्थानीय तहका कार्यकर्ता र लडाकुसम्मको नाम छ ।

माडी बमकाण्डका बेला माओवादीका चितवन जिल्ला इन्चार्ज र सेक्रेटरी माडीकै क्रमशः घनश्याम दाहाल (अविनाश) र यमबहादुर परियार (इन्द्रजित) थिए । उनीहरू त्यसपछि पनि निरन्तर पार्टीको जिल्ला नेतृत्वमा क्रियाशील रहे । (लेखकको अनुरोधमा एकल सिलवालबाट प्राप्त लेख)

२८ फेब्रुअरी २०१३ मा माडी महोत्सव उद्घाटन गर्न पुगेका प्रचण्डले त्यतिबेला पीडितका लागि ६० लाख रुपियाँको एकमुष्ट राहत घोषणा गरेका थिए । दाहालले उक्त रकम जिल्लामा निकासा भए पनि सरकार परिवर्तनका कारण पीडितसमक्ष पुग्न नसकेको जनाउँदै अब बन्ने सरकारले पीडितलाई यथोचित् सम्बोधन गर्ने बताए । तर, समस्या अहिले पनि उस्तै छ ।

सत्य निरुपण तथा मेलमिलाप आयोगका पदाधिकारीले बाँदरमुढे घटनाका पीडितहरूसँग अन्तर्क्रिया गर्दा स्थिति सहज बनेन । आयोगका अध्यक्ष सूर्यकिरण गुरुङसहित सदस्यहरू लीला उदासी, श्रीकृष्ण सुवेदी, मञ्चला झा र माधवी भट्ट बाँदरमुढे पुगेका थिए । अन्तर्क्रियास्थलमा माओवादीका पूर्व लडाकूहरू पनि सहभागी भएको भन्दै पीडितहरूले आयोगका पदाधिकारीसमक्ष आफूहरूको सुरक्षाबारे चिन्ता व्यक्त गरेका थिए । माओवादी कार्यकर्ताले भने एउटै समाजमा बस्ने भएकाले आपसमा मिल्नुपर्ने ढङ्गको अभिव्यक्ति दिएका थिए ।

बाँदरमुढे सङ्घर्ष समितिका उपाध्यक्ष कृष्ण अधिकारीले ५७ वटा उजुरी आयोगमा एकमुष्ट दर्ता गराएको बताए । स्थानीय शान्ति समितिको कार्यालय चितवनमा उजुरी दर्ता गराउँदा असुरक्षा महसुस भएर आयोग केन्द्रमा उजुरी दिएको उनको भनाइ थियो ।

३ डिसेम्बर २०१७ मा बाँदरमुढेका पीडित परिवारसँग तीनबुँदे प्रतिबद्धता गरेका प्रचण्ड संविधानसभाको चुनावी प्रचारका लागि

चितवन पुगेका थिए । मिति उल्लेख नगरिएको एक पन्ने सहमतिमा भनिएको थियो : बाँदरमुढे घटनाका पीडितका तर्फबाट अघि बढाइएका तीन वटा माग पूरा गर्न नेकपा (माओवादी केन्द्र) तयार छ । पहिलो चरणअन्तर्गत पीडित पक्षबाट यी मागहरू केन्द्रले सम्बोधन गर्नेछ ।

नेकपा (माओवादी केन्द्र) का अध्यक्ष र पीडित पक्षबीचको लिखित प्रतिबद्धता पत्रमा यस्तो थियो :

१) मृतकका आश्रित परिवारका लागि

क) काम गर्न सक्नेलाई रोजगार तथा स्वरोजगार

ख) नसक्नेका लागि जीवनवृत्ति

ग) बालबालिकाको पठनपाठनको व्यवस्था

२) घाइतेहरूको अवस्था हेरी

क) औषधोपचारको व्यवस्था

ख) काम गर्न सक्नेलाई रोजगार तथा स्वरोजगार

ग) नसक्नेलाई जीवनवृत्ति

३) स्मारक र पर्यटनस्थल

मृतकको सम्झनामा घटनास्थल क्षेत्रमा १० बिघा क्षेत्रफलमा स्मारक, ऐतिहासिक नमुना सङ्ग्रहालय तथा चिडियाघर निर्माण गरी माडीकै प्रमुख पर्यटकीय स्थल बनाउने ।

माथि उल्लिखित मागमा घटना भएदेखि अहिलेसम्मको उपचार खर्च, मृतक तथा घाइते परिवारमा परेको आर्थिक क्षति एवं बालबालिकाको पठनपाठन खर्चको पनि परिपूरणका लागि पीडित पक्षबाट तीन, माओवादी केन्द्रबाट तीन, माडी नगरपालिकाबाट एक प्रतिनिधि (मध्यस्थकर्ता) रहने गरी समिति निर्माण गरिने र समितिले गरेको छानबिन बमोजिम माग पूरा गरिने भनिएको छ ।

सहमतिपछि पीडित समूह दुई भागमा बाँडिएका छन् । एक समूहले सहमति गऱ्यो भने कृष्ण अधिकारीको समूहले सरकारसमक्ष निम्न बमोजिम माग राख्यो :

१) घाइते तथा अपाङ्गको आजीवन निःशुल्क उपचारसहित जीवनवृत्तिको व्यवस्था ।

२) मृतक, घाइते तथा अपाङ्ग परिवारलाई रोजगारी ।

३) पीडित बालबालिकालाई निःशुल्क उच्च शिक्षा एवं स्वास्थ्य सेवा ।

४) घटनाका दोषीहरूलाई सार्वजनिक गरियोस् ।

५) पीडितलाई दिने भनिएको रु. ६० लाखको विकास प्याकेज के भयो ? किन कार्यान्वयन भएन ?

६) पीडितलाई राहत ल्याउने भनिएको थियो तर पीडितले नै विरोध गरे भनियो । को हुन् त ती पीडित ? सार्वजनिक गरियोस् ।

७) सत्य निरुपण तथा मेलमिलाप आयोगलाई किन काम गर्न दिइएको छैन ?

८) चुनावको बेला राहतको आश्वासन दिइएको छ । यो चुनावी नारा मात्र त होला ? कहिले आउँछ राहत ?

९) हामीले न्याय पाउँछौ कि पाउँदैनौँ ? हामीलाई अदालती न्याय चाहिएको छ ।

१०) परिपूरणको व्यवस्था होस् ।

११) मृतकको सम्झनामा स्मारकसहित सङ्ग्रहालय बनाइयोस् ।

१२) दोषीलाई किन प्रदेश सभा उम्मेद्वार बनाइयो ?

कृष्ण अधिकारीले भनेका थिए, 'न्यायको मुद्दा छाडेर आर्थिक पक्षलाई केन्द्रित गरिएको छ । हामीलाई आर्थिक होइन, न्याय चाहिएको

छ । न्याय ढाक्ने काम भएको छ । दोषीलाई कारबाहीको नाटक हुँदै छ ।'

बाँदरमुढे घटना हुँदा घनश्याम दाहाल (अविनाश) पार्टीको चितवन इन्चार्ज रहेछन् । मैले उनीसँग डिसेम्बर २०१७ मा कुराकानी गर्दा उनी प्रदेश सभा चुनावका लागि घरदैलो कार्यक्रममा व्यस्त थिए । चितवन क्षेत्र नं २ (क) बाट उनी प्रदेश सभा सदस्यमा लडेका थिए । मैले आफ्नो उद्देश्य सुनाएपछि छोटो कुराकानी गरौं भने । लेख तयार पारिसक्दा उनी प्रदेश सभा सदस्य भैसकेका छन् ।

• तपाईं प्रदेश सभाको उम्मेद्वार भएर भोट माग्दै हिंड्नुभएको छ । बाँदरमुढे घटनाले अप्ठ्यारो पारेको छैन ?

- त्यस्तो छैन । यो एकादुई बदमास मान्छेहरूले प्रचार गरेको वाहियात कुरा हो । म घटनाको आरोपी पनि होइन । घटना मेरो योजनामा बनेको पनि होइन । त्यो खालको योजना पार्टीले बनाएको पनि होइन । योजना अर्कै थियो । फिल्डमा जाने मान्छेहरू डराएर आतङ्कित भएर त्यस्तो दुर्घटना भयो । यो कुरा पहिले पनि सार्वजनिक गऱ्या छ । पार्टी अध्यक्षले पनि बोलिसक्नु भा'छ । त्यो घटनाले मलाई भोट माग्नलाई कुनै समस्या परेको छैन । पार्ने कुरा पनि भएन ।

• घटनापछि तपाईंलाई पार्टी इन्चार्जबाट सेक्रेटरीमा घटुवा गरिएको भनिन्छ नि ?

- होइन । चुनवाङ बैठकले पार्टीका सबै मान्छे एक तह तल झर्ने भन्ने भयो । त्यसैले केन्द्रीय सदस्य राज्य सदस्यमा, राज्य सदस्य जिल्ला सदस्यमा, यस्तो खालको भयो । म पनि इन्चार्जबाट सेक्रेटरी भएँ । म घटनाको दोषी भएको भए सेक्रेटरी पनि त बनाउनु हुँदैनथ्यो नि त ?

• दोषीमाथि कारबाही भयो ?

- घटनाका दोषीलाई सार्वजनिक गर्ने र आन्तरिक कारबाही गर्ने काम गऱ्यौं । केही समयपछि पार्टीले फुकुवा पनि गऱ्यो । यो कारबाहीको विधि र प्रक्रियामा म कतै पनि परेको मान्छे होइन ।

• क-कसलाई कारबाही भयो ?

- अहिले चुनावको बेला छ । व्यक्तिगत रूपमा भन्न गाह्रो छ । घटनामा संलग्न सेनाका साथीहरू हुन् । उनीहरूले योजनाभन्दा बाहिर गएर काम गरे । मैले योजना बनाएर पठाएको भए उनीहरूलाई होइन, मलाई कारबाही हुन्थ्यो ।

• खास योजना के थियो त ?

- पैदलमा गस्ती रहेको सेना, सशस्त्र सेना, एक्लै-दुक्लै हिंडेका सेना वा उनीहरू चढेको जिपमाथि कारबाही गर्ने भन्ने थियो । उनीहरू डराए । भौगोलिक रूपमा पनि त्यो असजिलो ठाउँ भयो । आतङ्कित भए, विवेक गुमाए । विवेक गुमाएपछि जे पनि हुन्छ । मान्छे भीरबाट पनि लड्छ नि । हो, त्यस्तै भएको हो ।

• अहिले उनीहरू पार्टीमा छन् कि छाडिसके ?

- पार्टी छाडिसके उनीहरूले ।

• कहाँका थिए उनीहरू ?

- दुई जना चितवनका, एक जना गोरखाका ।

• त्यतिबेला अनक मगरजीमाथि पनि सोधपुछ भएको थियो, भनिन्छ हो ?

- पार्टीले स्पष्टीकरण लिएको हो । उहाँलाई को-को हुन् भन्ने थाहा थियो । उहाँले त्यो घटनामा प्रतिवाद गर्न सक्नु भएन । पार्टीलाई खबर पनि गर्न सक्नु भएन । फोन गर्ने ठाउँ पनि थिएन । खबर गर्न भ्याउनु भएन । त्यो आधारमा कमजोरी भयो उहाँको । त्यतिबेला हाम्रो पार्टीको एकहप्ते सङ्गठन विस्तार कार्यक्रम थियो । त्यो पछि कारबाही गर्ने भन्ने थियो । जाँदाकै दिन ठोकिदिइहाल्यो त... ।

• त्यस घटनामा अरुमाथि छानबिन र कारबाही भयो कि भएन ?

- भएन ।

घनश्याम दाहाल (अविनाश) नेपाली काङ्ग्रेसका जीतनारायण श्रेष्ठलाई हराउँदै विजयी बने ।

बाँदरमुढे घटनालगायत द्वन्द्वकालीन अन्य मुद्दा लम्ब्याएर राख्दा कसैलाई पनि फाइदा छैन । पार्टी र सरकारले चाहने हो भने यो तत्काल समाधान हुन सक्छ ।

०००

आशाको त्यान्द्रो

अन्तर्राष्ट्रिय सम्मेलन केन्द्र नयाँ बानेश्वर, काठमाडौंमा २१ नोभेम्बर २००६ मा छुट्टै चहलपहल थियो । नेपाली काङ्ग्रेसका शेरबहादुर देउवा/रामचन्द्र पौडेल, नेपाल कम्युनिस्ट पार्टी (एमाले) का माधवकुमार नेपाल/खड्गप्रसाद ओली आदि उपस्थित थिए । तत्कालीन प्रधानमन्त्री गिरिजाप्रसाद कोइराला र विद्रोहीका तर्फबाट नेपाल कम्युनिस्ट पार्टी (माओवादी) का अध्यक्ष पुष्पकमल दाहाल (प्रचण्ड) ले सबैको ध्यान खिचे । किनभने सोही दिन देशमा औपचारिक रूपमा युद्ध टुङ्गिएको घोषणा गर्न विस्तृत शान्ति सम्झौतामा हस्ताक्षर हुन लागेको थियो ।

विस्तृत शान्ति सम्झौता भयो । प्रधानमन्त्री र विद्रोहीका नेतालगायत सबै नेताहरूले खुसीयालीमा हात मिलाए । माओवादीलाई शान्तिपूर्ण राजनीतिमा आउने र सरकारमा सहभागी हुने बाटो खुल्यो । विस्तृत शान्ति सम्झौताभित्रको एउटा बुँदा यस्तो थियो :

दुवै पक्ष सशस्त्र द्वन्द्वका क्रममा मानवअधिकारको गम्भीर उल्लङ्घन गर्ने तथा मानवताविरुद्धको अपराधमा संलग्नहरूको बारेमा सत्य अन्वेषण गर्न र समाजमा मेलमिलापको वातावरण निर्माण गर्न आपसी सहमतिबाट उच्चस्तरीय सत्य निरूपण तथा मेलमिलाप आयोगको गठन गर्न सहमत छन् । (धारा ५.२.५)

शान्ति सम्झौता भएको पौने नौ वर्षपछि मात्र बल्ल १० फेब्रुअरी २०१५ मा सत्य निरुपण तथा मेलमिलाप आयोग बन्यो । यसलाई सशस्त्र

द्वन्द्वमा भएका मानव अधिकार उल्लङ्घनका घटनाहरूको सत्यतथ्य पत्ता लगाउने र कानुनी कारबाहीका लागि सिफारिस गर्ने अधिकार दिइएको थियो । अङ्ग्रेजीमा 'ट्रुथ एन्ड रिकन्सिलिएसन कमिसन' भनिएका कारण छोटकरीमा यसलाई 'टीआरसी' भनियो र आयोगको पर्यायवाची शब्द टीआरसी बन्यो ।

आयोग त बन्यो तर यसमा पार्टीगत हिसाबले भागबन्डा मिलाएर सदस्य नियुक्ति गरियो । काङ्ग्रेस, एमाले र माओवादी समर्थक कार्यकर्ता । आयोगका पहिलो दुई वर्ष र पछि थप गरिएको दुई वर्ष गरी जम्मा चार वर्ष खासै प्रभावकारी तरिकाले बितेनन् । त्यसपछि आयोगको म्याद थपिने र नयाँ सदस्य भर्ती गरिने क्रम चलिरहेको छ ।

आयोगको वेबसाइटमा उल्लेख गरिएअनुसार देशभरबाट ६१ हजारभन्दा बढी उजुरी परेका छन् । यी हत्या, अपहरण तथा शरीर बन्धक, अङ्गभङ्ग/अपाङ्ग बनाउने, शारीरिक/मानसिक यातना, बलात्कार/यौनजन्य हिंसा, व्यक्तिगत/सार्वजनिक सम्पत्ति लुटपाट र घरजग्गाबाट जबर्जस्ती विस्थापनसँग सम्बद्ध छन् ।

आयोग गठन गर्दा सबैको ध्यान यसैमा थियो । यसलाई सङ्क्रमणकालीन न्यायको आरम्भ विन्दु मानिएको थियो । आयोगका अधिकार यस्ता थिए :

- *अनुसन्धानमा कसैले बाधा पुऱ्याउन नसक्ने ।*
- *अनुसन्धान अधिकारीको स्वार्थ निहित भएको पाइएमा अर्को अनुसन्धान अधिकारी राख्न सकिने ।*
- *आयोगले बोलाउँदा आरोपी जसरी पनि उपस्थित हुनुपर्ने ।*
- *आरोपीमाथि खानतलासी र उसको ठेगानामा बरामद गर्न सक्ने ।*
- *आयोगका सूचना, विवरण र जानकारी गोप्य राखिने ।*
- *घटनास्थलको उत्खनन गर्न सक्ने ।*

- पीडितको मञ्जुरी भएमा पीडकलाई माफी मगाई मेलमिलाप गराउन सक्ने ।
- मानवअधिकारको गम्भीर उल्लङ्घनको आरोपमा दोषी देखिएको पीडकउपर मुद्दा चलाउन महान्यायाधिवक्तासमक्ष लेखी पठाउने ।
- साक्षी, पीडित वा उजुरीकर्तालाई खतरा महसुस भएमा उसलाई सुरक्षाको सम्पूर्ण व्यवस्था मिलाउने ।
- पीडितलाई उद्धार, पुनःस्थापना वा परिपूरण (Reparation) का लागि सिफारिस ।
- पीडितलाई सुविधा तथा सहुलियतका लागि सिफारिस ।
- आयोगको अपहेलना गरिएमा कारबाही गर्न सक्ने ।
- मेलमिलाप नभएका र क्षमादानमा नपरेका व्यक्तिका लागि कारबाही सिफारिस गर्ने ।

आयोगलाई दिइएका अधिकार सरसर्ती हेर्दा आयोग स्वतन्त्र र कानुनी रूपमा बलियो झैं देखियो । तर, भित्री पाटोबाट हेर्दा यसलाई कानुन अभाव भएको र स्वतन्त्र रूपले काम गर्न नदिएको राजनीतिक पार्टीका नेता र आयोगका पूर्व सदस्यहरूले बताउन थालेका छन । आयोगका पहिलो पूर्व अध्यक्ष सूर्यकिरण गुरुङ :

आयोगको ऐन बनाउँदा निकै चलखेल भयो । फौजदारी अपराधमा प्रकृति हेरी दण्ड-सजायको व्यवस्था गरिएको हुन्छ तर द्वन्द्वकालीन अपराधका निम्ति सजाय तोकिएको छैन । अक्षम्य घटनामा के सजाय हुने भन्ने कानुन छैन । पीडकलाई केका आधारमा कारबाहीको सिफारिस गर्ने ? बलात्कार अक्षम्य घटना हो । आयोगको नियमावलीमा घटना भएको मितिले छ महिनासम्म उजुरी गर्न पाइने हदम्याद तोकिएको छ । तर, आयोग विस्तृत शान्ति सम्झौता भएको करिब नौ वर्षपछि गठन भयो । आयोगको गठन हुँदैमा पीडितले उजुरी गर्ने हदम्याद गएको

थियो । आयोगले यौनजन्य घटनाको सिफारिस गर्न नपाउने भयो र गरे पनि अर्थ नरहने भयो । क्षमादान वा आममाफीको कानुन हामीसँग छैन । पीडकले क्षमा माग्यो र क्षतिपूर्ति दिन्छु भने पनि त्यसलाई निर्देशन गर्ने कानुन हामीसँग छैन । बेपत्ता भएका व्यक्तिसम्बन्धी पनि कानुन छैन । यातनासम्बन्धी कानुनमा राज्यपक्षबाट भएका घटनामा मात्र सजाय हुने भनिएको छ । विद्रोही पक्षबाट पनि यातना भएका छन् । आयोगको काम दुवै पक्षबाट भएका काम हेर्ने हो । (शीर्षक : सङ्क्रमणकालीन न्याय कतिन्जेल छल्ने ? जेबी पुन मगर, शिक्षक मासिक, १५ मार्च २०१९)

विस्तृत शान्ति सम्झौतमा हस्ताक्षर गर्ने दुईमध्येका एक पुष्पकमल दाहाल (प्रचण्ड) आयोगमाथि अविश्वास भएर सहयोग नगरेको बताउँछन् ।

मलाई माधवजीले 'तँ ताप्के तात्नुपर्‍यो' भन्नुभएको छ (आडैमा रहेका माधवकुमार नेपालतर्फ देखाउँदै) । म तातेँ, डढ्ने गरी तातेँ । आयोगमा ६६ हजार (सत्य निरुपण र बेपत्ता पारिएका व्यक्तिको छानबिन आयोग दुवैमा परेको उजुरी जोड्दाको सङ्ख्या) जो उजुरी परेका छन्, त्यो चाङले आयोग त्यही पुरि'या जस्तो भयो । आयोग बनाउँदा राजनीतिक दलहरू एकखाले प्रतिस्पर्धामा थिए । समस्या समाधान हुनुपर्‍यो, अब टुङ्ग्याउनु पर्‍यो भन्ने मानसिकताभन्दा पनि आफ्नो पक्षले कम गल्ती गरेको र अर्को पक्षले बढी गल्ती गरेको भनेर देखाउने प्रतिस्पर्धा भयो । यो कुरा कहीं न कहीं रह्यो । यो विषय टुङ्ग्याउन पीडितहरूका कुरा सुन्नुपर्छ । द्वन्द्वपीडितको स्वामित्व र सहभागिता नभई यसलाई अन्तिम रूप दिन सकिँदैन भन्ने बुझाइमा अहिले सबै राजनीतिक दल एक भएका छन् । शान्तिप्रक्रियाको हस्ताक्षरकर्ताको हैसियतले म के भन्छु भने आयोगमा अब पुराना सदस्य राख्नुहुँदैन र सम्पूर्ण नयाँ राख्नु उचित हुन्छ । आयोगसँग भरोसा र विश्वास टुटेको छ भन्ने पनि मै हुँ । आयोगले चार वर्षसम्म पनि काम टुङ्ग्याउन सकेन भन्ने आशङ्का जनताको मनमा परेको छ । एउटा के

कुरामा तपाईंहरूलाई भ्रम नहोस् भने हामीले कहिल्यै पनि ब्ल्याङ्केट एमनेस्टी (आम माफी) को कुरा गरेका छैनौं । अन्तरिम संविधान ड्राफ्ट गर्ने बेलामा द्वन्द्वको विषयलाई सधैंका लागि संविधानमा एउटा प्रावधान राखेर 'फर्गिभ एन्ड फर्गेट' गर्ने कि भन्ने विचार पनि आएका हुन् । पछि झमेला हुन्छ, अरु देशका शान्तिप्रक्रिया हेर्दा, २०-३० वर्षदेखि चलेको प्रक्रिया छ, टुङ्गो लागेको छैन भन्ने विचार पनि नभएका होइनन् । हामीले मिलेर जाने भन्यौं र विदेशको जस्तो लामो शान्तिप्रक्रिया होला भनेर हामीले आयोग भन्यौं । अहिले माओवादी पार्टी छैन । पार्टी फुटेर कति टुक्रा भयो, तपाईंहरूले देख्नु भा'छ । तर म प्रचण्ड अहिले पनि छु । जनयुद्धको नेतृत्व र शान्ति सम्झौतामा हस्ताक्षर मैले गरेको हुँ । राम्रा-नराम्रा कामको म जिम्मा लिन्छु । दोषी ठहर भए कारबाही भोग्न तयार भनेर पटकपटक भनेको छु । पार्टी रहे पनि नरहे पनि, एकता भए पनि नभए पनि म प्रचण्ड छु । जिम्मेवारीबाट पन्छिने कुरा सोचेको छैन । (२१ नोभेम्बर २०१९ मा काठमाडौंमा द्वन्द्वपीडित साझा चौतारीद्वारा आयोजित 'विस्तृत शान्ति सम्झौता र सङ्क्रमणकालीन न्याय प्रक्रिया' अन्तर्संवाद कार्यक्रममा बोल्दै) ।

आयोगलाई असहयोग गर्नुको अर्थ सङ्क्रमणकालीन न्यायिक प्रक्रियालाई लम्ब्याउनु हो । आयोगलाई थप कानुन बनाइदिएर स्वतन्त्र रूपमा काम गर्न दिइयो भने भोलि आफैं फसिन्छ कि भन्ने त्रास नेताहरूमा छ । माओवादी पार्टीबाट फुटेर गएका शीर्ष नेता मोहन वैद्य (किरण) जो अहिले नेपाल कम्युनिस्ट पार्टी (माओवादी क्रान्तिकारी) का महासचिव छन्, उनको भनाइ हेर्ने हो भने पनि आयोगलाई असहयोग गरिएको कुरामा दुई मत छैन । शान्ति सम्झौताका बाँकी काम टुङ्गो नलागे हामी सबै फस्ने छौं भन्ने उनको भनाइले आगामी दिनमा यसले पार्न सक्ने असरबारे धेरै कुरा सङ्केत गर्छ ।

काम नगर्ने सत्य निरूपण र बेपत्ता आयोग उहाँहरूले किन बनाउनुभयो ? प्रचण्ड र बाबुरामजी दुवै प्रधानमन्त्री भइसकेपछि अरू कसलाई भन्ने ? संसदीय व्यवस्थाले प्रधानमन्त्रीलाई शक्तिशाली

बनाएको हुन्छ । प्रधानमन्त्री भएका बेला प्रचण्ड र बाबुरामजीले किन गम्भीरतापूर्वक सोच्नु भएन ? तत्कालीन एमाले र काङ्ग्रेसले यो समस्यालाई बल्झाउने हो भने उनीहरू पनि फस्ने कुरा आउँछ । आयोग बनाउने सहमति भयो तर कार्यान्वयन गर्ने बेला जिम्मेवारीबोध देखिएन । (बबिता शर्माद्वारा लिइएको अन्तर्वार्ता । शीर्षक : 'शान्ति सम्झौताका बाँकी काम टुङ्गो नलागे हामी सबै फस्ने छौँ' । रातोपाटी अनलाइन, २१ नोभेम्बर २०१८)

सुरुमा आयोगको ऐनमा आम माफी दिन सकिने र मुद्दा मुल्तवीमा राख्न सकिने प्रावधान थियो । यी ऐनविरुद्ध पीडितहरूले सर्वोच्च अदालत गुहारेपछि ती प्रावधान खारेज गरिए । यसबाट राजनीतिक पार्टीहरू द्वन्द्वको कुरालाई आम माफी दिएर मिलाउन चाहन्थे भन्ने देखिन्छ ।

आयोगमा परेका उजुरीलाई एक-एक गरी हेर्ने कि समग्र (होलस्टिक एप्रोच) मा हेर्ने, यो कुराको टुङ्गो लागेको छैन । आयोगले मुद्दा चलाउन महान्यायाधिवक्तालाई लेखेर पठाएपछि त्यो मुद्दा विशेष अदालतमा चलाउने भनिएको छ । अहिले कायम रहेकै अदालतलाई विशेष अदालत बनाउने कि छुट्टै बनाउने ? त्यसको पनि टुङ्गो लागेको छैन । विशेष अदालतको निर्णयमा अभियुक्तले पुनरावेदन कहाँ गर्ने ? त्यसको पनि टुङ्गो छैन । तर, सर्वोच्च अदालतको जिकिर छ- न्याय सम्पादनको अन्तिम फैसला र न्यायको व्याख्या गर्ने काम अदालतको सर्वोच्च निकाय भएकाले विशेष अदालतको फैसलाको पुनरावेदन सर्वोच्च अदालतले गर्छ । त्यसैगरी, देशबाहिर रहेका अभियुक्तलाई नेपालमा कसरी ल्याउने ? कुनै आरोपितले स्वीकार गरेर आयो भने उसलाई सजाय छुट हुने कि नहुने ? यस्ता अस्पष्टता आयोगसँग छँदै छन् ।

आयोगले निष्पक्ष काम गर्न पाउने हो भने पुष्पकमल दाहाल (प्रचण्ड), डा. बाबुराम भट्टराई, पूर्व प्रधानमन्त्री शेरबहादुर देउवा, सेना/जनपद प्रहरी र सशस्त्र प्रहरीका उपल्लो तहको नेतृत्व कारबाहीको

भागेदार हुन्छन् । उतिबेला जो जो द्वन्द्वका साझेदार र हिस्सेदार थिए, ती सबैलाई अप्ठ्यारो पर्छ । जस्तो : गृहमन्त्री, प्रमुख जिल्ला अधिकारी आदि ।

त्यसैगरी, माओवादीका उतिबेलाका जनसरकारका प्रमुख र जनअदालतका न्यायाधीश पनि तानिन्छन् । सबै पार्टीका नेताको आलटालमा आयोगलाई अलमल्याउने काम भएको छ । माओवादी नेतृत्वले सङ्क्रमणकालीन न्यायबारे बेला बखत बोले पनि देउवा भने चुपजस्तै देखिन्छन् । शेरबहादुर देउवाले सङ्क्रमणकालीन न्यायसम्बन्धी छलफलमा जाने आफ्ना नजिककालाई उनले सुरुमै *'मलाई केही हुन्छ कि हुँदैन' भन्दै प्रश्न सोध्ने गरेको बताइन्छ । (शीर्षक : सङ्क्रमणकालीन न्याय कतिन्जेल छल्ने ? जेबी पुन मगर, शिक्षक मासिक, १५ मार्च २०१९) ।*

बाहिरबाट हेर्दा देउवा चुपचाप बसेजस्तो देखिए पनि भित्रभित्रै भने उनी माओवादीसँग सम्बन्ध सुमधुर राखिरहने र ऊसँग सहकार्य गरेर शान्ति तथा मेलमिलाप आयोगमा आफ्ना मान्छे राखिरहने योजनामा छन् ।

माओवादी विद्रोहीलाई पहिलो पटक शान्ति वार्तामा ल्याउने र सङ्कटकाल लगाएर सबैभन्दा अधिक दमन गर्ने दुवै जस पूर्वप्रधानमन्त्री देउवालाई जान्छ । उनकै कार्यकालमा सबैभन्दा धेरै (३ सय ६२ जना) नागरिक बेपत्ता पारिएको थियो । गैरन्यायिक हत्या, बलात्कार र यातनाका डरलाग्दा घटना त्यसै बेला भएको भन्दै आलोचना हुने गर्छ । त्यसैले शान्तिप्रक्रियाको लगाम आफ्नै मुट्ठीमा राख्नुपर्छ भन्ने उनलाई पर्नु स्वाभाविक देखिन्छ । (शीर्षक : न्यायमा चालबाजी, नेपाल साप्ताहिक, १५ जुलाई २०१९, जनक नेपाल) ।

दाहाल र देउवाबीच आयोगका पदाधिकारी नियुक्तिमा सहमति र बाँडफाँट भयो । त्यसैअनुसार देउवाको सिफारिसमा मेलमिलाप आयोगको अध्यक्षमा गणेशदत्त भट्ट सिफारिस भए । शान्तिप्रक्रियाका

केही काम बाँकी छन् । त्योसँग प्रचण्ड र देउवा जोडिएको हुँदा अहिलेको अवस्थामा उनीहरूबीचको सम्बन्ध राम्रो हुनु स्वाभाविक हो । (शीर्षक : दाहाल–देउवा 'केमेस्ट्री' मिलेपछि..., कान्तिपुर २२ जनवरी २०२०, बबिता शर्मा) ।

द्वन्द्वका मुद्दालाई राफसाफ नगरीकन राजनीतिक स्वार्थका लागि माओवादीलाई काखी च्याप्ने देउवा नै हुन् । २६ नोभेम्बर २००१ मा देउवाले देशमा सङ्कटकाल लगाएर माओवादीलाई आतङ्ककारी घोषित गर्दै उनीहरूको टाउकोको मूल्य तोकेका थिए । देउवा र माओवादी दुवैले न्यायको संवेदनशीलतामा खेलवाड गरे । नैतिकता र जिम्मेवारी टाढाको कुरा भयो । यो दण्डहीनताको चरम नमुना पनि हो ।

आयोग आशाको त्यान्द्रोका रूपमा रहेको छ । यसलाई चुँडाउने कि यसमा अरु त्यान्द्रा (कानुन र सहजीकरण) थपेर बलियो बनाउने ? त्यो राजनीतिक पार्टीकै हातमा छ ।

राजनीतिक पार्टी मात्र होइन, सेना पनि द्वन्द्वकालीन मुद्दा आयोगलाई छलेर टुङ्ग्याउने मनसायमा देखिन्छ ।

पार्टी नेता, द्वन्द्वपीडित र मानवअधिकारकर्मीसँग पटकपटक अनौपचारिक बैठक हुँदा बहालवाला र रिटायर्ड अफिसरले परिपूरणमा जोड दिने गरेका छन् । केही द्वन्द्वपीडित अगुवालाई सैनिक मुख्यालयमा बोलाएर पनि मुद्दा नचर्काउन सुझाव दिने गरिएको छ । जघन्य दोषीमाथि कारबाही गरिने कुराले उनीहरू झस्किएका छन् । दोषीलाई कारबाही गर्न तयार नभएसम्म शान्तिप्रक्रिया पूरा हुँदैन । (शीर्षक : न्यायमा चालबाजी, नेपाल साप्ताहिक, १५ जुलाई २०१९, जनक नेपाल) ।

माओवादीले नेपाली काङ्ग्रेससँग दुई पटक सत्ता साझेदारी गऱ्यो । संसदीय र प्रदेश सभा चुनावमा एमालेसँग गठबन्धन गऱ्यो । समयसँगै एमाले र माओवादी एक भए । १७ मे २०१८ मा दुई पार्टी एकीकरण भएर नेपाल कम्युनिस्ट पार्टी (नेकपा) बन्यो ।

जबसम्म द्वन्द्वका घटना राफसाफ हुँदैनन्, तबसम्म यसले नेताहरूलाई झस्काइरहन्छ ।

प्रचण्डले २२ जुन २०१६ मा गर्ने भनिएको अस्ट्रेलिया भ्रमण अचानक स्थगित गरेका थिए । प्रधानमन्त्री केपी शर्मा ओलीले अहिलेको विशेष राजनीतिक परिस्थितिका कारण अस्ट्रेलिया नजान अनुरोध गरेपछि प्रचण्डले भ्रमण स्थगित गरेको प्रचण्डको निजी सचिवालयले जनाएको थियो । अस्ट्रेलिया जाँदा त्यहाँका नेपालीले उजुरी दर्ता गराउने र सोबाट उनी पक्राउ पर्न सक्ने शङ्का भएकाले भ्रमण रद्द गरिएको थियो ।

पत्नी सीताको उपचारका लागि मार्च २०१९ मा अमेरिकी गएका पूर्व प्रधानमन्त्री पुष्पकमल दाहाल (प्रचण्ड) लाई उद्धृत गर्दै भारतीय अखबार टाइम्स अफ इन्डियाले लेख्यो : *Former Nepal PM Prachanda says US ensured he wasn't arrested during visit. (नेपालका पूर्व प्रधानमन्त्री प्रचण्डले भने- भ्रमणका क्रममा पक्राउ नगरिने अमेरिकाले सुनिश्चित गऱ्यो, दी इन्डियन एक्सप्रेस, १ अप्रिल २०१९) ।*

हामी विगतलाई बिर्सेर अघि बढिरहेका छौं । अबको स्थितिमा आयोगको भूमिका र यसबाट के अपेक्षा गर्न सकिन्छ भन्ने प्रश्नमा पूर्व महान्यायाधिवक्ता हरि फुयाँल :

- *सङ्क्रमणकालीन न्यायमा हामी कहाँ छौं ?*

- यो पहिले नै हुनुपर्थ्यो । न्यायको प्रक्रिया एकदम ढिला सुरु भएको छ । अन्य देशको सन्दर्भ हेर्दा यो कि पहिले नै सुरु हुनुपर्थ्यो कि अन्त्यमा । हामीले न सुरुमा गर्न सक्यौं, न अन्त्यमा ।

- *अब के गर्न सकिन्छ ?*

- सर्वोच्च अदालतले केही फैसला गरेको छ । त्यसैलाई आधार मानेर हामीले पनि काम गर्न सक्छौं । जस्तो : जघन्य अपराधमा क्षमादान दिन नमिल्ने, परिपूरण गर्ने, पीडितको सम्झना दिलाउने

खालका स्मृति बनाउने, राज्यमार्फत क्षतिपूर्ति दिने, माफी माग्ने आदि । यस्ता विषयलाई सम्बोधन हुने गरी काम गर्न सकिन्छ ।

• हाम्रो जस्तै समस्यामा अहिले कुनै मुलुकले काम गरेका छन् ?

– छन् । जस्तो : कोलम्बिया र अर्जेन्टिना ।

• आयोगलाई काम गर्न नदिने अवस्था आयो भने के हुन्छ ?

– आयोगको म्याद थपिन्छ । आयोग भङ्ग हुन सक्छन् । यो कुरा लम्बिने र बल्झिने भैराख्छ । कोही स्वेदशमा र कोही विदेशमा समातिन सक्छन् । लुकामारी चलिरहन्छ ।

• अहिलेको अवस्था हेर्दा पीडित आशावादी हुने ठाउँ छ ?

– यसै भन्न सकिन्न । यही स्थितिबाट आशावादी हुन सकिँदैन । आगामी सरकारले यसलाई कसरी लिन्छ ? त्यसमा भर पर्छ । (सन् २०१७ मा गरिएको टेलिफोन अन्तर्वार्ता) ।

विश्वका विभिन्न देशमा द्वन्द्व भएका छन् । कतिपय देशमा तिनलाई समाधान गरिएको छ र कतिमा समाधान गर्ने प्रयास जारी छ । मोजाम्बिक, एल साल्भाडोर, दक्षिण अफ्रिका आदि देशका द्वन्द्वकालीन घटनाले के देखाउँछन् भने प्रत्येक देशमा आफ्नै प्रकृतिका हिंसा भए । सबैलाई कारबाही गर्न नसकिए पनि गम्भीर प्रकृतिका अपराधमा कसैलाई छाड्नु हुँदैन । कानुनी राज्यबिना सुशासन र सदाचारको अपेक्षा गर्न सकिँदैन । दक्षिण अमेरिकी राष्ट्र चिली र पेरुका दुई दृष्टान्त :

अगोस्तो पिनोसे चिलीको सैन्य प्रमुख र जुन्ता शासन प्रमुख थिए । सन् १९७३ देखि १९९० सम्म उनको जगजगी रह्यो । अमेरिकी सरकारको सहयोगमा 'कू' गरेका पिनोसेमाथि करिब तीन हजार वामपन्थीलाई मारेको, तीन हजारजतिलाई बेपत्ता पारेको, थुप्रैलाई यातना दिएको र धेरैलाई विस्थापित बनाएको आरोप लाग्यो । रिटायर्ड भैसकेका पिनोसे बेलायत भ्रमणमा जाँदा १० अक्टुबर १९९८ मा

समातिए । स्वास्थ्यको कारण उनलाई बेलायतले रिहा गऱ्यो । चिली फर्किएका पिनोसेको स्वास्थ्य ठीक रहेको भन्दै स्वदेशमै नजरबन्दमा राखियो । १० डिसेम्बर २००६ मा नजरबन्दकै अवस्थामा मृत्यु भएपछि उनीमाथिका तीन सय आपराधिक अभियोग थाती रहेका छन् । न्यायको प्रक्रिया ढिलो सुरु हुँदा कसरी अभियुक्तले उन्मुक्ति पाउँछन् भन्ने यसले देखाउँछ ।

पेरुका राष्ट्रपति अल्बर्टो फुजिमोरीले सन् १९९० देखि २००० सम्म शासन गरे । भ्रष्टाचार र मानवअधिकार हननको कुरा उठिरहँदा उनी सत्ताबाट बाहिरिए र जापानमा निर्वासित भए । उनलाई कम्युनिस्ट पार्टी अफ पेरु (साइनिङ पाथ) का कार्यकर्तामाथि दमन गरेको आरोप लागेको थियो । जापानी मूलका फुजिमोरीसँग दोहोरो नागरिकता भएका कारण जापानमा निर्वासित हुने कानुनी आधार मिलेको थियो । जापानबाट चिली भ्रमणमा जाँदा उनलाई सन् २००५ मा गिरफ्तार गरियो दुई वर्षपछि पेरु सुपुर्दगी गरियो । आफ्नो शासनकालमा वामपन्थीको दमन र हत्या गरेको आरोपमा उनलाई २५ वर्षको जेल सजाय तोकियो ।

सन् २०१७ मा पेरुका राष्ट्रपति पेद्रो पाब्लोले अल्बर्टो फुजिमोरीलाई क्षमा दिए । तर, त्यहाँको सर्वोच्च अदालतले उनको आदेशलाई गैरकाननी ठहऱ्याइदियो । हाल उनी कारागरामै छन् ।

राजनीतिक पार्टीले अभियुक्त जोगाउन कसरी चलखेल गर्छन् र न्यायिक संस्था बलियो भयो भने कसरी त्यसलाई पराजित गर्न सकिन्छ भन्ने यो अर्को उदाहरण हो ।

ooo

दोरम्बा

२९ मिनेट ४६ सेकेन्ड समयावधिको एउटा भिडियो क्लिप हेर्दैछु । कतैबाट मेरो हात परेको थियो । घटना भएको मिति १७ अगस्ट २००३ । भिडियो खिचिएको मिति घटनाको ११ दिनपछि अर्थात् २८ अगस्ट ।

भिरालो डाँडाको टुप्पोमा सल्लाका बोट गुजमुज्ज परेका छन् । कान्लामा मान्छेहरू समूह-समूह बनाएर बसेका छन्, ६०-७० जति होलान् । तिनको अनुहारमा शून्यता देखिन्छ । न कौतूहल, न त पीडा । अँध्यारो अनुहार लगाएका छन् र सबै स्तब्ध ।

हुस्सु लागेको पृष्ठभूमिमा हँसिया र हथौडा अङ्कित झन्डा फर्फराइरहेको छ । ठाउँको प्रकृति हेर्दा उच्च अथवा लेकाली ठाउँ हो भनेर सजिलै बुझिन्छ । समूहबाट कसैले भन्छ- यो लीला मोक्तानको चिहान हो । चिहान उधिनिएको छ । हिलो माटो छ खाल्डोको वरिपरि । गन्धले गर्दा सबैले मुख छोपेका छन् ।

मुखमा मास्क, हातमा प्लास्टिकको पन्जा लगाएका मान्छे खाल्डोमा पस्छन् । शवलाई नियाल्ने तरिका, हाउभाउ र डुङ्डुङ्ती गन्हाएको खाल्डोमा पस्ने मान्छे पोस्टमोर्टम गर्ने डाक्टर हुन् भनेर चिन्न बेर लाग्दैन । खाल्डो खोतलिँदै गएपछि वरपरका अरु मान्छेले नाक थुनेका छन्, कसैले भुइँमा थुकेका छन्, कसैले नाक खुम्च्याएका । तर, डाक्टर ती सबै कुराको परवाह नगरी भन्छन् :

बडी अफ अ मङ्गोलियन मेल, फाइभ सेन्टिमिटर लङ ब्ल्याक स्काल्प हेयर (मङ्गोलिन पुरुष शरीर, पाँच सेन्टिमिटर लामो कालो कपाल) ।

शवमा हिलो माटो धेरै भएपछि डाक्टर कपडाले पुछ्दै पुनः भन्छन् :

क्ल्याड इन, ब्राउन टिसर्ट, ब्ल्याक भेस्ट, फेस हाइली रिकग्नाइजेबल (खैरो टिसर्ट लगाएको अनुहार स्पष्ट चिन्न सकिने)

डाक्टरले शवको ओठ तलमाथि र दायाँबायाँ फट्टाएर हेरे । दाँत टम्म देखिए कतै केही नभएका । मुखको वल्लो कुनादेखि पल्लो कुनासम्म औँला घुसारे । कतै चोटपटक देखिएन ।

पर्फोरेटेड वाउन्ड ओभर राइट साइड अफ द फोर हेड (दायाँ निधारको माथिपट्टि घाउ । घाउको प्रकृति हेर्दा एक छेउबाट गोली पसेर अर्को छेउबाट निस्केको) ।

डाक्टर अर्को खाल्डोमा पस्छन् । शव भर्खरै गाडिएको जस्तो देखिन्छ । डाक्टरले शव हेरे र बाल्टिनबाट प्लास्टिकको बाटाले पानी उभाएर शवको हात ठाडो बनाएर पानी हाले । हातको माटो पखालिएपछि डाक्टर बोले :

ल्यासरेटेड वाउन्ड एन्टी क्युबिटल फोसा इन्जुर, फ्रयाक्चर अफ द लोअर इन्ड (कुहिनामा काटिएको घाउ, नाडीको भागनेर भाँचिएको) ।

भीडबाट फेरि कसैले भन्यो– यो मेरी बहिनीको चिहान हो हजुर । काकाकी छोरीको । ४० साले हो (जन्म), नाम विष्णुमाया मगर ।

भीडबाट कसैले भन्यो, 'तपाईं नहेर्नू, उता जानुस् । नातेदारले हेर्न सकिन्न ।'

ती मान्छे अलि पर पुगेर टोलाएर बसे । खाल्डोमा डाक्टरले फित्ता लगाएर घाउ जाँच गरेको देखिन्छ र आवाज आउँछ :

बडी अफ अ यङ फिमेल, ब्ल्याक हेड हेयर । यो कुर्ता जस्तो छ । क्ल्याड इन, सिक्टिन इन्च लङ हेड बक्स ओपन विद एन ओभल सेप्ड पर्फोरेटेड वाउन्ड इन्ज्युरी । (वयस्क महिला शरीर, कालो कपाल, कपडा लगाएको, गोलीले छेडेर जाँदा बनाएको १६ इन्च लामो घाउ) ।

तामाङ भाषामा काङ्लाङकुङ्लुङ सुनिन थालियो । आत्तिएका तर उत्सुक आँखाहरू देखिन्छन् । कसैले पिउने पानी माग्दैछन्, कसैले 'हरिजी' भनेको सुनिन्छ । यति भिडियो क्लिप हेर्दा डाक्टर हरिहर वस्ती हुन् भन्ने मेसो पाइयो । थोरै जनशक्तिमा पनि उनले सावधानीसाथ सम्पूर्ण विवरण लेखाएका छन् । शवको कुन ठाउँमा चोट लागेको छ, उनले पत्तो पाइहाल्दा रहेछन् । शव खाल्डोबाट ननिकालीकन र धेरै खोतलखातल नगरीकन जुन तरिकाले उनले काम गरेका छन्, त्यो हेर्दा उनी आफ्नो विधामा विज्ञ रहेछन् भनेर छनक दिन्छ । कामप्रतिको इमान्दारिता र विज्ञता भिडियोमा प्रस्ट देखिन्छ । हरिजी भनेर भनिएका व्यक्ति अधिवक्ता हरि फुयाँल रहेछन्, जो पूर्व महान्यायाधिवक्तासमेत हुन् ।

... ...

- *तपाईंको को बितेको ?*

- मेरा दुई दाइ बिते हजुर । ठूलोराम र सानोराम । सानोराम मसँगैको जुम्ल्याहा हो । ४४ वर्षको थियो ।

- *तपाईं को ?*

- मेरो श्रीमान् बितेको । (पहेँलो पोते र काखमा नाङ्गो बच्चा लिएकी महिलाले आफू विवेककी श्रीमती भनेर चिनाएकी छन् । दूधे बालक काखबाट बाबुको चिहानतिर हेरिरहेको छ ।)

- *अनि तपाईंको ?*

- मेरो बुबा र दाइ बितेको हजुर । (कालो टिसर्ट लगाएका, २५ वर्ष कम उमेरका जस्ता देखिने व्यक्तिले भने ।)

• *तपाईंको ?*

– म लक्ष्मणको भानिज हो हजुर । उहाँकी श्रीमती र बुबा आउनु भएन । म आएको छु ।

आखिर दोरम्बामा के भएको थियो त ? सो हत्याकाण्डमा सेनाको कब्जाबाट भागेर ज्यान जोगाउन सफल भएका माओवादी योद्धा मैनकुमार मोक्तान (मदन) को भनाइ :

बिहान ११ बजेतिर सेनाले हामी बसेको एरिया घेरा हालिसकेको रहेछ । तर, हामीले चालै पाएनौं । हामी बसेको घरभन्दा केही पर सेन्ट्री बसेकी एक जना बहिनीलाई गोलीले ढालेर उनीहरू अघि बढ्दासम्म हामीले थाहै पाएनौं । बैठकस्थलमा आउँदै गरेका टेकबहादुर थापा मगरलाई पनि उनीहरूले कब्जा गरेर हत्या गरेपछि मात्रै सेना आएको थाहा पायौं । तर, त्यतिबेला हामीले केही गर्न सक्ने अवस्था नै थिएन ।

घरभन्दा बाहिर रहेका १०/१२ जना साथीहरू भाग्न सफल भएछन् । घरभित्र हामी मुख्य नेतृत्वसहित २१ जना थियौं । अब के गर्ने भनेर सोच्न नपाउँदै सेना घरभित्र प्रवेश गर्न थालिसकेको थियो । हामी बसेकै घरको करेसाबारीमा प्रदीप दोङ (रक्तिम) लाई पनि हत्या गरेपछि बन्दुक पड्केको आवाज आयो । युद्धविरामको समय हो, किन आएको भनेर पनि सोध्न पाइएन । यिनीहरूले मार्छन् भन्ने लागेपछि मैले 'भागौं साथी हो' भनें । मचाहिं घरभित्र माथिल्लो चोटाको झ्यालबाट हामफालेर बारीको कान्लाबाट ठाडै ओरालो भागें । मेरो पछि-पछि दर्जनौं राउन्ड गोली चल्यो । तर, संयोगवश मलाई एउटै पनि लागेन । ओरालो बाटो, साउनको मकैबारी भएका कारण पनि लुक्दै गोली छल्दै भाग्न सकियो जस्तो लाग्छ । जिल्ला इन्चार्ज हरि दाहाल अलमलमा पर्नुभएछ । उहाँकी पत्नी ललिका, जो इलाका सेक्रेटरी पनि हुनुहुन्थ्यो, उहाँ अलि बिरामी भएकाले के गर्ने भन्ने परेछ । तर, उहाँ पनि ढोकामा

उभिएका सेनालाई घँचेटेर भाग्दै तल मलाई नै भेट्न आइपुग्नुभयो । हामी उकालो लागेर पारि गाउँमा पुग्दा साथीहरूलाई लहरै लाइन लगाएर हिंडाएको देख्यौं । त्यो बेला कुहिरो भागेकाले देख्न सकियो । हामीलाई लाग्यो, साथीहरूलाई गिरफ्तार गरेर लगेको होला । उहाँहरू पनि सायद मार्दैन भन्ने विश्वासले नै भाग्नुभएन ।

घेरामा पर्नुभएका सबै साथीलाई शाही सेनाले हात पछाडि लगेर डोरीले बाँधेको दृश्य हरि दाहालले अलि परको घरबाट देख्नुभएको रहेछ । हात बाँधेका निहत्था सबैलाई शाही सेनाले एक घन्टा हिंडाएर डाँडा कटेरी भन्ने ठाउँमा पुऱ्याएर लाम लगाई एक-एक गर्दै गोली ठोकेर मारेको रहेछ । पारिपट्टि बन्दुक पड्केको र महिला साथीहरू चिच्याएको आवाज सुनेपछि हामीले शाही सेनाले सिध्यायो भन्ने अनुमान गरिहाल्यौं । जिल्ला जनसरकार प्रमुख बाबुराम तामाङले 'म कमान्डर हुँ, जे गर्ने होला मलाई गर, अरु साथीहरूलाई छाडिदेऊ' भन्नुभएको रहेछ । त्यसैले अरु सबै साथीहरू मारेपछि उहाँलाई यातना दिएर मारेको भन्ने प्रत्यक्षदर्शीले बताए । उनीहरू सबै जनालाई लाइन लगाएर हत्या गरेपछि लासहरू त्यत्तिकै छाडेर हिंडेछन् ।

त्यस दिन त्यत्तिकै रात परेको थियो । हामीले केही साथी पठायौं र लासहरू सङ्कलन गर्न भन्यौं । भोलिपल्ट शवहरू गाडियो । साथीहरूलाई हत्या गरेको थाहा पाउनासाथ अब के गर्ने भन्ने भयो । त्यतिबेला अहिलेजस्तो सञ्चार सम्पर्क सहज थिएन । मसँग एउटा नोकिया मोबाइल थियो । जिल्ला हेडक्वार्टरले प्रयोग गर्ने सो मोबाइलबाट मैले क्षेत्रीय ब्युरो इन्चार्ज अग्नि सापकोटालाई फोन लगाएँ । उहाँले अध्यक्ष प्रचण्डलाई फोन गर्नुभयो होला । त्यसपछि पार्टीले केही समयमै वार्ता भङ्ग गरेर युद्धमा फर्किने निर्णय गऱ्यो ।

सेनाबाट धोका हुन्छ भन्ने थाहा भएको भए हतियार हामीसँग पनि थियो । तर, हामीले हतियार चलाउनै पाएनौं । हाम्रा साथीहरूले बन्दुकहरू दाउराको चाङमा राख्नुभएको रहेछ । केही दिनपछि हामीले त्यो घरमा गएर बन्दुक जहाँ राखिएको थियो, त्यहीं भेट्यौं । मसँग

पनि सानो हतियार थियो, तर चलाउन पाइएन । यदि हामीले पनि हतियार चलाएको भए हाम्रोतर्फ त्यति ठूलो क्षति हुने थिएन होला । दोरम्बा हत्याकाण्डपछि हामीले यसको कारण खोज्न थाल्यौं । त्यस घटनामा सेनालाई सुराकी गरेका स्थानीय स्वास्थ्यकर्मी समेत रहेकी रेलिमाया मोक्तान र भीमबहादुर श्रेष्ठ पनि मारिए । दोरम्बा हत्याकाण्ड तत्कालीन सेनाका मेजरको सनक मात्र थियो कि राज्यले नियोजित रूपमा गराएको थियो ? अहिलेसम्म प्रस्ट छैन । (शीर्षक : दोरम्बा हत्याकाण्डको नालबेली : मृत्यु जितेर फर्किएका एक माओवादी योद्धाको बयान, अनलाइनखबर, १६ अगस्ट २०१८) ।

घटना भएका बेला पार्टीको जिल्ला कमिटी सदस्य रहेका टङ्कलाल घिसिङ (हाल : वाग्मती प्रदेश कमिटी सदस्य) को भनाइ-

म रामेछापको गाल्पा भञ्ज्याङ भन्ने ठाउँमा थिएँ । शान्ति वार्ताको बेला भएकाले त्यहाँ स्वागतद्वार बनाइएको थियो । त्यो उखेलेर फालिएको रहेछ । सोधखोज गर्दा सेनाले गरेको र सेना दोरम्बातिर अघि बढेको थाहा भयो । गोल्पाबाट डेढ घन्टा जस्तो पैदलमा दोरम्बा पुगिन्छ । घटनाको एक-डेढ घन्टापछि मलाई खबर आयो । पानी परेको थियो । सेना पनि कतै लुकेर बसेको छ कि भनेर त्यो दिन हामी घटना स्थल गएनौं ।

पार्टीको किसान सङ्गठनमा आबद्ध बोधबहादुर चौलागाईं त्यही बाटो भएर कतै जाँदै हुनुहुन्थ्यो । स्थानीयसँग मिलेर शवको व्यवस्थापन गर्न पार्टीका जिल्ला इन्चार्ज हरि दाहालले हामीलाई निर्देशन दिनुभएको थियो । यो घटनाको भोलिपल्ट बिहानको कुरा थियो । मैले फोटो खिचें र पार्टीलाई दिएँ ।

हाम्रो पार्टीले गरेको छानबिनमा नेपाली काङ्ग्रेसमा आबद्ध रेलिमाया मोक्तान र भीमबहादुर श्रेष्ठलाई दोषी ठहर गऱ्यो र उनीहरूको सफाया पनि गऱ्यो । उनीहरू सुराकी थिए । घटनामा संलग्न मेजर अमेरिकामा छन् भन्ने सुनेको छु ।

हामीलाई के लाग्छ भने मेजर एक्लैको सनकमा त्यो काम भएको होइन । अध्यक्ष प्रचण्डले भनेझैं त्यो दरबारियाको डिजाइनमा भएको हत्याकाण्ड हो । घटनास्थलमा सहिदको सालिक राख्ने, शान्तिपार्क बनाउने काम भएको छ । दोरम्बालाई नमुना गाउँ बनाएर बजेट केन्द्रिकृत गरिएको छ । (१३ मे २०२० मा भएको कुराकानी) ।

दोरम्बा हत्याकाण्डपछि छानबिन समिति गठन भयो । त्यसमा कृष्णजङ्ग रायमाझी (संयोजक भूपू न्यायाधीश, सर्वोच्च अदालत), प्रेमबहादुर विष्ट (सदस्य, भूपू महान्यायाधिवक्ता), कनकमणि दीक्षित (सदस्य, पत्रकार), डा. हरिहर वस्ती (सदस्य चिकित्सक, फरेन्सिक विज्ञ) र हरि फुयाँल (प्रतिनिधि, राष्ट्रिय मानवअधिकार आयोग) थिए । उनीहरू रामेछापको दोरम्बा गाविसस्थित डाँडाकटेरीमा गाडिएका १८ जनाको शव उत्खनन गर्न त्यहाँ पुगेका थिए । तिनीहरू थिए, *(१) बाबुराम लामा 'पुष्प', बथान-५ रामेछाप (२) अम्बिका दाहाल 'ललिता', इकुडोल-६, ललितपुर (३) प्रदीप दोङ 'रक्तिम', बेथान-५, रामेछाप (४) नाम नखुलेकी 'सङ्गीता', डडुवा-४, रामेछाप (५) हर्कबहादुर तामाङ 'यथार्थ', फुलासी-८, रामेछाप (६) रवि चौहान 'समीर', गेलु-५, रामेछाप (७) उमा कार्की 'सहारा', चनखु-९, रामेछाप (८) श्याम तामाङ 'इन्क्लाब', चनखु-९, रामेछाप (९) पदमराज गिरी 'असल', पुरानागाउँ-८ रामेछाप (१०) विष्णुमाया थापा मगर 'विमा', दोरम्बा-१ रामेछाप (११) ठूलोराम तामाङ 'छोक्पा', दोरम्बा-३ रामेछाप (१२) सानोराम तामाङ 'तारा', दोरम्बा-३ रामेछाप (१३) लक्ष्मण तामाङ 'छाया', दोरम्बा-३, रामेछाप (१४) नाम नखुलेका 'जमिन', धनुषा (१५) नाम नखुलेका 'सोम' काभ्रेपलाञ्चोक, चौवास (१६) नाम नखुलेकी 'विमला', सोलुखुम्बु (१७) युवराज मोक्तान, दोरम्बा-२ रामेछाप (१८) लीला मोक्तान, दोरम्बा-२ रामेछाप । युवराज र लीला बाबुछोरा हुन् । (राष्ट्रिय मानवअधिकार आयोगद्वारा प्रकाशित दोरम्बासम्बन्धी अङ्ग्रेजी प्रतिवेदन, सन् २००३)*

यीबाहेक स्थानीय टेकबहादुर थापामगर 'विवेक' (दोरम्बा-१ रामेछाप) को पहिले नै सत्गत गरिसकिएको थियो । टेकबहादुरबाहेक ठेगाना नखुलेका चतुरमान थामी 'समर' र सिन्धुपाल्चोक घर भएकी उषा उपनामले चिनिने तर नाम नखुलेकी युवतीको पनि मत्यु भएको थियो । तर, चिहानमा १८ जनालाई गाडिएकाले शव उत्खनन उनीहरूको मात्रै भयो ।

तत्कालीन नेकपा (माओवादी) र सरकारबीच युद्धविराम भएर वार्ता चलिरहेका बेला १७ अगस्ट २००३ मा रामेछापको दोरम्बामा स्थानीय युवराज मोक्तानको घरमा पार्टीको क्षेत्रीय स्तरको बैठक बसिरहेका बेला तत्कालीन शाही सेनाको टोलीले बाबुराम लामासहित २१ माओवादी नेता-कार्यकर्तालाई नियन्त्रणमा लिई श्री दल गण रामेछापका मेजर राममणि पोखरेलको नेतृत्वमा गएको सेनाको टोलीले गोली हानी हत्या गरेको थियो । हत्यालगत्तै माओवादी र सरकारबीचको वार्ता भङ्ग भयो । उतिबेला सरकार माओवादीबचि दुवै सेना ब्यारेकभन्दा पाँच किलोमिटरबाहिर जान नपाउने सहमति भएको थियो ।

सेनाबाट भएको ठूलो युद्धकालीन ज्यादतीको घटना थियो त्यो, जसलाई अहिले माओवादी पार्टीले पनि बिर्सन खोजेको आभास हुन्छ । हरेक वर्ष साउन ३२ मा दोरम्बा दिवस मनाउने भन्दा अरू काम माओवादीले गरेको छैन । घटनापछि पहिलो पटक दोरम्बा पुगेका नेकपा अध्यक्ष पुष्पकमल दाहाल (प्रचण्ड) ले १६ अगस्ट २०१८ पीडित परिवारलाई सम्बोधन गर्दै भनेका थिए, *'वार्ता चलिरहेका बेला त्यो विफल बनाएर आफूले नै देशको शासनसत्ता हातमा लिने उद्देश्यले दरबारको नियोजित र ठाडो निर्देशनमा घटना गराइएको हो ।'*

'न्यायका लागि तपाईंहरू पर्खनुस्' भन्दै उनले काभ्रे, रामेछापको बेथान पानीघाट हुँदै दोरम्बा र काभ्रेको सैलुङ क्षेत्रसम्म तीन जिल्लालाई समेटेर युद्ध पर्यटकीय मार्ग बनाएर जनताको जीवनस्तर उकास्ने किसिमको कामका लागि तत्काल आवश्यक बजेटको व्यवस्थापनको पहल गर्ने बताएका थिए । (शीर्षक : दोरम्बा हत्याकाण्ड दरबारको

निर्देशनमा भएको हो : प्रचण्ड, उज्यालो अनलाइन, दीपक भट्ट, १६ अगस्ट २०१८)

पीडितहरूले तत्कालीन राजा ज्ञानेन्द्र शाह, प्रधानमन्त्री सूर्यबहादुर थापा, गृहमन्त्री कमल थापा, गृहसचिव अनन्तराज शर्मा पाण्डे, सेनापति प्यारजङ्ग थापा, आईजीपी श्यामभक्त थापा, रामेछापका तत्कालीन सीडीओ चूडामणि बस्याल, डीएसपी रामप्रसाद श्रेष्ठ, श्रम तथा यातायात राज्यमन्त्री कमल चौलागाईं, मेजर राममणि पोखरेल, रामेछाप जिल्ला सभापति ध्रुव लामा र उपसभापति रमेश बस्नेतविरुद्ध सत्य निरुपण तथा मेलमिलाप आयोगमा उजुरी दिएका छन् । (स्रोत शीर्षक : दोरम्बा नरसंहारमा पूर्वराजा ज्ञानेन्द्र र कमल थापासहित एक दर्जनविरुद्ध उजुरी, archive.ratopati.com/news/56013, राजेश भण्डारी, मिति नखुलेको) ।

दोरम्बा घटनापछि माओवादीले सुराकी गरेको आरोपमा स्वास्थ्य कार्यकर्ता रेलिमाया तामाङको हत्या गरे । दोरम्बाले घटनाले सिकाएको छ- हिंसाले प्रतिहिंसा निम्त्याउँछ । हिंसाको चक्र अन्त्य गर्न दोषीलाई कारबाही गर्नु जरुरी छ । यसो भएन भने हिंसा उचित र जायज थियो भन्ने सन्देश सर्वसाधारणमा जान्छ । राजनीतिमा छिरेको हिंसालाई वैध मानियो भने त्यसले कालान्तरमा समाजमा हिंसा नै जन्माउने र हिंसै हुर्काउने गर्छ ।

दोरम्बा घटना सत्य निरुपण आयोगमा पुगेको छ । आयोगलाई काम गर्न दिइएको छैन । सर्वोच्च अदालतले गम्भीर घटनामा सहभागी कसैलाई कानुनले छाड्न नसक्ने भनेर दुई पटकसम्म व्याख्या गरिसकेको छ । अब पर्खनु र हेर्नुको विकल्प छैन ।

ooo

महँगो मुद्दा

मैले अगस्ट २०१९ मा बेलायत टेकेँ । उद्देश्य थियो, केही वर्ष त्यतै बसेर काम गर्ने । केही समय काम खोज्दैमा बित्यो । कामका लागि अनलाइनबाट करिब दुई सय सीभी पठाएँ होला । कतैबाट अन्तर्वार्ताका लागि बोलाइएन ।

पोर्चुगलदेखिकै साथी खेमराज रानाभाटलाई भन्छु 'काम पाइएन, के गर्ने हो ?' यसो भनिरहँदा हामी लन्डनको उलबिच भन्ने ठाउँमा हिंडिरहेका थियौं । उनले साथीलाई टेलिफोन गर्न थाले । रानाभाटका साथी मीन हमाल संयोगवश त्यहीं भेटिए । हमालले कतै फोन लगाए । गोजीबाट नीलो रङको कार्ड निकाल्दै भने, 'यो ट्रेनको पास हो । लिएर जानू । मैले एक ठाउँमा भन्देको छु । अहिले नै गएर कुरा गर्नू । भोलिबाट काम सुरु ।'

मनमनै भनें, यो हो नि नेपालीलाई काममा झुन्ड्याउने तरिका । दक्ष कामदारबाहेक अन्य काममा यसरी नै सिफारिस र आफन्तको सहयोग चाहिने रहेछ । यो मैले भनेको होइन, नेपाल पत्रकार महासङ्घ, यूकेका अध्यक्ष नरेश खपाङ्गी मगरले भनेका । अपवादका कुरा त छँदै छन् ।

मीन हमाल मलाई भन्छन्, 'उलिच ट्रेन स्टेसनबाट चढेपछि सिटी थेम्सलिङ्क स्टेसनमा ओर्लने । स्टेनको सबभन्दा अघिल्लो ढोकाबाट

बाहिर निस्कने । दायाँतिर ठूलो भवन आउँछ, त्यसलाई दाहिने पारेर देब्रे लाग्ने र रेस्टुरेन्टको नाम सोध्ने ।'

काममा लागें । केही दिन बिते । ग्राहकका लागि चाउमिन बनाउने अर्डर आउँछ । चाउमिन फ्राई गर्दै सोच्छु, बेलायतमा मुद्दा चलाइएका कर्णेल कुमार लामाबारे जानकारी कहाँ पाइएला ? प्याज फुराउँदै गर्दा मनमा पनि अनेक कुरा फुरेका छन् । सोया सस हाल्दै सोच्छु, त्यो मुद्दाको फैसला पढन पाए पनि हुने । हङकङबाट आएको हाँसको मासु हाल्दै फेरि सोच्छु- कर्णेल कुमार लामाले सफाइ पाएपछि किन अहिलेसम्म कतै नबोलेका होलान् ?

यता चाउमिन तयार भयो, उता आफ्नो लेखको खाका तयार भएको छैन ।

सबैभन्दा मन पर्ने र नपर्ने कामको मिश्रण चलिरहेको छ जीवनमा । रेस्टुरेन्टको काम मनैदेखि गर्न मन नलाग्ने, योभन्दा बरु लन्डनको डिसेम्बरको चिसो झरीमा भिज्दै दिनभर कृषिको काम पाए औधी खुसी हुन्थें । रेस्टुरेन्टको ढोकैबाट नछिरुँ लाग्छ । तर, अहिलेसम्म यो कामको विकल्प भेटेको छैन । काममा पस्ने बेला अफ्रिकन कफीको तीतो बास्ना र ब्राजिलियन कुखुराको पोलेको मासुको गन्ध अँगालो मार्दै आएर भन्छन्, 'मूर्ख ! मन नपर्ने कुराहरूको सँगालो त हो जीवन ।'

खेमराज रानाभाटजी र मैले कर्णेल कुमार लामाको केसको फाइल अध्ययन गर्न कहाँ पाइएला भन्दै कानुनी पृष्ठभूमि भएका मान्छेसँग सोधखोज गर्न थाल्यौं । गर्नुपर्ने चाहिं यस्तो रहेछ- मुद्दा कहिले दर्ता भएको ? पक्ष-विपक्षमा को-को वकिल थिए ? फैसला कुन अदालतमा कहिले भएको ?

यति भएपछि अनलाइनबाट कोर्ट सर्भिसमा निवेदन दिनुपर्ने रहेछ । निवेदनसँगै आफू जुन घरमा बसिन्छ, त्यहाँ बसेको दुइटा प्रमाण पनि पेस गर्नुपर्दो रहेछ । जस्तो : बत्ती/पानीको आफ्नो

नाउँमा आउने बिल, बैङ्कबाट आउने कागजात, घर सम्झौता आदि । निवेदन दिंदा फैसलाको पूर्णपाठ वा मुख्य बुँदा कुन चाहिएको हो र त्यो के प्रयोजनमा लागि खोजिएको, सो पनि उल्लेख गर्नु पर्दो रहेछ ।

निवेदन दिंदा कुनै कुरा झूटो बोलेको भए कानुनी कारबाही गरिने पनि उल्लेख थियो । दिइएको निवेदनलाई न्यायाधीशले स्वीकृति गर्ने र फैसला पाठ उतार गर्न कुनै निजी कम्पनीलाई दिइने चलन रहेछ । कम्पनीले कति खर्च लाग्छ, सो बताउँदो रहेछ ।

कर्णेल कुमार लामाको मुद्दा 'क्रिमिनल जस्टिस कोर्ट' मा चलेको रहेछ । हामीले अनलाइनबाट त्यही निवदेन दियौँ । निवदेनमा केही प्राविधिक समस्या आइलाग्यो । केही समय लाग्ने भयो । कोर्ट सर्भिसका कर्मचारी मौसमी बेगमका अनुसार हामीले पुनः अदालतमै गएर निवदेन दिन सक्ने भयौँ ।

जुन ठूलो भवनलाई दाहिने पारेर म काममा जान्थैं, त्यही रहेछ क्रिमिनल जस्टिस कोर्ट । बेलायतका ठेगाना सडकको नाम अनि पोस्टकोडबाट थाहा हुने भएकाले अधिकांश कार्यालयका साइनबोर्ड हुँदैनन् । सबै प्रक्रिया पूरा गरेपछि युबेक नामको कम्पनीमार्फत हामीले सुनुवाइको पाठ १२ जुन २०२० मा ४ सय ४० पाउन्ड (करिब ६५ हजार रुपियाँ) राजस्व तिरेर हात पाऱ्यौं ।

... ...

यस लेखमा संलग्न अधिकांश अन्तर्वार्ता लिइसकिएको थियो । यसैबीच, मलाई थाती रहेका र सक्नै पर्ने केही अन्य किताबको काममा लाग्नुपर्ने बाध्यता आइलाग्यो । म अन्य काममा अल्झिन पुगेँ ।

यस अध्यायका लागि मैले लामो समयदेखि बेलायत बसेका **खेमराज रानाभाट**को अत्यधिक सहयोग लिएको छु । बेलायतको अदालती प्रक्रिया बुझ्न र त्यहाँबाट कागजात प्राप्त गरी अनुवाद

गर्नमा उनले मलाई भरपूर सहयोग गरेका छन् । मुद्दामा संलग्न साक्षी, अधिवक्ता र दोभासेसँगको कुराकानी पनि रानाभाटले नै गरेका हुन् ।

म धन्य छु, युनिभर्सिटी अफ लन्डन, बर्बेक्कमा अर्थशास्त्रमा स्नातकोत्तर गरिरहेका नेपाल प्रेस युनियन, यूकेका उपाध्यक्षसमेत रहेका रानाभाटले मेरो अनुरोधलाई सहजै स्वीकार गरे । यस अर्थमा उनलाई यस अध्यायका **सहलेखक** भने पनि हुन्छ । रानाभाटको अमूल्य सहयोगमा तयार भएको सामग्री :

अफ्रिकी राष्ट्र सुडानबाट छुट्टिएर बनेको नयाँ देश 'साउथ सुडान' मा राष्ट्रसङ्घीय शान्ति सेनाअन्तर्गत तत्कालीन नेपाली सेना खटिएका थियो । त्यही मिसनमा संलग्न थिए, कर्णेल कुमार लामा ।

दक्षिण सुडानबाट श्रीमती र दुई छोरी भेट्न बेलायत आउने बित्तिकै कर्णेल लामा ३ जनवरी २०१३ मा समातिए । नेपालमा कार्यरत मानवअधिकारवादी संस्था 'एड्भोकेसी फोरम नेपाल' ले उपलब्ध गराएको सूचनाका आधारमा बेलायती हिकम्यान एन्ड रोज नामको ल फर्मले नेपालमा द्वन्द्वको समयमा सेनाबाट पीडित भनिएका व्यक्ति जनकबहादुर राउत र करम हुसैनको प्रतिनिधित्व गर्दै कर्णेल लामाविरुद्ध प्रहरीमा उजुरी दिएको थियो ।

उजुरीलाई आधार मानेर लन्डन मेट्रोपोलिटन प्रहरीले लामालाई गिरफ्तार गरेको थियो । गिरफ्तारीपछि इस्ट ससेक्समा रहेको ह्यास्टिङ्ग्सस्थित उनको घरमा छापा मारियो । लामामाथि नेपालमा युद्ध अपराध गरेको आरोप लगाइएको थियो ।

कर्णेल लामामाथि सन् २००५ मा कपिलवस्तुका जनकबहादुर राउत र करम हुसैनलाई गैरन्यायिक हिरासतमा लिई गोरुसिङे ब्यारेक (शिवदल गण) मा क्रमशः १६ दिनसम्म र छ महिना यातना दिएको आरोप लगाइएको थियो । बेलायती पत्रिका *दी गार्जियनले* ६ सेप्टेम्बर २०१६ को अङ्कमा लेखेअनुसार सेनाले पालेको सुगालाई पीडितको

शरीरबाट रगत नआउन्जेल ठुङ्न लगाएर पीडितहरूलाई यातना दिइएको थियो ।

… … …

मुद्दा किन हालियो भन्ने बारेमा एड्भोकेसी फोरमकी संस्थापक मन्दिरा शर्मा भन्छिन्, 'नेपालमा पीडितहरूले न्याय नपाएपछि मुद्दा हालिएको हो । हामीसँग पीडितहरूका बारेमा पर्याप्त जानकारी थियो । यसमा पीडितहरूका तर्फबाट म आफैँले प्रतिनिधित्व गरेकी थिएँ । हामीसँग यथेष्ट प्रमाण थिए, त्यसै आधारमा उजुरी भयो । कमजोर सूचनाका आधारमा बेलायती प्रहरीहरूले मुद्दा नै चलाउँदैनन् ।'

मुद्दा हालिएको प्रसङ्गमा अर्को उद्दहरण : *कपिलवस्तु जिल्ला अदालतले २०६४ सालमा पीडितलाई ७५ हजार रुपियाँ क्षतिभरण र लामालाई विभागीय कारबाही गर्न आदेश दिएको थियो । सेनाले उनको बढुवा १५ महिनाका लागि रोक्यो पनि । उक्त कारबाहीमा चित्त नबुझ्दा पीडितले लन्डनमा मुद्दा दायर गरे । (शीर्षक : कर्णेल कुमार लामा प्रकरणको पाठ, कान्तिपुर, सफल घिमिरे, ९ सेप्टेम्बर २०१६) ।*

… … …

कानुनको विश्वव्यापी अधिकार क्षेत्रका आधारमा एउटा देशमा अपराध गर्ने मान्छे अर्को देशमा पक्राउ पर्न सक्छ । ऊमाथि मुद्दा चलाउन सकिन्छ र अभियोग प्रमाणित भएमा हुन्छ । बेलायतमा कर्णेल कुमार लामा यही प्रक्रियाअन्तर्गत समातिएका थिए । यसका लागि अभियुक्त जुन देशमा पक्राउ पर्छ, त्यो देशले कानुनको विश्वव्यापी अधिकार क्षेत्रलाई अनुमोदन गरेको हुनुपर्छ । बेलायतलगायत संयुक्त राष्ट्रसङ्घका १ सय ९३ सदस्यमध्ये १ सय ६३ देशका राष्ट्रिय कानुनले कानुनको विश्वव्यापी अधिकार क्षेत्र मान्दछन् । अन्तर्राष्ट्रिय

न्यायको यो एउटा सिद्धान्त हो जुन युद्ध अपराध, मानवताविरुद्धको अपराध, यातना, नरसंहारलगायतमा लागू हुन्छ ।

अन्तर्राष्ट्रिय कानुनका जानकार अधिवक्ता गोविन्द बन्दीका अनुसार, सरकारले अन्तर्राष्ट्रिय कानुन उल्लङ्घनमा संलग्नमाथि अनुसन्धान गरी कारबाही गर्ने क्षमता र इच्छा गुमाउँदा विश्वव्यापी क्षेत्राधिकार आकर्षित हुने गर्छ । नेपालको कानुनले अहिलेसम्म यातना, युद्ध अपराध, मानवताविरुद्धका अपराध, नरसंहारलगायत अन्तर्राष्ट्रिय कानुन आकर्षित हुने अपराधबारे राष्ट्रिय कानुन निर्माण गरेको छैन । त्यही कारण त्यस्ता अपराधमा कारबाही गर्ने क्षमता नेपालले राख्दैन भन्ने विश्व समुदायलाई परेको छ । कर्णेल लामाको मुद्दा त्यसैको उदाहरण हो ।

... ...

बेलायतमा सन् १९८८ मा लागू भएको एउटा कानुन छ, 'क्रिमिनल जस्टिस एक्ट' । यही कानुनको धारा १३४ अनुसार यातना दिएको अभियोगमा छानबिन गर्न कर्णेल लामालाई नियन्त्रणमा लिइएको थियो । यसले कानुनको विश्वव्यापी अधिकार क्षेत्रलाई आकर्षित गर्छ ।

कानुनको विश्वव्यापी अधिकारअन्तर्गत बेलायतमा पक्राउ पर्नेमा लामा पहिलो व्यक्ति होइनन् । उदाहरणका लागि अफगानिस्तानका फरयादी सरवार जर्दाद । उनी युद्ध अपराध गरेबापत बेलायतमा पक्राउ परे । अभियोग प्रमाणित भयो । जेल परे । र, अन्ततः उनलाई देश निकाला गरियो ।

अफगान गृहयुद्ध (सन् १९९२-९६) का बेला फरयादी मुजाहिद्दीनका युद्ध सरदार थिए । उनलाई गृहयुद्धका बेला लुट, यातना, हत्या, आतङ्क, फिरौती लगायतका अपराध गरेका थिए । नक्कली पासपोर्टमा उनी १९९८ मा बेलायत पुगे र शरण मागे । बीबीसीले अनुसन्धान गरेपछि मात्र उनको वास्तविक परिचय खुल्यो र १० मे २००३ मा

समातिए । उनीमाथि युद्ध अपराध गरेको अभियोगमा प्रमाण जुटाउन काबुलस्थित बेलायती राजदूतावासबाट भिडियो लिङ्क गरी पीडितको बयान सुनियो । यसका लागि प्रहरीले अफगानिस्तानमा समेत गई पीडितहरू खोजी अनुसन्धान गरे । अदालती मुद्दासहित यसका लागि कम्तीमा ३० लाख पाउन्ड खर्च भएको बीबीसीको तथ्याङ्क छ । बेलायती अदालतमा साक्षीहरूको बयान काबुलस्थित बेलायती दूतावासबाट पठाइएको भिडियो लिङ्क गरेर देखाइएको थियो । जुलाई २००५ मा उनलाई बेलायती अदालतले २० वर्ष जेल सजाय सुनायो । जेलमुक्त भएपछि उनलाई डिसेम्बर २०१६ मा अफगानिस्तान डिपोर्ट गरियो । (माइसंसारडटकम, मिति खुल्न नसकेको) ।

... ...

बेलायतमा कर्णेल लामाको गिरफ्तारीपछि यसले नेपाल सरकार अप्ठ्यारोमा मात्र परेन, मुद्दा फिर्ता लिन बेलायत सरकारलाई अनुरोध पनि गर्नुपऱ्यो । र, मुद्दा लड्नका लागि बेलायती वकिललाई पैसा पठाउनसमेत बाध्य भयो ।

बेलायत सरकारलाई औपचारिक रूपमा मुद्दा फिर्ता लिइदिन तत्कालीन परराष्ट्रमन्त्री कमल थापाले दुई पटकको बेलायत भ्रमणमा आग्रह गरेका थिए । नेपालमा सत्य निरुपण तथा मेलमिलाप आयोग गठन भइसकेको र त्यसले नै लामाको मुद्दा हेर्ने भन्दै पूर्वमन्त्री थापाले उनलाई नेपाल सुपुर्दगीको व्यवस्था मिलाउन कूटनीतिक रूपमा आग्रह गरेका थिए । तर, बेलायती कूटनीतिज्ञले अदालतमा रहेको मुद्दामा केही गर्न नसकिने बताएका थिए । (शीर्षक : कर्णेल कुमार लामा निर्दोष साबित, अन्नपूर्ण दैनिक, ७ सेप्टेम्बर २०१६) ।

फौजदारी मुद्दा लागेका लामालाई २०१५ मा धरौटीमा रिहाइ गरिए पनि प्रहरीको निगरानीमा राखी बेलायत नछाड्न अदालतले भनेको थियो । मुद्दा लड्दा लागेको खर्चपर्चका बारेमा यस्ता समाचार आए ।

डा. बाबुराम भट्टराई नेतृत्वको सरकारले धरौटी र वकिल खर्च उपलब्ध गराएको तत्कालीन महान्यायाधिवक्ता मुक्ति प्रधानले जानकारी दिए । (शीर्षक : कर्णेल कुमार लामा र बाबुरामबीच कुराकानी, भन्छन्- थुनामुक्त गरेर बेलायतले गल्ती सच्यायो, पहिलो पोस्ट डटकम, ७ सेप्टेम्बर २०१६)

... ...

३ जनवरी २०१३ मा पक्राउ परेका लामालाई बेकर स्ट्रिटमा रहेको वेस्ट मिनिस्टर मजिस्ट्रेट कोर्टमा मुद्दा चलाइयो । पछि यो मुद्दा दी ओल्ड बेली भन्ने ठाउँमा रहेको सेन्ट्रल क्रिमिनल कोर्टमा गयो । क्रिमिनल केस भएकाले यो मुद्दा मजिस्ट्रेट कोर्टबाट क्राउन कोर्टमा पठाइएको हो । सेन्ट्रल क्रिमिनल कोर्ट क्राउन कोर्ट हो । अदालती कारबाहीका क्रममा लामालाई उलिचस्थित जेलमा राखिएको थियो ।

सेन्ट्रल क्रिमिनल कोर्टमा केस नम्बर T20137004 का रूपमा रहेको यो मुद्दाको २४ जनवरी २०१३ मा बिहान साढे ९ बजे पहिलो सुनुवाइ भयो । पक्राउ परेको २१ दिनपछि भएको सुनुवाइमा कर्णेल लामाका पक्षमा सोलिसिटर Ms R Barnes थिए भने सरकारका तर्फबाट सोलिसिटर Ms J Stansfield र न्यायाधीश Mr Sweeney ।

... ...

१२ जुन २०२० मा युबेक नामको संस्थामार्फत अदालतमा भएको सुनुवाइको जुन कागजात प्राप्त भएको थियो । त्यसमा हामीले खोजेका कुराहरू केही पनि उल्लेख गरिएका थिएनन् । सोलिसिटरहरू Ms R Barnes (लामा पक्ष) Ms J Stansfield (सरकार पक्ष) र न्यायाधीश Mr Sweeney बीच भएका सामान्य कुरा मात्र थिए । ३८ पृष्ठ लामो कागजातमा छलफलका केही बुँदा यस्ता देखिए :

सरकारका तर्फका सोलिसिटर Ms J Stansfield : पीडितहरूको बयान नेपालबाट नेपाली भाषामा आउँदै छ । समयमै नआएकाले र तिनलाई फेरि अङ्ग्रेजीमा उल्था गर्नुपर्ने भएकाले समय लागेको हो । कर्णेल लामालाई यो मुद्दामा आजीवन कारावासको सजाय पनि हुन सक्छ । उनीसँग बेलायतको इन्डिफिनिट लिभ टू रिमेन (आईएलआर) र नेपालको पासपोर्ट छ । उनी भाग्न पनि सक्छन् । उनलाई सामाजिक सञ्जालमार्फत पक्राउ पर्न सकिने खालको सन्देश आएको भन्ने बुझियो । यो 'वार्निङ' हुन सक्छ, 'थ्रेट' होइन होला । लामामाथि जुन अभियोग लगाइएको छ, त्यसलाई आधार मान्ने हो भने उनलाई धरौटीमा छाड्नु उपयुक्त हुँदैन । उनीमाथि सामाजिक अपहेलना र भौतिक आक्रमण हुन सक्छ ।

लामाका सोलिसिटर Ms R Barnes : लामाबाट पीडित भनिएकाहरूको बयान कसैले तयार पारेको ढाँचामा उनीहरूलाई सही गर्न भनिएको हो वा उनीहरूलाई पढाएर, सुनाएर र बुझाएर उनीहरूले सही गरेका हुन्, त्यसमा भर पर्छ । मुद्दाको पछिल्लो चरणमा मात्रै बेलायतको मेट्रोपोलिटन प्रहरी समावेश भएको छ । मुद्दामा नेपालको 'प्राइभेट पार्टी' (एड्भोकेसी फोरम नेपाल) संलग्न छ र उसले गरेको अनुसन्धानमा आधारित भनिएको छ । यसमा ध्यान पुऱ्याइनु पर्छ । कर्णेल लामालाई सन् २००७ देखि नै अज्ञात पक्षबाट उनलाई 'बेलायतमा तिमीविरुद्ध फौजदारी अभियोग लाग्न सक्छ' भन्ने इमेल पठाइएको थियो । यस्तो इमेलको फोटोकपी मसँग छ । पछिल्लो पटक अक्टुबर २०१३ मा पनि उनलाई यस्तै इमेल आएको थियो जसमा "Criminal Charges against you"-in UK लेखिएको छ ।

द्वन्द्वका बेला नेपालको आफ्नै आन्तरिक कानुन थियो । उनले त्यो पालना पनि गरेको हुन सक्छ । कर्णेल लामा यातना दिने काममा आफैं प्रत्यक्ष संलग्न थिए कि उनले तत्कालीन आतङ्कवादविरुद्धको कानुन अनुसार कसैलाई आदेश दिएका थिए ?

न्यायाधीश Mr Sweeney : नेपाल सरकारले यो मुद्दामा चासो देखाएको छ कि छैन ? लामाका परिवार र उनीहरूको स्थितिबारे सोलिसिटरलाई थाहा छ कि छैन ? कर्णेल लामाले नै यातना दिएका हुन् वा ब्यारेकको इन्चार्ज भएको नाताले सरकारको आतङ्कवादविरुद्धको कानुनअनुसार कसैलाई आदेश मात्र दिएका हुन् ? कर्णेल लामा भाग्न सक्ने अवस्था छ वा छैन ? लामाले सन् २००७ देखि २००९ को बीचमा युनिभर्सिटी अफ ससेक्सबाट मास्टर्स डिग्री लिएको भनिएको छ । उनको अङ्ग्रेजी भाषाको दखल कस्तो छ ?

... ...

६ सेप्टेम्बर २०१६ मा भएको अन्तिम सुनुवाइमा लामाका तर्फबाट Mr M Butt र Mr R Morris थिए । सरकारका तर्फबाट Mr Penny QC अनि पीडितका तर्फबाट Mr Lark र Ms Chena थिए भने न्यायाधीश Mr Sweeney नै ।

अदालतबाट हामीले प्राप्त गरेको अन्तिम सुनुवाइको १२ पृष्ठ लामो कागजातमा पीडित भनिएका राउत पक्षका वकिलबाट प्रस्तुत गरिएका कागजातमा केन्द्रित भएर केही कुराकानी भएको छ । मुद्दाका भित्री प्रक्रियाका बारेमा त्यस कागजातमा पनि केही पाउन सकिएन ।

पहिलो र दोस्रो सुनवाइका कागजातमा सोचेजस्तो उल्लेखनीय कुरा नभेटिएपछि लेखलाई दोस्रो तरिकाबाट अघि बढाउनुपर्ने अवस्था आयो । उतिखेर रिपोर्टिङ गर्न अदालत गएका पत्रकार, अनुवादक, बहस सुन्न जाने सर्वसाधारणको मद्दत लिनुपर्ने भयो । गएकामध्ये केहीले नाम उल्लेख गर्न रुचाएनन् । त्यस्तालाई विभिन्न कोड नाम दिइएको छ ।

आखिर के भएको थियो अदालतको बहस र फैसलामा ? के कारण कर्णेल लामाको मुद्दा फिर्ता लिने निर्णय भयो ? मुद्दालाई नजिक नियालेका तर नाम बताउन नचाहने 'पहिलो वाक्य' ले यसो भने :

१) पहिलो कुरा त, कर्णेल कुमार लामाको पक्राउले नेपालको द्वन्द्वकालीन घटना विश्वको कुनै पनि कुनामा बल्झिन सक्छ भन्ने देखायो । सङ्क्रमणकालीन न्याय टुङ्ग्याउन नसक्दा यसले अनेक समस्या पार्छ भन्ने सन्देश दियो ।

२) जनक राउतको मुद्दामा लामालाई नेपालमै नेपाली अदालतले दण्ड दिएको कुरालाई बेलायती अदालतले सकारात्मक रूपमा लियो । कुनै एउटा घटनामा कोही पहिले नै दण्डित भैसकेको अवस्थामा उसलाई फेरि त्यही घटनामा अर्को पटक दण्डित गर्न नहुने र यसबाट 'दोहोरो क्षति' हुने कुरा पनि अदालतमा बहसको क्रममा चलेको थियो ।

३) यो मुद्दामा प्रोफेसर म्यानफ्रेड नोवाकलाई विशेषज्ञका रूपमा प्रयोग गरिएको थियो । उनी सन् २००४ देखि सन् २०१० सम्म नेपालस्थित संयुक्त राष्ट्रसङ्घीय कार्यालयमार्फत Independent Expert and the Special Reppoteur on Torture का रूपमा कार्यरत थिए ।

४) करम हुसैनको मुद्दामा लामालाई अदालतले सफाइ दियो । जनकबहादुर राउतको मुद्दामा भने जुरी निर्णयमा पुग्न सकेन ।

५) सेनाको पिटाइबाट हुसैनको खुट्टाको गोलीगाँठो भाँच्चिएको भनिए पनि त्यति बेलाको एक्सरे रिपोर्टमा नदेखिएको ।

६) बेलायतमा यो मद्दालाई अति नै संवेदनशील तरिकाबाट प्रस्तुत गरिए पनि सो अनुरूपको प्रस्तुति नभएको ।

७) मानवअधिकार हनन र यातनासम्बन्धी मुद्दा भएको हुँदा सामाजिक अपहेलना र भौतिक आक्रमणको डर हुने हुँदा मुद्दा चलाउने पक्षका सोलिसिटरले नै बाहिर बस्दा लामालाई खतरा छ भनेको ।

८) कर्णेल कुमार लामाको विगतका चालचलनबारे अदालतले युनिभर्सिटी अफ ससेक्स र बेलायतस्थित नेपाली एम्बेसीमा पनि बुझेको थियो ।

९) कर्णेल लामाको आम्दानी कम भएको हुँदा बेलायत सरकारले नै गैरसरकारी संस्थामार्फत वकिल उपलब्ध गराएको थियो । यस बापत नेपाल सरकारले पछिल्लो समयमा मुद्दाको कुनै पनि खर्च व्यहोर्नु परेन । लामाको मुद्दा लडेबापत वकिलले अन्तिम दिन सोलिसिटर मिस्टर बटले यसो भनेका थिए : आजको दिनसहितको खर्च २ हजार ४ सय ६० पाउन्ड र ७० पेन्स भयो । सबै हिसाब म कसरी खर्च भयो भनेर बताउन सक्छु र बिल पनि दिन सक्छु ।

(नोट : यसले बेलायती अदालतको निष्पक्षता र पारदर्शिता जनाउँछ । सरकारी खर्चमा लामालाई कानुनी सहायता पुऱ्याउने सोलिसिटरले जवाफदेहिता र स्पष्टताका लागि न्यायाधीशसमक्ष खर्च विवरण पेस गरेका थिए । लामाको आम्दानी बेलायती नागरिकको तुलनामा कम भएकाले 'लिगल एड' मार्फत बेलायत सरकारले नै मुद्दा लड्नका लागि सोलिसिटर उपलब्ध गरायो । वार्षिक ३९ हजार पाउन्डभन्दा कम आम्दानी भएमा यस किसिमको मुद्दाको खर्चमा सरकारले नै सहयोग गर्छ । त्यसैले लामाले पनि मुद्दाको खर्च व्यहोर्नु परेन ।)

१०) मुद्दामा १२ जनाको जुरी थियो । जुरीका सदस्य कसैको पनि मुद्दासँग सरोकार थिएन । जुरी बन्नु बेलायती नागरिकको कर्तव्य हो । जुरी बन्नका लागि सरकारले सर्वसाधारणलाई चिठी पठाउने गर्छ । ज-जसलाई चिठी पठाइन्छ, तिनैमध्येबाट गोलाप्रथा गरेर जुरी सदस्य चयन गरिन्छ । म जुरीमा बस्दिनँ भन्न पाइँदैन । जुरीमा जुनसुकै

पेसाका व्यक्ति हुन सक्छन् । जुरीमा संलग्न भएबापत सदस्यले पैसा पाउँदैनन् । यो एक प्रकारको स्वयम्सेवी काम हो । कोही कामदार व्यक्ति जुरी छ भने त्यो दिन उसले काममा बिदा पाउँछ र काम दिने कम्पनीले उसलाई त्यो दिनको भुक्तानी दिन्छ ।

बेलायतमा मुद्दा Summary Trial, Either Way र Indictable Offence गरी तीन किसिमले वर्गीकृत गरिन्छ । Indictable Offence मा तीन वर्षभन्दा बढी जेल सजाय हुने गम्भीर प्रकृतिका मुद्दा राखिन्छ । कर्णेल लामाको मुद्दालाई पनि गम्भीर प्रकृतिको मुद्दाका रूपमा लिइएको थियो । जसमा Fact Finding र फैसलामा जुरी भूमिका हुन्छ । जुरीले दोषी ठहर गरेपछि मात्र आरोपितलाई कानुनअनुसार न्यायाधीशले कति सजाय हुने भनेर फैसला गर्छन् र पुनरावेदनको मौका हुन्छ । यस्ता मुद्दामा न्यायाधीशले रेफ्रीको भूमिकामा काम गर्छन् । यो मुद्दामा न्यायाधीशले फैसला नगरी जुरीले निर्णय (भर्डिक) मानेको हुँदा पुनरावेदनको मौका मिलेन । जुरीले लामालाई दोषी करार गर्न सकिएन भनेपछि मुद्दा टुङ्गियो ।

११) अभियोजन पक्षले लामालाई दोषी ठहऱ्याउन सक्ने पर्याप्त आधार नभएको भन्दै मुद्दा अघि नबढाउने निर्णय लिएपछि जस्टिस स्विनी नेतृत्वको इजलासले लामालाई निर्दोष साबित गर्दै मुद्दा टुङ्ग्याएको थियो ।

१२) बेलायत अदालतमा जनकबहादुर राउत र करम हुसैन पक्षका वकिलले अदालतमा बुझाइएका धेरै कागजपत्र र सबुत प्रमाण बेलायतबाटै तयार गरी इमेलमार्फत नेपाल पठाइएको र नेपालबाट तिनमा हस्ताक्षर गरी बेलायत पठाइएको कुरा कुमार लामा पक्षधरका वकिलले उठाए ।

बेलायतमा रहेकी एड्भोकेसी फोरमकी मन्दिरा शर्मा र अधिवक्ताद्वय कमल पाठक र ओमप्रकाश अर्यालबीच भएका इमेल पत्राचारलाई लिएर कुमार लामाका वकिलले आपत्ति जनाए ।

१३) क्राउन प्रोसिक्युसन सर्भिस (सीपीएस) र किङ्ग्स न्याप्लेले लामा पक्षलाई निःशुल्क कानुनी सहयोग पुऱ्याएका थिए ।

१४) कर्णेल लामा र मन्दिरा शर्मा दुवै युनिभर्सिटी अफ ससेक्सका विद्यार्थी हुन् ।

१५) एड्भोकेसी फोरम कर्णेल कुमार लामाको मुद्दामा उनलाई कसरी पक्राउ गर्न सकिएला भन्ने भूमिकामा लाग्यो । एक प्रकारले भन्दा लामा कहाँ जान्छन्, के गर्छन् भनेर उनीहरू जासुसीमा लागे । क्रिमिनल केस कस्तो हुनुपर्छ र कसरी दस्तावेजीकरण गर्नुपर्छ भनेर उनीहरूले मेसो पाएनन् ।

... ...

सन् २०१३ मा लामाविरुद्ध उजुरी परे पनि दक्ष अनुवादकका कारण मुद्दा पटकपटक स्थगित भयो । नेपालबाट आएका पत्रकार, साक्षी, पीडित र अन्यका लागि दक्ष अनुवादकको जरुरी परेको थियो । अन्ततः ६ सेप्टेम्बर २०१६ मा भएको अन्तिम फैसलामा कर्णेल कुमार लामाले अदालतबाट सफाइ पाए । यहाँसम्म आउँदा मुद्दामा नेपाल सरकारबाट भएको खर्च र फैसलाका बारेमा समाचार :

साढे तीन वर्ष लामो ट्रायलपछि लन्डनस्थित सेन्ट्रल क्रिमिनल कोर्टले कर्णेल लामाको फैसला सुनाउँदासम्म १० लाख पाउन्ड अर्थात् १४ करोड रुपियाँ खर्च भएको अनुमान गरिएको छ । करम हुसैनलाई यातना दिएको अभियोगमा दायर मुद्दाको हकमा कर्णेल लामालाई अदालतले पहिल्यै सफाइ दिएको थियो । जनकबहादुर राउतसँग सम्बन्धित अभियोगका बारेमा भने जुरी कुनै ठोस निर्णयमा पुग्न

सकेन । न्यायाधीश स्विनीको इजलासमा राउतलाई यातना दिएको भन्ने अभियोगमा पनि लामालाई दोषी ठहर गर्न पर्याप्त आधार नदेखिएकाले उनीविरुद्धको मुद्दा अगाडि नबढाउने र मुद्दा फिर्ता लिने निर्णय गरिएको छ ।

... ...

कर्णेल कुमार लामाको मुद्दामा जेजति मानिस संलग्न थिए, तीसँग यही विषयमा रहेर गरिएको कुराकानीबाट पनि मुद्दा र यसभित्रका धेरै कुरा थाहा पाउन सकिन्छ ।

करम हुसैन : हाल मेरो घर कपिलवस्तुको शिवराज नगरपालिका वडा नं ४ मा पर्छ । २०२२ सालमा जन्मेको हुँ । अहिले म नेपाल कम्युनिस्ट पार्टीको जिल्ला कमिटी सचिवालय सदस्य छु ।

द्वन्द्वकालमा कपिलवस्तुको महुवाबाट मलाई २०६२ साल वैशाख १ गते (१४ अप्रिल २००५) छोपिएको थियो । सशस्त्र प्रहरी इन्सपेक्टर हेमकुमार जीसीले समातेर गोरुसिङ्गेस्थित आर्मी ब्यारेकमा बुझायो । त्यसको नाम शिवदल गण हो । गणका प्रमुख कर्णेल कुमार लामा थिए ।

आर्मीले बयान गराउँदा आँखामा पट्टी बाँधेर पैतालामा पिट्यो । हात पछाडि लगेर बाँधिएको थियो । यस्तो छ महिनासम्म भयो । दुनियाँभरको कुरा सोध्यो, जुन कुरा मलाई थाहा थिएन । ब्यारेकभित्र रहेको सालको बुटामुनि त्रिपाल थियो र त्यसभित्र मलाई राखिएको थियो । चुरोटले हात पोल्ने, कीलाले घोच्ने के-के गरे, के-के ? मानवताको व्यवहार गरेनन् ।

ब्यारेकबाट छुटेपछि गोरखपुर गएर प्राइभेट डाक्टरकहाँ उपचार गराएँ । तौलिहवाको जिल्ला अस्पतालमा पनि उपचार गराएँ । अहिले डाक्टरको नाम भुलें । धेरै ठाउँमा औषधोपचार भयो । मेरो दाहिने गोलीगाँठो फुटेको (चर्किएको ?) थियो, जुन अझै ठीक भएको छैन । यातनाकै क्रममा त्यसो भएको हो ।

बेलायती अदालतमा बयान दिन जानुअघि मलाई थाइल्यान्ड लगिएको थियो । तेस्रो देशमा पीडितहरूको बयान लिएपछि मात्र बेलायत बोलाइएको थियो । थाइल्यान्डमा म १२ दिनजति बसेँ र त्यहाँका हुन् कि बेलायतका पुलिसहरूले नै मेरो खुट्टाको एक्सरे गरे ।

बेलायतको अदालतमा गएर बयान दिइयो । आफ्ना कुरा राखियो । कर्णेल कुमार लामाको पक्षमा नेपाल सरकार नै लाग्यो । हाम्रो मुद्दा कमजोर बनाइदियो । बेलायतको महँगो र ठूलो वकिल लगायो । अदालतले कुरा त्यत्तिकै टुङ्ग्याइदियो, क्लियर भएन ।

• *अदालतमा बयान दिंदा तपाईंले गोरखपुरमा उपचार गरेको डाक्टरको नाम भन्न किन नसक्नुभएको ?*

– उनीहरू इङ्लिसमा सोध्ने, के-के सोध्ने, सोध्ने । धेरै कुरा सोध्ने । अनुवादकले हामीलाई नेपालीमा उल्था गरेर सोध्ने । हिजो (द्वन्द्वकाल) को सबै कुरा आज आएर सम्झन त सकिँदैन नि ।

मलाई गोरुसिङे ब्यारेकमा एम्नेस्टीसँग आबद्ध विदेशी भेट्न आउँदा मानवअधिकारवादी ओमप्रकाश अर्याल (अधिवक्ता समेत) पनि हुनुहुन्थ्यो । उहाँहरू आउँदा एकछिनका लागि मेरो आँखाको पट्टी खोलियो र पछाडि लगेर बाँधिएको हात पनि खोलियो । गएपछि फेरि पट्टी बाँध्ने काम भयो ।

हाल म खेतीपाती गरेर बसेको छु । यो मुद्दामा केही क्षतिपूर्ति पाएको छैन । बरु माओवादी प्रतिकार समिति भन्ने थियो द्वन्द्वको बेला कपिलवस्तु जिल्लामा । त्यसमा मोहिद खाँ, वीरेन्द्र मिश्रहरू थिए । प्रतिकार समितिले मेरो घर जलाइदियो । त्यसबापत ३७ हजार हो कि कति, क्षतिपूर्ति पाएँ । (५ जुन २०२० मा गरिएको टेलिफोन कुराकानी) ।

विद्वान् (कोड नाम) : एड्भोकेसी फोरम नेपालमा दस्तावेजीकरण एन्ड एकाउन्टिबिलिटी डिपार्टमेन्ट भन्ने शाखा थियो, जसले द्वन्द्वमा भएका घटनाको अभिलेखीकरण गर्ने, प्रकाशित गर्ने र तिनलाई राष्ट्रिय

र अन्तर्राष्ट्रिय क्षेत्रमा कहाँ लैजान मिल्छ, लैजाने काम गर्थ्यो । नेपालको अदालतमा लान मिल्छ कि संयुक्त राष्ट्रसङ्घमा लान मिल्छ कि भनेर छलफल हुन्थ्यो ।

कर्णेल कुमार लामाको जस्तै अरु मुद्दा पनि युनिभर्सल जुरिसडिक्सनमा जान सकिन्छ कि भनेर तयारी गर्थ्यो । मन्दिराजी हेड अफ द अर्गनाइजेसन हुनुहुन्थो र अलिक विज्ञ भएकाले यसरी गर्नुस्, उसरी गर्नुस्, भन्नुहुन्थ्यो । कुमारजीको मुद्दामा विदेशी इन्टर्नहरूले पनि काम गरे । यूकेको ल फर्मसँग मिलेर काम पनि गरियो ।

कुमार लामाको मुद्दा सन् २००५ देखिकै हो । उतिबेलै एड्भोकेसी फोरमले नै जनकबहादुर राउतको मुद्दा कपिलवस्तु जिल्ला अदालतमा लग्यो । अदालतले राउतमाथि यातना भएकै हो, कुमार लामाले यातना दिएकै हुन् भनेर राउतलाई ७५ हजार क्षतिपूर्ति दिने फैसला गर्‍यो । त्यतिबेला (अहिले पनि) कारबाही गर्ने कानुन छैन । त्यसैले सेनालाई विभागीय कारबाही गर्न आदेश दियो । आर्मीले आदेश कार्यान्वयन गर्‍यो, गरेन ? थाहा भएन । राउतले अहिलेसम्म ७५ हजार पाएका छैनन् ।

राष्ट्रिय स्तरमा काम गर्दा प्रहरीले काम गर्न खोज्ने तर आफूसँग सम्बन्धित मुद्दामा आर्मीले रेस्पन्स नै नगर्ने र आर्मीलाई पत्राउ गर्नै नसक्ने स्थिति थियो । यस्तो कुराले गर्दा नेपालमा न्याय पाउने अवस्था देखिएन, त्यसैले केही केस हामीले सुरुमा संयुक्त राष्ट्रसङ्घमा लिएर गयौँ । संयुक्त राष्ट्रसङ्घ अन्तर्गत आईसीसीपीआर (The International Covenant on Civil and Political Rights) भन्ने संस्था छ, त्यसको अप्सनल प्रोटोकल नेपालले पनि अनुमोदन गरेको छ ।

स्विटजरल्यान्डको जेनेभामा रहेको आईसीसीपीआरलाई राष्ट्रसङ्घको मानवअधिकार समितिले हेर्छ । नेपालमा न्याय नपाइने अवस्थामा भएमा त्यहाँ जान पाइने व्यवस्था रहेछ । हामीले त्यहाँ लगेका केसमा आईसीसीपीआरले राम्रो निर्णय गर्‍यो । त्यहाँ फैसला

हुँदैन तर निर्णय हुन्छ । पीडितको अधिकार हनन भएको ठहर भयो र नेपाल सरकारलाई त्यो केसको अनुसन्धान गरेर तत्काल दोषीलाई कारबाही गर्नुपर्ने र पीडितलाई क्षतिपूर्ति अथवा परिपूरण दिनुपर्ने निर्णय गऱ्यो ।

राष्ट्रसङ्घमा यातनासम्बन्धी र मानवअधिकारसम्बन्धी छुट्टाछुट्टै समिति हुन्छ । पीडितले आफ्नो देशमा भएका संयन्त्रहरू प्रहरी, अदालत, अर्धन्यायिक निकाय (जस्तो : मानवअधिकार आयोग) मा न्याय नपाएको अवस्था भयो भने उसले आफ्नो देशभन्दा बाहिर न्याय माग्न सक्छ । यस्तो एउटा संयन्त्र राष्ट्रसङ्घको मानवअधिकार समिति हो । तर, त्यसमा यत्तिकै जान पाइन्न । यसमा जानका लागि आईसीसीपीआरसम्बन्धी दस्वावेज र यसको ऐच्छिक आलेखमा हस्ताक्षर गरेको हुनुपर्छ । नेपालले यसमा हस्ताक्षर गरेको छ । यही कारण हामीले नेपालमा केसहरू त्यहाँ लान सक्यौँ । यसमा हाम्रो पक्षमा निर्णय भयो ।

संयुक्त राष्ट्रसङ्घसँग आफ्नो प्रहरी छैन । यसले निर्णय गर्ने हो तर निर्णयको कार्यान्वयन गर्ने नेपाल सरकारले हो । नेपाल सरकार संयुक्त राष्ट्रसङ्घको पक्ष हो । नेपाल सरकारले राष्ट्रसङ्घको सदस्य हुने बेलामै यसका निर्णयलाई पालना गर्छु भनेको छ । तर, समस्या कहाँनेर आयो भने उनीहरूले निर्णय गरे तर नेपाल सरकारले कार्यान्वयन गरेन । यस्ता थुप्रै केस छन् । त्यहाँ लगिएका १०/१२ केसमा काम भएको थियो र निर्णय पनि भएको थियो ।

सुरुको केस बाग्लुङको सूर्य शर्माको थियो, जुन बेपत्तासम्बन्धी थियो । बाँके जिल्लाका युवराज गिरीको यातनासम्बन्धी केस पनि थियो । यो केस बाँकेको राँझा ब्यारेकको थियो । उतिबेला त्यसको प्रमुख रुक्माङ्गत कटवाल हुनुहुन्थ्यो । हामीले उहाँकै नामै लिएर केस हालेका थियौँ । त्यो पनि पीडितकै पक्षमा भयो । अर्को केस छाउनी ब्यारेकमा भएको मुकुन्द सेढाईंको थियो ।

पहिले त हामीले राष्ट्रिय स्तरमै कोसिस गर्‍यौं । पीडितले न्याय पाएनन् । हामीले गर्न सक्ने संयुक्त राष्ट्रसङ्घ थियो र त्यसको मानवअधिकार समिति थियो । अथवा स्पेसल र्‍यापोर्टरहरू पनि हुन्थे । त्यो संयन्त्र पनि प्रयोग गर्‍यौं ।

पीडितले न्याय पाउन सकेनन् । देशमा दण्डहीनता बढ्दै गयो । यस्तोमा अरु के उपाय हुन सक्छ भन्ने छलफल हुँदा युनिर्भसल जुरिसडिक्सन छ भन्ने कुरा आयो । यसमा एउटा देशमा दोषी देखिएका व्यक्तिलाई अर्को देशमा कारबाही गर्न सकिन्छ । यही कानुन र प्रक्रियाअन्तर्गत कुमार लामा पक्राउ परेका हुन् । हामीले उनलाई पक्राउ गर्ने विकल्प खोजिरहेका थियौं । यसका लागि हामीले सन् २००८ को जुलाईदेखि नै यसमा काम गर्न थालेका थियौं ।

कुमार लामा अन्तर्राष्ट्रिय सम्बन्ध विषयमा एमएम गर्न यूके गएका रहेछन् । यो पनि २००८ तिरकै कुरा हो । त्यो सूचना हामीलाई प्राप्त भयो, आर्मीबाटै । हामीले पीडितका तर्फबाट उनको विभागीय कारबाही के भैरहेको छ भनेर सोधेका थियौं । आर्मीले कुनै डकुमेन्टमार्फत उनी बेलायतको कुनै युनिभर्सिटीमा छात्रवृत्तिअन्तर्गत पढ्न गएको, हाललाई कारबाही कार्यान्वयन नगरिएको तर गरिने वा यस्तै आशयको उत्तर दिएको थियो । आर्मीले यो सूचना 'इनोसेन्टली' दिएको हो ।

यो मुद्दा बाहिर लैजाने भनेर मन्दिराजी, जनकजी र मलाई थाहा थियो । सुरुमा यसलाई संयुक्त राष्ट्रसङ्घमा लैजाने कि युनिभर्सल जुरिसडिक्सन ट्राई गर्ने भन्ने थियो । जनकजीलाई सोधियो । उहाँ त्यतिबेला इन्डियामा हुनुहुन्थ्यो । संयुक्त राष्ट्रसङ्घमा लगियो भने सबै कुरा उनीहरूले निर्णय गर्छन् । उनीहरूले दिएको निर्देशनअनुसार निर्णय कार्यान्वयन गर्ने नेपाल सरकार हो । युनिभर्सल जुरिसडिक्सनमा गइयो भने पीडक जुन देशमा समातिन्छ, त्यही त्यसको कानुनअनुसार कारबाही गर्छ भन्दा जनकजीले युनिभर्सलमा जाऊँ भन्नुभयो । राष्ट्रसङ्घ गएका केसहरूमा पनि सरकारले केही गरेको थिएन ।

हामीले यो कुरा गोप्य राख्यौं । किनभने लामा पढेर फर्केपछि पक्राउ गर्ने कुरै हुँदैनथ्यो । हामीले धेरै पीडितहरूलाई भेट्यौं । जनकजी जस्तै अरु पनि मान्छे भेट्यौं, जो लामाबाट पीडित भएका थिए । साक्षी, पत्रकार र फोटोग्राफर पनि भेट्यौं । केही डाक्टर र आर्मीबाट रिटायर्ड मान्छेलाई पनि भेट्यौं । झन्डै एक वर्ष लगाएर हामीले लामाको केसको अनुसन्धान गर्‍यौं ।

हामीले यो मुद्दा बेलायत लग्यौं । हिकम्यान एन्ड रोज भन्ने ल फर्मले हामीलाई सहयोग गर्‍यो । केस त लग्यौं तर बेलायत सरकारले हामीसँग पीडित, वकिल, डाक्टर, साक्षीलाई सुरक्षा प्रत्याभूति हुन सक्छ कि सक्दैन भन्ने कुरा उठायो ।

हामीले सुरक्षासम्बन्धी स्वतन्त्र रूपमा एसेसमेन्ट गर्न पिस ब्रिगेड इन्टरनेसनल नामको अन्तर्राष्ट्रिय संस्थालाई लगायौं । यो संस्थाको रिपोर्टका आधारमा बेलायतले हामीसँग क्षमता भएको भन्ठान्यो । त्यसपछि मात्रै हाम्रो केस बेलायतमा लिइयो ।

त्यतिबेला ढिला भइसकेको रहेछ किनभने लामाले पढाइ सकिसकेको अवस्था रहेछ । हामीले गरेको कोसिस त्यतिबेला काम लागेन । हामीले काम गर्दै र केस अपडेट गर्दै गरेका थियौं । लामा यूएन मिसन सुडानमा फोर्स कमान्डरका रूपमा गए ।

बेलायत प्रहरीले अनुसन्धान गरिहेको थियो । उनी परिवारलाई भेट्न जाँदा बेलायतमा समातिए । हामीले अत्यन्त गोपनीयताका साथ काम गरेका थियौं । मेट्रोपोलिटन प्रहरीको स्पेसल टेरोरिजम युनिटले अन्तर्राष्ट्रिय आतङ्कवादसम्बन्धी मुद्दा हेर्थ्यो । यूके पुलिसले नेपाल आएर अनुसन्धान गर्न चाहेको थियो । तर, नेपाल सरकारले अनुमति नै दिएन ।

बेलायती अनुसन्धानकर्ताले पीडित, साक्षी र प्रत्यक्षदर्शीलाई त भेट्नु पर्‍यो । त्यसैले विभिन्न देशमा पीडितलाई बोलाएर भेट्यो । बेलायतमा पनि साक्षीलाई पटकपटक बोलायो । प्रहरीले हरेक घटनालाई

विस्तारमा लियो । थप मान्छेसँग बुझे । यो सरकारको मुद्दा भयो । यूकेको पुलिस र सरकारी वकिल यातनापीडित जनक राउतको पक्षमा पुलिस लडे । केस जब प्रहरीको हातमा पर्‍यो, हाम्रो भूमिका सकियो । उनीहरू आफूलाई जति प्रमाण चाहिन्छ, त्यो जुटाउन लागे ।

दोभासे कम भएर नै मुद्दा पटकपटक रोकियो । २०१६ मा बल्ल पत्रकार, डाक्टर, प्रत्यक्षदर्शीलाई बोलायो । यो सन् २००५ को केस थियो । २०१६ मा आउँदा ११ वर्षपछि यसको भेरिफाई भयो । यूकेको कोर्टमा आएर बोल्दा पीडित र साक्षीहरू अवश्य पनि नर्भस भए ।

कुमार लामा पछाडि बसिरहेका थिए कोर्टमा । अदालतको भौतिक सेटिङ नेपालको जस्तै थियो । त्यहाँ पत्रकार, वकिल, कुमार लामाका मान्छे, यूके पुलिसका मान्छे, हाम्रा मान्छे सबै थिए । पीडितहरूलाई पिटेको उनीहरूलाई झलझली याद छ । बोल्ने क्रममा पीडत नर्भस भए । साक्षीलाई पनि के लाग्यो भने यो मान्छे (कुमार लामा) छुटिहाल्यो भने हाम्रो पनि त्यही हालत हुन सक्छ भन्ने एक किसिमको डर-त्रास भयो । त्यसले गर्दा केही शब्दमा तल-माथि पर्न गयो ।

नेपालीमा भनेका कतिपय कुरा इङ्लिसमा ट्रान्सलेसन हुँदैन । कतिपय अवस्थामा भाव आउँदैन, बिग्रन सक्छ । एक महिनाजति पीडित र साक्षीसँग बयान लिने काम भयो ।

उताको वकिलले चिलीको तानाशाह अगोस्तो पिनोसेको मुद्दा लडेका थिए । संसारको सबैभन्दा महँगा र नामी वकिल । कुमार लामा पक्राउ पर्ने बेलामा बाबुराम भट्टराईको सरकार थियो । सायद वकिललाई दुई करोड रुपियाँ दियो । पछि खिलराज रेग्मी नेतृत्वको सरकारले वकिललाई पैसा नदिने निर्णय गर्‍यो । तैपनि वकिलले निःशुल्क लडिदिए । उनी सानातिना शब्दहरूलाई पनि मसिनेरी केलाउँथे ।

वकिलहरूको बहस हुँदै गयो । सरकारी वकिलले जनकबहादुर राउतको पक्षमा बहस गरे । अन्तिममा जनक राउतजीको केसमा यातना भएको हो तर यातना दिने व्यक्ति कुमार लामा नै हुन् वा

होइनन् भन्ने कुरामा चाहिँ शंशय भयो भन्ने कुरा आयो । शंशय हुनु स्वाभाविकै हो किनभने आँखामा पट्टी लगाएर यातना दिइएको थियो । त्यहाँ न्यायाधीशले भन्दा पनि जुरीले डिसाइड गर्छन् । जुरीहरूको मत बाझियो । त्यहाँ सर्वसाधारणबाट जुरी छानिन्छन् ।

अन्तर्राष्ट्रिय फौजदारी कानुनको सिद्धान्त के छ भने शङ्काको भरमा कसैलाई पनि कारबाही गर्नहुन्न । त्यसरी कसैलाई कारबाही गरियो र कोही निर्दोष पर्‍यो भने त उसको जिन्दगी गयो । त्यो भएर अलिअलि शङ्का भयो भने त्यसको सुविधा वा फाइदा अभियुक्तले पाउँछ । शङ्का भएमा छुट दिने भन्ने कुरा फौजदारी अदालतको अन्तर्राष्ट्रिय सिद्धान्त हो ।

अर्को कुरा, ११ वर्षपछि पीडित र साक्षीलाई अदालतमा बोलाइयो । कतिपयले त्यतिबेलाको कुरा जस्तो थियो, त्यस्तै भन्न सकेनन् भन्ने हाम्रो बुझाइ रह्यो । अदालतको भौतिक सेटिङ, अदालती भाषा, नयाँ वातावरणमा गएर बोल्न चाहेको कुरा पनि बोल्न सकेनन् कि भन्ने हो ।

त्यहाँ जनक राउतजी पटकपटक रोए रे । उनलाई यतिसम्म प्रश्न गरियो कि विभिन्न तरिकाले यो होइन भन्ने कुरा प्रमाणित गर्न खोजे रे उताका वकिलहरूले । शब्दको भावमा फरकपन आएको हो कि भन्ने हाम्रो अनुमान छ । सुरुमा त यो केसको फेरि सुनुवाइ गर्ने भनेको थियो । पछि मुद्दा नचलाउने निर्णय गर्‍यो । हार पनि भएन, जीत पनि भएन ।

हामीले खासमा जनक राउतको मुद्दा लगेका थियौँ । प्रहरीले अरु साक्षी र पीडितहरूको बयान लिँदै जाँदा करम हुसैनको केस पनि लियो । यातनामा यी दुईलाई मुख्य पीडित बनाइयो । करम हुसैनको केसमा कर्णेल लामालाई सफाइ नै दिएको हो । निर्दोष भनेर साबित गर्‍यो । जनक राउतको केसमा अन्तिममा मुद्दा फिर्ता लिइयो ।

बेलायती अदालतलाई अनुसन्धान प्रक्रियाका सबै कुरा एकदमै डिटेलमा चाहिंदो रहेछ । यस्तो कुरा नेपालमा चाहिंदैनथ्यो । जस्तो :

एड्भोकेसी फोरमका वकिल पीडितलाई भेट्न जाँदा त्यतिबेला कसरी गए, कुन अवस्थामा गए, कसलाई भेटे, कसरी अन्तर्वार्ता लिए भन्ने कुरा ।

जनक राउतजीले कुमार लामाले मलाई यातना दिए भने । हामीले त्यही अनुसार अभिलेखीकरण गऱ्यौँ । जस्तो : मैले कुमार लामा नै हो भनेर कसरी थाहा पाउनुभयो भनेर सोध्नुपर्ने रहेछ । अभिलेखीकरणमा यस्ता त्रुटि हुन गए ।

बेलायती ल फर्म, मन्दिराजी र विदुषी (एक महिलाको कोड नाम) ले हामीलाई दस्तावेजीकरणमा सहयोग गरेका हुन् । डकुमेन्टमा छुटेका कुरालाई पूर्ण गर्न बेलायतबाट हामी नेपालमा भएकालाई निर्देशन गरे । हामीबीच इमेल सञ्चार हुन्थ्यो । पछि ती इमेलहरू पुलिसले माग्यो, अदालतले माग्यो । हामीले इमेलहरू बुझाइदिएका हौँ । विपक्षीहरूले पनि बेलायतबाट नेपालमा कागजपत्र तयार पार्न निर्देशन दिए होलान् ।

हामीले खेस्रा गरेको कागजधरी उनीहरूलाई दिएका छौँ । जेजति कागजात भेटिए, ती सबै दियौँ । यूकेको सिस्टममा रफ गरेको कागज पनि प्रमाणका रूपमा प्रयोग हुँदो रहेछ । जे कुरा नोट गरिन्छ, त्यो पनि चाहिने । जस्तो मस्यौदा पनि माग्ने । हामीलाई यस्ता कुरा थाहा थिएन । हामीलाई इमेल ह्याक गरेको शङ्का छ । ह्याक गरिएका त्यस्ता इमेल र कतिपय अन्य कागजात नेपाली सेनाको हातमा पुगेको छ । जस्तो : पीडितका खर्च ।

नेपालमा पीडितलाई बेलायत लैजानका लागि पासपोर्ट बनाउँदा जे जति खर्च भयो, जुन होटेलमा उनीहरू बसे, जे खानेकुरा खाए, जुन रुम नम्बरमा बसे, जुन बिल नम्बर थियो, त्यो सबै सेनाको हातमा पुगेको रहेछ । हामी नेपालमा पीडितका लागि खर्च भएका बिलहरू तयार पारेर यूके पुलिसलाई पठाइदिन्थ्यौँ । किनभने उनीहरूको खर्च बेलायती पुलिसले व्यहोरेका थिए । यूके प्रहरीले नेपाली सेनालाई त्यो खर्चको विवरण दिने कुरा भएन । त्यसैले इमेल ह्याक गरेको भन्ने विश्वस्त आधार भयो ।

पीडित बसे जुन होटलमा, त्यहीँ गएछ प्रहरी । होटलले हामीलाई जुन बिल दिएको थियो, त्यसैको हुबहु नक्कल देखाएर के-के खाएका थिए, को-को बसेका थिए भनेर सोधपुछ गरेको रहेछ ।

मैना सुनारको केस, अझ सन् २००९ को 'वेटिङ फर जस्टिस' भन्ने रिपोर्ट प्रकाशित भएपछि नै एड्भोकेसी फोरम नेपाललाई धम्की आउन थालेको हो । सेनाका अधिकारी कस्तो खाले धम्की दिन्थे भने हामीले द्वन्द्वको अवस्थामा सरकारको आदेश कर्तव्यपालनको सिलसिलामा त्यस्ता प्रकृतिका घटना हुन गएका हुन् । यसलाई उठाएर काम छैन । देशमै बन्ने सङ्क्रमणकालीन न्यायसम्बन्धी कुनै संयन्त्रले सम्बोधन गर्छ, त्यसैले यस्ता कुराहरू नउठाइदिनुस् । तपाईंहरूले यो कुरा उठाइरहनुभयो भने हामीले बर्दी खोलेर बन्दुकसहित विद्रोह गर्नुपर्ने अवस्था आउन सक्छ । त्यतिबेला हामी सबैलाई जोखिम हुन्छ ।

यो केसमा मुछिएका एक डाक्टर भिसा भैसकेपछि पनि बेलायत आएनन् । प्रत्यक्ष वा परोक्ष दुवै तरिकाले साक्षीमाथि 'केही भएको' हुन सक्छ ।

जनकबहादुर राउत : म सहायक कविराज हुँ, आयुर्वेदिक वैद्य । रौतहटको शिवराज नगरपालिका वडा नं १, शिवपुर गाउँमा बस्छु । पोखरामा वैद्य विषय पढेको हुँ । २०६२ वैशाख २ मा मलाई पक्राउ गरियो । दुई दिन कपिलवस्तुको चन्द्रौटास्थित सशस्त्र प्रहरी गणमा राखियो । त्यसपछि कपिलवस्तुकै गोरुसिङेमा रहेको आर्मी ब्यारेक पठाइयो ।

वैशाख १८ सम्म मलाई ब्यारेकमै राखियो । घर नजिकैबाट पक्राउ परेपछि बुबा म बसेको ठाउँ पत्ता लगाउँदै आर्मी ब्यारेकमा खोज्न जानुभएको थियो । बुबा आउँदा पनि आँखाको पट्टी खोलेनन् । तेरो छोरो त्यही हो, कुर्सीमा राम्रोसँग बसेको छ, खान-लाउन केही दुःख छैन भनेर नाटक गरिदिए । मैले बुबाले जनक भनेको सुनेँ । अरु

केही कुरा भएन । मेरो खुट्टा सुन्निएर हात्तीको जस्तो भएको थियो । हिंड्न सक्दैनथे । कुइनाले घस्रेर हिंड्थें ।

शिवपुर इलाका वरिपरिका गाउँमा माओवादी कार्यकर्ता छ्यापछ्याप्ती भइसकेका थिए । दक्षिणी इलाकाका मानिसले पहाड (प्युठान) बाट झरेको हुनाले हामीलाई माओवादी हुन् भन्ने सोचे । हाम्रो गाउँमा पनि धेरै रोल्पाली बसाइँ आएका थिए । उनीहरूको घरमा माओवादी आउजाउ गर्दा रहेछन् । त्यसले गर्दा शङ्काको दायरा फराकिलो हुँदै गयो ।

सेनाको पक्राउ पुर्जीमा ममाथि माओवादीको एरिया कमान्डर र माओवादीको उपचार गरेको आरोप छ । म कुनै राजनीतिक पार्टीको साधारण सदस्य थिइनँ । कपिलवस्तुको चन्द्रौटामा कुमुदिनी हेल्थ केयर सेन्टर खोलेको थिएँ । म त्यहाँ बिरामी हेर्थें । क्लिनिकमा जनरल हेल्थ र डेन्टल दुवैको काम हुन्थ्यो ।

मेरो केसको दस्तावेजीकरण एड्भोकेसी फोरमका वकिलहरूले नेपालमै गरेका हुन् । त्यही अनुसार नेपालको अदालतमा गयौं तर मेरो चित्त बुझेन ।

कपिलवस्तु जिल्ला अदालतका न्यायाधीश शेखर पौडेलको इजलासले २०६४ मङ्सिर १४ मा मलाई ७५ हजार रुपियाँ क्षतिपूर्ति दिने र कर्णेल कुमार लामालाई विभागीय कारबाही गर्ने भन्ने फैसला गऱ्यो । क्षतिपूर्ति नेपाल सरकारले दिने फैसलामा उल्लेख छ ।

फैसला अघि हरेक २०/२५ दिनको फरकमा तारेख लिन जान्थें । कुमार लामा भने अदालतमा कहिल्यै आएनन् । कहिले बाग्लुङ, कहिले बझाङमा छु भनेर अदालतमा पत्र पठाउँथे । क्षतिपूर्ति लिन जिल्ला प्रशासन कार्यालय जानु पर्दो रहेछ । म त्यो लिन गइनँ । मैले मुद्दा हाल्नुको उद्देश्य दुई-तीनवटा थिए । यातना क-कसले दिएका हुन् ? म ती सबै थाहा पाउन चाहन्थें । जसले पीडा दिए, ती सबैलाई हदैसम्मको कारबाही होस् अनि शारीरिक र मानसिक जति पीडा भयो,

त्यो अनुसारको क्षतिपूर्ति पाऊँ भन्ने थियो । त्यस्तो केही पनि भएन । कुमार लामाले फैसला उपर पुनरावेदन पनि गरेनन् ।

अदालतले विभागीय कारबाही गर्नू मात्र भन्यो । त्यस्तो कारबाहीले पीडितको चित्त बुझ्दो रहेनछ । कुमार लामाको एक महिना पहिले बढुवा हुने रहेछ भने १५ दिनपछि बढुवा हुने कारबाहीले के अर्थ राख्छ र ? अदालती फैसलाबाट चित्त नबुझेपछि अन्तर्राष्ट्रिय रूपमा जाने भन्ने भयो, एड्भोकेसीसँगको छलफलमा ।

बेलालती प्रहरीले नेपाल आएर अनुसन्धान गर्न नेपाल सरकारलाई पटकपटक पत्र लेख्यो । तर, यहाँ आउने अनुमति नदिएपछि बैङ्कक जानुपर्ने बाध्यता भयो । बेलायती प्रहरीले मेरो बयान त्यहीं लियो । मेरा वकिलहरूले कागजपत्र मिलाउने काम पनि त्यहीं गरे ।

गिरफ्तारी कसरी भयो, कसले देख्यो, कति जना आएका थिए, कसको नेतृत्वमा आएका थिए भन्नेदेखि लिएर कसरी ब्यारेकसम्म पुऱ्याए, कस्ता हुलियाका मान्छे थिए भन्ने कुराको डे टू डे, एक-एक घन्टाको दस्तावेजीकरण थाइल्यान्डमा गरियो । यसमा व्यवस्थापनको भूमिका एड्भोकेसी फोरमको र अरु दस्तावेजीकरण बेलायतको लन्डन मेट्रोपोलिटन प्रहरीले गरेको हो । सिङ्गापुरमा पनि यस्तो दस्तावेजीकरण गरिएको थियो । दस्तावेजीकरण गर्न जुन देशको सरकार हो, त्यसले अनुमति दिनु पर्दो रहेछ । सिङ्गापुर, थाइल्यान्डलगायतका देशमा बेलायत सरकारले निवेदन दिएको थियो दस्तावेजीकरणका लागि । जुन देशले चाँडो रेस्पोन्स गऱ्यो, त्यही देशमा दस्तावेजीकरणको काम भयो । यस्तो कामका लागि गोप्यता, बस्न सहज, मानवअधिकार, सुरक्षा सबै कुरा हेरिंदो रहेछ ।

बेलायत गएपछि पनि एक-दुई पटक फेरि दस्तावेजीकरणको काम भयो । सबै कुरा सकिएपछि सेन्ट्रल क्रिमिनल कोर्टमा पाँच हो कि नौ दिन बयान दिए, दिन चाहिं बिर्सिएँ । अदालतमा पब्लिक बसेर सुन्ने ठाउँ हुँदो रहेछ, मिडिया, न्याय क्षेत्रका एक्पर्ट हुँदा रहेछन् ।

इजलासमा बाहिरका मान्छे कोही पनि जान मिल्दैनथ्यो । दुवै पक्षका मान्छे, वकिल, अदालतका स्टाफ, जुरी र जज मात्र हुन्थ्यौं । दस्तावेजीकरणका आधारमा विपक्षी वकिलहरूले प्रश्न सोध्ने काम गर्थे । उनीहरूले तिमीले यस्तो भनेका थियौ, यो कसरी भयो, त्यो कसरी भयो भनेर प्रश्न सोध्दा रहेछन् । जसरी हुन्छ, मेन्टल्ली ह्यान्यास गर्ने तरिकाले प्रिपेयर गरेर आउँथे । हरेक प्रश्नलाई बङ्ग्याएर, हतोत्साही हुने गराएर, मलाई र जुरी दुवैलाई कन्फ्युजन गराउने तरिकाले उनीहरू प्रश्न सोध्थे । मैले जे भएको थियो? त्यही कुरालाई प्रस्तुत गर्ने प्रयास गरें । उनीहरूले मलाई भुलाउने, लर्बराउने र बोलेको कुरामा कन्फ्युजन गराउने हिसाबले प्रश्न प्रहार गर्थे ।

बेलायतको कानुनअनुसार न्यायाधीश एक-दुई जना हुंदा रहेछन्, बाँकी जुरी । जुरी भनेका सर्वसाधारण हुन् । जुरी बस्न मानिसहरूले निवेदन दिंदा रहेछन र छानिएपछि जुरी बस्दा रहेछन् । जुरी बस ड्राइभर, शिक्षक, डाक्टर, किसान, रेस्टुराँ मालिक वा भनौं सर्वसाधारणबाट छानिने रहेछन् ।

न्यायाधीश भनेको मान्छे नै हो । ऊ पनि प्रभावित हुन सक्छ भन्ने सिद्धान्तबाट यो पद्धति लागू गरेका रहेछन् । कसैले अन्याय पर्‍यो भनेपछि जुरीले सबैको कुरा सुन्ने र त्यो निष्पक्ष होस भनेर त्यसो गरिएको रहेछ । बेलायतमा बस्ने अधिकार पाएका नागरिकहरू जो कोही पनि जुरी हुन सक्छन् । मेरो केसमा १२ जना जुरी थिए ।

मैले नेपालको अदालत र अदालती संस्कृति देखेको थिएँ । तर, त्यहाँ जाँदा फरक पाएँ । खैरो खैरो कपाल लगाएका, ड्रेस पनि फरक नै देखिने । कताकता डर लागेजस्तो पनि हुने । के हो, के हो जस्तो हुँदो रहेछ ।

सुनुवाइ सुनेपछि सबै जुरीको मत मिल्नु पर्दो रहेछ । एक मत भएर यसले अन्याय गरेको हो भनेर छुट्ट्याउनु पर्दो रहेछ । एउटाको पनि मत बाझियो भने हुँदैन । हामीले जुरीलाई भेट्न पनि नपाइने र

देख्न पनि नमिल्ने रहेछ । जुरीहरू आउने क्रममा अदालतभित्र मैले पनि बाटो छोडेर बस्नुपर्थ्यो । इजलास हलमा गएपछि मात्र देख्न पाइने । बाहिर कसैले कसैलाई भेट्न नपाइने ।

प्रश्न सोध्ने क्रममा एक-दुई ठाउँमा म अलमल पनि परेको थिएँ । यातना दिने क्रममा आँखामा पट्टी बाँधेर, हात पछाडि लगेर बाँधेर, दिनको चार घन्टा पिटिन्थ्यो । त्यस क्रममा कतिखेर होस आउने, कतिखेर होस जाने हुन्थ्यो । तिनै कुरामा तिनीहरूले अल्झाउन खोजिरहेका थिए । उनीहरूले नाकमा पानी हालेका थिए । त्यही कुरामा मलाई ठाउँठाउँमा अड्काएका थिए । पानी कसरी हाले, कताबाट हाले, कति पटक हाले आदि ।

मेरो होस आउने, जाने भएको थियो । विपक्षी वकिलहरूले यही कुरामा तिमीले भुल्यौ, राम्रो भनेनौं भन्ने जस्ता कुरा गर्दै थिए । मलाई स्मरण भएसम्मका कुरा बताइदिएँ । नभएको कुरा कसरी भनुं ? यसैमा उनीहरूले बढी निहुँ खोजेका थिए ।

गोरखपुर (भारत) मा बीआरडी मेडिकल कलेज एन्ड हस्पिटल छ । त्यहाँ मेरो उपचार भएको हो । त्यहाँ प्रख्यात न्युरो सर्जन छन्, डा. एके ठाकुर । डा. उपेन्द्र देवकोटासँगै पढेको भन्थे विदेशमा । डा. ठाकुरले नै मेरो उपचार गरेका हुन् । त्यतिखेर उनले मसँग सोधेनन्, मलाई लिएर गएका गाउँलेसँग सोधेर हो कि अन्दाजी, मेरो वास्तविक उमेरभन्दा १२ वर्ष कान्छो लेखिएछ ।

त्यतिखेर मेरो उमेर ३२ थियो, उनीहरूले २० लेखिदिएछन् । मेरो त होस पनि राम्रो थिएन । हिंड्न पनि सक्दैनथें । त्यसमा पनि विपक्षी वकिलले यो 'नक्कली' हो भने । यसैमा निहुँ खोजे । विपक्षी वकिल ठूला र चर्चित थिए । चिलीका राष्ट्रपति अगोस्तो पिनोसेलाई बेलायतबाट छुटाएर स्वदेश लैजाने वकिल ।

गोरखपुरका डाक्टरलाई बेलायत लैजान पत्राचार गरेको भन्ने सुनें । तर, भारतले रेस्पोन्स नै गरेन । नेपालको महाराजगन्जस्थित

शिक्षण अस्पतालका डा. हरिहर वस्ती पनि बयान दिन बेलायत गए । मेरो घाउचोटको चेकजाँच उनैले गरेका थिए । फोटो पनि खिचेका थिए । तिमीले के देखेका थियौ ? साँच्चै हो कि होइन भन्ने हिसाबले उनलाई बोलाइएको थियो ।

कुमार लामा शिवदल गण प्रमुख थिए । सेनाले नदेखिने तरिकाले अपराध गर्दा रहेछन् । मलाई दिइएको यातना कसैले पनि थाहा नपाओस् भन्ने थियो । त्यो कुरा न कागजमा खुल्छ, न ब्यारेकबाहिर बसेका सर्वसाधारणले देखे । ढोकछोप हुने गरी यातना दिइँदो रहेछ । मलाई कुटपिट गरिएको छैन भन्ने टाइपको कागजमा सही गराइयो । आँखामा पट्टी छ । मैले कसरी देख्नु ? पट्टी खोल्नुस्, म पढ्छु भन्ने हिम्मत थिएन । मुद्दामामिला गर्ने छैन, ठीक छु भन्ने कुरा पनि छ त्यसमा । मैले कागजमा औँठाछाप लगाएको छु । यो कागजले कतै केही बोल्दैन ।

चोटपटक नलागोस्, नदेखियोस् भनेर पैतालामा पिट्ने गर्थे । लट्ठी, रड, सालको कलिलो बुटाको छडी आदिले पिट्थे । पिट्दा लट्ठी उछिट्टिएर बनेको घाउचोट मेरो निधारमा थियो । निधार फुटेर पट्टी पनि लगाइएको थियो । घाउ पाकेर गन्हाएको थियो ।

ब्यारेकभित्र सालका बुटामा चराचुरुङ्गीले गुँड लगाउँदा रहेछन् । सालका टोड्कामा सुगाले गुँड बनाउँदा रहेछन् । उड्ने क्रममा रुखबाट तल खसेका साना चराचुरुङ्गीलाई सिपाहीले पाल्दा रहेछन् । त्यस्तै खालको एउटा सुगालाई सिपाहीले माया गरेर खेलाइरहन्थे । त्यही सुगा प्रयोग गरेर मलाई ठुङ्न लगाउँथे ।

म पागलजस्तो थिएँ । ब्यारेकबाट निकालेपछि मलाई कसैले पनि नदेखोस् भनेर मालबाहक ट्रक रोके र त्यसमा चढाएर पठाइदिए । गोरुसिङ्गे ब्यारेक सामुन्ने पत्रकारहरू आएर बसेका रहेछन् । उनीहरू जिल्लिए ।

म घर आएँ । रुवाबासी भयो । तातोपानी तताएर घाउ सफा गर्ने काम भयो । तातोपानीले भिजेपछि पैतालाको छाला लोक्ता जसरी

उफ्कियो । त्यसपछि मात्रै फोटो खिचिएको हो । हात भाँच्चिएको, आँखा फुटेको वा ठूलो घाउ नदेखिएको आदि कुरा उनीहरूले गरे । यातनाको असर कस्तो थियो भन्ने कुरा स्वयम् गाउँलेले देखेका थिए । ब्यारेकभित्रका मान्छेलाई पनि थाहा थियो । तर, उनीहरूले बोल्ने कुरा भएन ।

नेपालबाट 'कलम', 'अखबार', 'नेपाल', 'द्वन्द्व', 'प्रतिवेदन', 'मक्का', 'मदिना' लगायतका मान्छे बेलायती अदालतमा बयान दिन गएका थिए । कलम अहिले पनि राष्ट्रिय दैनिकमा कार्यरत छन् भने अखबार इन्सेकसँग आबद्ध छन् । मक्का र मदिना कपिलवस्तुको मुस्लिम समुदायका व्यक्ति छन् । नेपाल, द्वन्द्व र प्रतिवेदन मेरो घटनाका साक्षी हुन् ।

मेरो मानसिक उपचारमा संलग्न अर्को एक जना डाक्टर स्वास्थ्य मन्त्रालयमा आबद्ध थिए । उनी पनि बेलायत जान तयार थिए तर पछि के भएर हो, गएनन् । बेलायतमा बयान दिएर आएपछि मलाई अज्ञात ठाउँबाट धम्की आयो । विदेशबाट तीन वटा नम्बरबाट फोन आयो । इलाका प्रहरी कार्यालय चन्द्रौटाबाट पनि खोज्न आए । फोन स्विच अफ गरेर घरबाहिरै बसेँ ।

नेपालको कानुन पनि ज्ञान भएको र बेलायतको पनि कानुनको ज्ञान भएको मान्छे चाहियो भन्ने विपक्षीको चाहना थियो । त्यही भएर डा. सूर्य ढुङ्गेल पनि यसमा जोडिए ।

अदालतमा कुमार लामाले एक शब्द पनि बोलेनन् । नबोल्न पनि पाइँदो रहेछ । न्यायाधीशले बोल्नुस्, तपाईंको पालो आयो, उनीहरूले सबै बोलिसके भन्दा पनि बोलेनन् । उनका वकिलहरूले नबोल भने ।

बेलायती अदालतमा मैले 'गोरखपुरमा बोल्ने भाषा बुझ्दिनँ' भन्दा 'भाषा नबुझी कसरी उपचार भयो' भन्ने प्रश्न पनि आयो । मैले भनेँ, 'त्यहाँको स्थानीय भाषामा कहाँबाट आउनुभो, कहाँ जानुहुन्छ भनेर बोलेको त बुझिन्छ तर हिन्दीमा स्थानीय भाषा घुसेपछि त्यो पनि

बुझिन्न । मेरो मदर टोन गोरखपुरको स्थानीय भाषा होइन, मैले लोकल वर्ड बुझ्दिनँ ।'

कुमार लामाले यातना दिएको तेरै आँखाले देखेको हो भनेर विपक्षी वकिलहरू सोधिरहन्थे । झूट बोलाउन सकिन्छ कि भनेर अनेक प्रश्न सोध्ने ? जे भने पनि नक्कली हो भन्थे । म सधैँ पीडा बोकेर हिंडिरहेको मान्छे, अदालतमा गएर सबै कुरा बोल्न पाइएला, मनका कुरा खुलस्त भन्न पाइएला भनेको त झन् हेप्ने, लान्छना लगाउने विपक्षी वकिलहरू ।

मैले बोल्ने बेलामा पनि ठूला आँखा बनाएर हेर्ने । जनकबहादुर राउत गरिब देशको, त्यो पनि गाउँले हो, यसलाई केही थाहा छैन, जसरी सोधे पनि हुन्छ, जे व्यवहार गरे पनि हुन्छ भन्ने तरिकाले व्यवहार गर्ने । यस्तो ह्यान्यास भयो कि म त अदालतमा बयान दिने क्रममा धेरै पटक रोएँ ।

कहिले तँ एमालेको कार्यकर्ता रहेछस् भन्छन्, कहिले के भन्छन् । म कहिल्यै कुनै पनि पार्टीमा थिइनँ र छैन पनि ।

उपचार गर्न गोरखपुर नगई किन फेरि काठमाडौं गइस् भनेर सोधे । काठमाडौंमा डा. निराकारमान श्रेष्ठले मलाई लामो समय उपचार गरे । राजाको पालामा उनी स्वास्थ्य सचिव पनि थिए । अब न्युरोबाट मानसिक समस्यासँग जोडियो ।

सुरुमा कहाँ जाने भन्ने थाहा थिएन । दिमागको कुरा भएकाले इन्डिया गएको हुँ । नेपालमा यातनाको केस देखाउन डर पनि थियो । नेपालबाट आएको भनेपछि त्यहाँ पनि माओवादी हुन सक्छन् भनेर गिरफ्तार गर्न सक्ने अवस्था थियो । त्यही भएर निजी अस्पतालमा गएको हुँ । गाउँठाउँको मान्छेले भनेका आधारमा म गोरखपुर पुगेको हुँ ।

अदालतभित्र पस्दा सेक्युरिटी चेक हुने बेला एकचोटि कुमार लामालाई झुलुक्क देखेको चाहिं हो । सुनुवाइका क्रममा २०१६

मा लन्डनको सेन्ट्रल क्रिमिनल कोर्टमा मैले सुरुमै उनीबाट मलाई मनोवैज्ञानिक त्रास छ, त्यसले गर्दा म भेट्न चाहन्नँ भनेको थिएँ ।

सुनुवाइको बीचमा पर्दा लगाइदिएर कुमार लामाले सीधै जजतिर हेर्ने, जुरीतिर हेर्ने जजले मलाई पनि देख्ने, कुमार लामालाई पनि देख्ने । जजले दुवै पक्षका वकिललाई देख्ने तर मैले उनलाई नदेख्ने खालको थियो । देखिएन ।

अन्तिम सुनुवाइ हुँदा म नेपालमै थिएँ । अदालतबाट फोन आउँदा म काठमाडौँको घट्टेकुलोमा थिएँ । मुद्दामा कुमार लामा दोषी करार हुन सकेनन् । उनीहरूले भने, 'जनक, भिक्टिम टू राइट अनुसार तिमी रिभ्यूमा पनि जान सक्छौ । के गर्ने हो ?' हिकम्यान एन्ड रोजसँग र हाम्रो पक्षका अरु मानिसहरूबीच छलफल भयो, के गर्ने भनेर ।

हामी सबै पीडित र साक्षीहरूको भनाइमा कहीँ न कहीँ त फेर पऱ्यो होला । नत्र जुरी एकमत हुन्थे । हाम्रो केस कमजोर पनि थिएन । हामी जोखिम मोलेर गएका थियौँ । कताकता के-के फरक परेजस्तो हुन गयो । अब फेरि रिभ्यूमा जाने खर्च पनि हामीले गर्नुपर्ने रहेछ । त्यो हामीबाट सम्भव थिएन ।

अब सबुत र साक्षीको कुरा पनि आउँछ । घटना त्यही हो, साक्षी तिनै हुन् । नयाँ कुरा पनि छैन, नयाँ मान्छे साक्षीका रूपमा पनि आउँदैनन् । सबै कुरा अडियो, भिडियो, लिखित सबै कुरा छ । फेरि रिभ्यूमा जाँदा एक शब्द फरक पऱ्यो भने पनि विपक्षीले बबाल गर्छन् । सबुत 'पलुटेड' हुन्छ कि भन्ने कुरा भयो । अन्तिममा जुरीले के निर्णय गरे, त्यो चाहिँ थाहा भएन ।

माओवादी हुन्थेँ भने म यातना स्वीकार्थें । कसैको हातगोडा भाँचे, मान्छे मारे, चन्दा असुले, त्यही भएर यातना पाए भन्थे । मैले जस्तो यातना धेरैले पाएका थिए । तर, म मात्र अदालत गएँ । मजस्तो अलिअलि पढे-लेखेको मान्छेलाई त यति दुःख दिए भने अरुलाई कति यातना दिए होलान् ? यही भएर नै म अदालत गएको हुँ । अहिले पनि

मैले सङ्क्रमणकालीन न्याय छाडेको छैन । (न्यायका लागि द्वन्द्वपीडित समाज नेपालका राष्ट्रिय अध्यक्ष जनकबहादुर राउतसँग ८ जुलाई २०२० मा गरिएको कुराकानी) ।

अधिवक्ता ओमप्रकाश अर्याल : द्वन्द्वका बेला पक्राउ गरिएका व्यक्तिहरूको मानवअधिकार उल्लङ्घन भएको कुरा बाहिर आउँथे । मानवअधिकार रक्षाका लागि हामीले नै पहल गर्नुपर्थ्यो । म कानुन व्यवसायीको अलावा एड्भोकेसी फोरम नेपालको कपिलवस्तु जिल्ला संयोजक भएर सन् २००५ देखि नै यो संस्थामा कार्यरत थिएँ ।

फोरमले द्वन्द्वका क्रममा भएका मानवअधिकार हननका घटनाको अभिलेखीकरण र कानुनी उपचारका लागि सहयोग पुऱ्याइरहेको थियो । सन् २००५ मा कपिलवस्तुका करम हुसैन पक्राउ परेका रहेछन् । उनका भाइ मलाई खोज्दै आए । उनीबाटै करमबारे थप थाहा भयो । करम हुसैनले सेनाको ब्यारेकमा यातना पाएका थिए ।

त्यति नै बेला राष्ट्रिय मानवअधिकार आयोगको टोली कपिलवस्तु भ्रमणमा आयो । आयोगको टोलीसँग म पनि मिसिएँ । उनीहरूसँगै गोरुसिङे ब्यारेकमा गएर करम हुसैनलाई भेट्यौं । कुमार लामालाई पनि भेट्यौं ।

हुसैनसँगै कपिलवस्तुकै तुफेल हाजी पनि समातिएका थिए । दुवै जनालाई एकसाथ भेटियो । उनीहरूलाई त्रिपालभित्र राखिएको थियो । दुई जनाको हात बाँधिएको थियो । बोलचाल गर्न पाइएन । हुसैन र हाजी दुवैले मलाई चिनेर बर्बर्ती आँसु खसाले । उनीहरूलाई अधिकारकर्मी आयो, अब बाँचिन्छ भन्ने लाग्यो होला ।

जनकबहादुर राउतलाई मैले हिरासतमा भेटिनँ । मैले भेट्दा उनी हिरासतमुक्त भइसकेका थिए । पहिलो दिन गएर भेट्दा खासै केही बोलेनन् । उनका बुबा शेरबहादुरले म अधिकारकर्मी भनेर परिचय दिंदा पनि कुरा खोलेनन् । सायद डर-त्रासले होला ।

म भोलिपल्ट फेरि गएँ । अनि मात्र ब्यारेकभित्रको कुरा विस्तारमा बताए । उनलाई खानामा बालुवा हालेर दिइँदो रहेछ । एउटा कागजमा सेनाले उनलाई यति मितिदेखि यति मितिसम्म ब्यारेकमा राखिएको, कुनै पनि प्रकारको यातना नदिइएको भनेर सही गराएको रहेछ । एकातर्फ कुमार लामा र अर्कातर्फ जनकबहादुर राउतको हस्ताक्षर थियो ।

उनलाई त्रास र मानसिक पीडा पनि भएकाले उपचारका लागि सिभिक्ट (सेन्टर फर भिक्टिम्स अफ टर्चर) भन्ने संस्थामा पठायौँ । यही क्रममा उनीसँग कानुनी उपचारका बारेमा छलफल भयो । उनले मुद्दामा जान्छु भने । एड्भोकेसी फोरम नेपालको सहयोगमा उनले यातना क्षतिपूर्तिअन्तर्गत मुद्दा हाले । कुमार लामाको म्याद तामेल गर्न पाँच महिना लाग्यो ।

जनकबहादुर राउत सधैँजसो मैले कहिले न्याय पाउने भनेर रुन्थे । त्यो भर्खर सङ्कटकाल सकिएको बेला थियो । जब म्याद तामेल भएर आयो, सेनाले कुनै पनि प्रकारको दुर्व्यवहार भएको छैन भनेर जवाफ पठायो ।

जिल्ला अदालतले मुद्दाको फैसला सुनाउँदा राउतलाई ७५ हजार रुपियाँ दिने र लामालाई विभागीय कारबाही गरी त्यसको जानकारी अदालतलाई दिने भन्यो । उनले यातना पाएको कुरा अदालतबाट पनि स्थापित भयो । यातना क्षतिपूर्तिअन्तर्गतको मुद्दाको प्रावधानमा ५० हजारदेखि तीन लाखसम्म क्षतिपूर्ति भराउन सकिने भन्ने छ । यस्तो फैसला आएपछि जनकजीले म यसमा चित्त बुझाउँदिनँ, फरक तरिकाले जान्छु भने । त्यसपछि मुद्दा बेलायतसम्म पुग्यो ।

जनकजी हिरासतबाट छुटेपछि मैले फोटो खिचेको थिएँ । उनको केसको दस्तावेजीकरण गरेको थिएँ । त्यही भएर बेलायती सरकारले मलाई लन्डन बोलायो । मलाई केही प्रश्न सोधियो । कस्तो अवस्थामा तैंले जनकलाई भेटिस्, कुमार लामालाई भेटिस् कि भेटिनस्, भनेर सोधे ।

बेलायतबाट हाम्रो मुद्दा पक्षधर साथीहरूले मलाई नेपालमा रहँदा नै जनकजीको अर्को फोटो पठाउनू भनेर इमेल गरेका थिए । मैले नेपालबाट इमेलमार्फत पठाएको फोटो उति स्पष्ट नभएको र घाउहरू प्रस्ट देख्न नसकिएकाले त्यो भन्दा राम्रो र स्पष्ट अरु छ कि भनेर मागेका हुन् ।

विपक्षीले यो कुरा हुँदै होइन, तिमीहरूले पहिलेदेखि नै योजनावद्ध तरिकाले मुद्दा अघि बढाएका हौ भने । मलाई तँ एमालेको कार्यकर्ता होस् भनेर पनि सोधिएको थियो । मैले म अधिकारकर्मी मात्रै हुँ भनें ।

कुमार लामाका बारेमा पनि सोधिएको थियो । मैले के बयान दिएँ भने, लामाको नेतृत्वमा शाही नेपाली सेना र सरकारले आधिकारिक रूपमै बनाएको 'माओवादी प्रतिकार समिति' माओवादीविरुद्ध प्रयोग गरियो । मोहिद खाँ, वीरेन्द्र मिश्र सम्मिलित सो समितिले भिजिलान्ते प्रयोग गऱ्यो । माओवादीविरुद्ध प्रयोग गरिएको भनिए पनि त्यसमा सर्वसाधारण बढी पीडित भए । माओवादीले वीरेन्द्र मिश्रलगायत व्यक्तिको हत्या गरे । यो कुरा हामीले एड्भोकेसी फोरमका प्रतिवेदनमा पनि उल्लेख गरेका छौं ।

घटना हुंदा जेजति दस्तावेजीकरण भयो, पछि पीडितले थप कुरा बताए । किन सबै कुरा पहिले नै भनेनौ भन्ने कुरा आयो । अहिले भनाइ कसरी फरक हुन गयो भने । खासमा राम्रोसँग दस्तावेजीकरण हुन नसकेकाले यस्तो समस्या भयो ।

जनकजीका भिनाजु बाला थापा उतिबेला माओवादीका जिल्ला सेक्रेटरी थिए । सालोलाई समातेपछि सबै कुरा भन्छ भनेर उनलाई समातिएको हुन सक्छ । होइन भने उनलाई गिरफ्तार गर्नुपर्ने म कुनै कारण देख्दिनँ । यो मेरो अनुमानमात्र हो । करम हुसैनजी माओवादी कार्यकर्ता नै हुन् । यसमा कुनै शङ्कै भएन ।

अदालतमा कुमार लामाजीलाई सिसाको सानो कोठा जस्तोमा राखिएको थियो । त्यहीं हाम्रो देखादेख भयो । बोलचाल हुने कुरै भएन ।

शब्द शिल्पी (एक अनुवादकको कोड नाम) : बुँदागत रूपमा उनको भनाइ यस्तो छ :

१. जनक राउतले अदालतमा म एमालेको कार्यकर्ता हुँ भनेका थिए । (लेखकसँगको कुराकानीमा भने उनले कुनै पनि पार्टी आबद्ध नरहेको बताए । उनको भनाइ छ- एमालेका साथीहरूले राजा फाल्ने आन्दोलन छ जाऔं भने त्यसमा कुनै दिन सहभागी भइयो होला । त्यसकै आधारमा एमाले भनियो भने मैले के भन्ने ? म कुनै पनि पार्टीमा आबद्ध छैन ।)

२. नेपालको अदालतमा जुन प्रकारले मुद्दा चलाउने, प्रमाण जुटाउने र जस्तो खालको अदालती प्रक्रिया हुन्थ्यो, ती सबै कुराबाट बेलायती अदालत पृथक रहेछ । समस्या त्यहीं भयो ।

३. पीडित पक्षलाई बेलायत झिकाउनुअघि सिङ्गापुर र थाइल्यान्डमा लगी अन्तर्वार्ता लिइएको थियो, जुन कुरा अधिकांश नेपालीलाई थाहा नै छैन । यो केसमा के भएको थियो भन्ने कुरामा मिडियाले पनि ध्यान पुऱ्याउन सकेनन् ।

४. मुख्य रूपमा त्यो मुद्दा कर्णेल कुमार लामाले यातना दिएको भन्नेमा केन्द्रित थियो । तर, राउत र हुसैनले यातना पाएको भए पनि प्रत्यक्ष रूपमा कुमार लामाको संलग्नता प्रमाणित गर्न नसक्नुले पीडितको पक्षमा फैसला हुन सकेन ।

५. कर्णेल लामाको अङ्ग्रेजी राम्रै भए पनि अदालती प्रक्रिया र भाषा बुझ्न सहज हुने भएर वकिल लिएका हुन् ।

६. बेलायतको अदालतमा जुन मापदण्डको कागजात पेस गरिन्छ, त्यो अत्यन्तै मिहिन तरिकाबाट बनाइन्छ । अनेक पद्धति र विधी अपनाइन्छ । एड्भोकेसी फोरमले तयार पारेको कागजात बेलायती मापदण्डअनुसार हुन नसकेपछि 'कतैबाट' यस्तो बनाउनू भन्ने सुझाव र नमुना नेपालमा पठाइएको रहेछ । त्यो इमेल छड्के परीक्षणमा फेला पऱ्यो ।

७. धेरै पुरानो घटना भएको हुँदा बेलायतको अदालतले हेर्न खोजेजस्तो ठ्याक्कै तिथिमिति, स्थान, परिवेश र घटनाका साक्षीहरूको विवरण मिल्न सकेन ।

म्यानफ्रेड नोवाक : सन् २००५ मा म नेपालमा संयुक्त राष्ट्रसङ्घअन्तर्गत यातना अपराधबारे विशेष प्रतिवेदक थिए । मेरो मिसनले जनपद प्रहरी, सशस्त्र प्रहरी, शाही नेपाली सेना र माओवादीले यातना दिने कुरामा योजनाबद्ध अभ्यास (Systematic Practice) गरेको पत्ता लगायो ।

मैले कर्णेल कुमार लामासित भेट्न वा अन्तर्वार्ता लिन पाइनँ । उनीमाथि सशस्त्र द्वन्द्वको त्यो विशेष समयमा माओवादीमाथि यातना दिएको अभियोग थियो । नेपालमा त्यस समयमा यातनाको योजनाबद्ध अभ्यास कसरी गरिन्थ्यो ? त्यसको गवाही दिन मलाई विज्ञका रूपमा बेलायती अदालतमा बोलाइएको थियो ।

कर्णेल कुमार लामालाई कानुनको विश्वव्यापी क्षेत्राधिकारअन्तर्गत मुद्दा चलाइएको थियो । यो सिद्धान्त विरलै लागू हुन्छ । आरोपितलाई सजाय दिन पर्याप्त प्रमाणहरू जुटाउन गाह्रो भयो । त्यही कारण अदालतले मलाई निम्त्यायो । मैले व्यक्तिगत रूपमा कर्णेल कुमार लामाका सम्बन्धमा कुनै व्यक्तिगत प्रमाण दिन सकिनँ ।

अदालतमा मेरो अनुभव अनौठो रह्यो । अस्ट्रियाको भियनाबाट जानुअघि नै भनेको थिएँ- म एकदम व्यस्त छु, तपाईंहरूले समय मिलाउनोस् अनि मात्र म लन्डन आउन सक्छु । त्यसै अनुसार म लन्डन जाने र गवाही दिने तालिका बन्यो ।

पहिलो दिन अदालतको विशेष कोठामा आफूले बोल्ने समय कुर्दैमा दिन गयो । तिनीहरूको समय व्यवस्थापनमा यति गडबडी थियो कि मैले बोल्नै पाइनँ । मलाई त्यहाँबाट भियना उड्नु पर्‍यो । समय र पैसा दुवैको बर्बादी ।

तिनीहरूले माफी मागे र दोस्रो पटक मलाई विज्ञका रूपमा गवाहीका लागि आमन्त्रित गरे । अदालतले समय व्यवस्थापन सुधार गर्‍यो भने आउँछु भनें । त्यो मेरो सर्त थियो । उनीहरूले सर्त स्वीकारे । मैले ससर्त आउन स्वीकार गरें ।

गवाही दिनुभन्दा पहिले मलाई अदालत र अभियोजन पक्षले के बोल्ने र के नबोल्ने भनेर निर्देशन दिए । जस्तै : 'यातनाको योजनाबद्ध अभ्यास' भन्ने शब्द प्रयोग गर्न मलाई अनुमति छैन । यातना अपराधमा योजनाबद्ध अभ्यास भन्ने कुरा संयुक्त राष्ट्रसङ्घका त्यो बेलाको अनुसन्धानको सबैभन्दाको महत्त्वपूर्ण निचोड थियो ।

म अत्यन्तै चिढिएँ । यसको बाबजुद पनि विशेषज्ञ गवाहीका रूपमा अदालतमा मेरो उपस्थिति रह्यो । न्यायाधीशले मलाई अभियुक्तलाई जस्तो व्यवहार गरे । जब म प्रश्नको उत्तर दिन थाल्थें, मैले यस्तो भन्न खोजेको हो भनेर न्यायाधीशले अवरोध खडा गर्थे । कुरा बीचमै टुङ्ग्याउँथे । उनीहरू मबाट 'हो' वा 'होइन' उत्तर अपेक्षा गर्थे र मैले त्यस्तै उत्तर दिनुपर्‍यो । विशेषज्ञका रूपमा त्यो अनौठो तथ्यजाँच प्रक्रियामा मैले योगदान दिन सक्ने अवस्था रहेन ।

मेरो जीवनमा यो अहिलेसम्मकै अनौठो अनुभव हो । अदालतका विश्वव्यापी प्रचलनभन्दा फरक अनुभव । मैले बोस्निया र हर्जेगोविनाको सर्वोच्च अदालतमा आठ वर्ष न्यायाधीशको रूपमा सेवा गरें । अमेरिकाको कोलम्बिया युनिभर्सिटीबाट एलएलएम अध्ययन गरेको छु । लन्डन स्कुल अफ इकोनोमिक्समा आवास (Habitation) सम्बन्धी शोधमा एक वर्ष बिताएको छु । यी दुवै देशको अनुभव मसँग छ । मलाई एङ्लो-अमेरिकी कानुन प्रणालीको गुणस्तर र निष्पक्षताको उच्च सम्मान थियो । तर, जब मैले बेलायतको अदालतमा यस्तो व्यवहार पाएँ, तब मेरो विश्वास गम्भीर रूपमा हल्लियो । जब मैले कर्णेल कुमार लामा निर्दोष रहेको फैसला सुनें, तब म त्यति छक्क परिनँ ।

मैले भन्नैपर्छ- अभियुक्त परीक्षण गर्ने त्यो अनौठो विधि र प्रक्रियाका बारेमा त्यसपछि खोजीनीति गरिनँ ।

मैले अदालतका लागि कुनै कागजात पेस गरिनँ । तर, अदालतले मेरो २००५ को फ्याक्ट फाइन्डिङ मिसनको प्रतिवेदन प्रयोग गर्‍यो, जुन एक सार्वजनिक कागजात हो, जसलाई तपाईं संयुक्त राष्ट्रसङ्घीय मानवअधिकार उच्चायुक्तको वेबसाइटबाट डाउनलोड गर्न सक्नुहुन्छ । न्यायाधीशले धेरै प्रश्न मेरो रिपोर्टबाटै गरेका थिए । रिपोर्टमा मैले यो लेखेको हो, होइन सोधे । मलाई केवल 'हो' भन्न मात्र अनुमति दिइयो । तर, मेरो मिसनको अर्थ के हो र त्यसले के महत्त्व राख्छ भनेर वर्णन गर्ने मौका दिएनन् ।

राष्ट्रसङ्घीय विशेषज्ञका रूपमा किन त्यस्तो अनौठो व्यवहार गरे ? मलाई अचम्म लाग्छ । उनीहरूले अन्य साक्षीहरू र विशेषज्ञहरूलाई पनि यस्तै व्यवहार गरे कि ? यो मेरो सोचाइ हो तर जानकारी छैन । बेलायती न्यायाधीश पक्षपाती थिए वा अदालत निष्पक्ष थिएन भन्ने आरोप लगाउन मसित कुनै प्रमाण छैन । तर, मप्रति उनीहरूको व्यवहार निष्पक्ष र उचित देखिँदैनथ्यो । (संयुक्त राष्ट्रसङ्घका प्रतिवेदक म्यानफ्रेड नोवाकबाट ११ जुलाई २०२० मा इमेलमार्फत प्रेषित जानकारी) ।

कलम (एक पत्रकारको कोड नाम) : सामान्यतः यौन दुराचार, बाल शोषण आदिमा रिपोर्टिङ प्रतिबन्ध गरिन्छ । यो मुद्दा युद्ध अपराधसम्बन्धी भएकाले यसमा प्रतिबन्ध लगाइएको हुन सक्छ । योग्य अनुवादकको अभावमा केही समय मुद्दा स्थगन पनि भयो । अदालतमा गएर बस्न र टिप्न त पाइन्थ्यो तर रिपोर्टिङ गर्न पाइन्थेन । म पनि दुई-चार पटक सुन्न गएको थिएँ । अदालतले जे भन्थ्यो, त्यही अनुसार रिपोर्टिङ गरियो । आफ्नो सुरले गर्न पाइन्थेन ।

हामी पत्रकारको कमजोरी के रह्यो भने 'इनडेप्थ' रिपोर्टिङ गर्न सकिएन । म कार्यरत संस्थाले दुई-चार दिन छुट्टी लिएर रिपोर्टिङ गर भनेको भए गर्न सकिन्थ्यो होला । त्यसो भनेन ।

हामी कुनै पनि पत्रकारसँग अदालतको फैसला छैन । त्यतातिर ध्यान पनि पुगेन । डा. सूर्य सुवेदीको सिफारिसमा न्याप्ले किङ्ग्ले

नामको वकिलको संस्था सिफारिस भएको हो । यसको फी एकदम महँगो भएकाले कुमार लामाले कानुनी सहायताका लागि नेपाल सरकारको चाहना र निर्णयबमोजिम बेलायत सरकारलाई निवेदन दिएका हुन् ।

बेलायती अदालतले यसमा सकारात्मक निर्णय गर्‍यो । निर्णयपछि पैसा तिर्नु नपर्ने गरी बेलायती सरकारले नै सोलिसिटर उपलब्ध गरायो । यो मुद्दामा नेपाली सेनाले पनि निकै चासो देखाएको थियो । सेनासँग यससम्बन्धी सबै कागजात हुनुपर्छ ।

मन्दिरा शर्मा : मुद्दामा लामाको जित कसरी भयो भन्ने प्रश्नमा उनले भनिन्, 'पीडितले यातना पाएको भन्नेमा कुनै दुई मत भएन । नेपाल सरकारले कर्णेल लामाका वकिललाई नेपाल आउन दियो तर मुद्दामा अनुसन्धान गरिरहेका प्रहरी अधिकृत र अभियोजनकर्तालाई नेपाल आउन दिएन । नेपालले नै अभियुक्तको पक्षमा काम गर्‍यो । पीडितका पक्षमा अनुसन्धान नै हुन पाएन ।'

• *तपाईंले यो कुरा उतिबेला उठाउनुभयो त ?*

– समस्या यही छ, जुन कुरा अधिकांशलाई थाहा छैन । मुद्दा कतैबाट प्रभावित नहोस् भनेर बेलायत सरकारले 'रिपोर्टिङ रेस्ट्रिक्सन्स' लगाएको थियो । त्यही भएर हामी मिडियामा आउन पाएनौं ।

• *नेपाल सरकारले औपचारिक वा अनौपचारिक कुन हिसाबले अनुसन्धान अधिकृतहरूलाई नेपाल आउन दिएन त ?*

– हामीले थाहा पाएअनुसार मागेको कुनै पनि प्रश्नको उत्तर नेपाल सरकारले दिएन । कागजपत्रहरू उपलब्ध गराएन । सेनासम्बन्धीका कागजातमा हाम्रो पहुँच हुँदैन । अनुसन्धान अधिकृतले न पर्याप्त कागजात पाए, न फिल्डमा आएर अध्ययन अनुसन्धान गर्न पाए । नेपाल आएर अनुसन्धान गर्न चाहन्छौं भन्ने बेलायती प्रहरीको अनुरोधलाई नेपाल सरकारले वास्तै गरेन । भिसासम्बन्धी कागजातलाई रेस्पोन्स नै गरेन । एड्भोकेसी फोरमले मुद्दा हाल्ने वकिलको कार्यालयलाई सूचना दियो ।

त्यसपछि हाम्रो काम सकियो । हामीले गर्नुपर्ने पनि केही थिएन । नेपाल सरकारले अनुसन्धान अधिकृतलाई असहयोग गरेका कारण मुद्दा कमजोर भयो । (१४ डिसेम्बर २०१७ मा गरिएको कुराकानी) ।

कुमार लामाको मुद्दाको अन्तिम सुनुवाइपछि एड्भोकेसी फोरमकी मन्दिरा शर्मा, जो कुमार लामाको मुद्दाको उजुरीकर्ता पनि हुन्, उनलाई देशद्रोही भनिएको वेबसाइटमा उल्लेख छ । worldjusticeproject.org/world-justice-forum-vi/mandira-sharma मा राखिएको जानकारीअनुसार मन्दिरा शर्मा सन् २००१ मा स्थापित एड्भोकेसी फोरम नेपालको सहसंस्थापक हुन् । उनले कानुनमा स्नातकोत्तर (एलएलएम) गर्न युनिभर्सिटी अफ सुसेक्समा छात्रवृत्ति पाएकी थिइन् । हाल उनी सोही विश्वविद्यालयमा पीएचडी गरिरहेकी छन् ।वेबसाइटमा लेखिएको छ :

On 3 January 2013, UK authorities arrested Colonel Kumar Lama of the Nepal Army and charged him with two counts of torture under Universal Jurisdiction law. Due to their work relating to the case, Mandira and her collegues were called traitors in the media in Nepal, elements of which also incited violence against them. The District Administration Office also informed Advocacy Forum that there would be an investigation into its activities.

(अनुवाद : जनवरी २०१३ मा बेलायती अधिकारीले कानुनको विश्वव्यापी क्षेत्राधिकारअन्तर्गत दुई किसिमका यातना दिएको आरोपमा कर्णेल कुमार लामालाई पक्राउ गरे । मुद्दासँग सम्बन्धित भएका कारण मन्दिरा र उनका साथीहरूलाई नेपालको मिडियामा देशद्रोही भनियो । यस्ता तत्त्ले उनीहरूविरुद्ध हिंसा पनि सिर्जना गर्न सक्थे । जिल्ला प्रशासन कार्यालयले एड्भोकेसी फोरम नेपालका गतिविधिहरूको छानबिन हुने पनि जानकारी गरायो ।)

कुमार लामाको सन्दर्भ : बेलायतबाट फर्केपछि कर्णेल लामा जागिरमा जोडिए । बढुवा भएर ब्रिगेडियर जनरल भए । यी पङ्क्ति लेख्दा (१५ मे २०२०) उनी सेनाको डिरेक्टोरेट अफ मिलिटरी इन्टलिजेन्स (डीएमआई) मा कार्यरत थिए । पाठकलाई लाग्ला, कर्णेल लामासँगको कुराकानी किन समावेश नभएको ? उनलाई शाही नेपाली सेनाको आधिकारिक इमेलमार्फत लेखकले कुरा गर्न खोजेको जानकारी गराइयो । उताबाट केही उत्तर आएन ।

(मुद्दामा संलग्न अनुवादक, कानुनविज्ञ, बेलायतस्थित नेपाली दूतावास, प्रतिवेदकलगायत थुप्रैलाई सम्पर्क गरेका थियौँ । कतिले कानुनी अड्चनका कारण बोल्न नमिल्ने बताए । कतिले बोल्न रुचाएनन् । कतिले चासो नै देखाएनन् र कति गोप्य बस्न रुचाए । जे जति प्रयास भए ती पाठकसामु छँदै छ । केही व्यक्ति नाम उल्लेख नगर्ने सर्तमा बोल्न राजी भए । त्यस्तालाई कोड नाम दिइएको छ । केही व्यक्तिलाई सुरक्षा, गोपनीयता र भविश्यमा उनीहरूको जीवनमा पर्न सक्ने अप्ठ्यारोका कारण कोड नाम दिइएको छ । केही नामलाई हामीले जानीजानी उल्लेख गरेको छौँ । जस्तो : डा. हरिहर वस्ती । डा. वस्तीको हकमा हामीलाई के लाग्यो भने उनी कुनै पनि प्रकारको दबाब, प्रलोभन, धम्की वा त्रास झेल्न सक्छन् । उनको व्यावसायिक इमान्दारिता, विज्ञता र निष्पक्षताका कारण उनलाई धम्की र प्रलोभनमा पार्न सायद कसैले आँट पनि नगर्लान् ।)

०००

टुक्राटाक्री

यी द्वन्द्वकालीन सम्झना हुन्- मूल अध्यायमा जोड्न नसकिएका, सन्दर्भ नमिलेका, मितिसिति नभएका र विस्तृत जानकारी नभेटिएका । सम्झनाका टुक्राटाक्री यहाँ राख्नुको उद्देश्य के भने कतै न कतै यस्ता अवशेषले द्वन्द्वका घटनालाई सम्झाउन र रेकर्ड राख्न मद्दत गरेका छन् ।

यी सम्झनामध्ये कुनैका छेउ छन्, टुप्पा छैनन् । कुनैका टुप्पा छन्, छेउ छैनन् । कुनैका छेउटुप्पो दुवै छैनन् । पहिले त सोचेको थिएँ- भो लेख्दिनँ, यस्ता चोइटाले के अर्थ राख्ला र ? सोच्दासोच्दै थप प्रसङ्ग आए । कतै हँसाउने, कतै मनै चस्काउने । भोगाइ र सम्झना निजी भए पनि पाठकले तिनलाई आफ्नै जस्तो ठान्लान् भनेर प्रस्तुत गरेको छु ।

१.

सन् २००० तिरको कुरा । मकवानपुरको मनहरीमा थिएँ । मनहरी मूलसडकमै पर्छ । त्यहाँ इन्सपेक्टरको नेतृत्वमा प्रहरी चौकी थियो । रिपोर्टिङको सिलसिलामा त्यहाँ पुगेको थिएँ । साँझपख इन्सपेक्टर र म खाजा खान चौकी नजिकैको होटलमा पस्यौँ । जाडोको समय थियो । उनले 'हल्का बिजुली पानी लाउँछु' भने । झमक्कै साँझ पऱ्यो । मान्छे

चिनिने अवस्था थिएन । रातका लागि दिउँसै पासवर्ड तयार पारिएको रहेछ । खाजाघरबाट हिंडियो । प्रहरी चौकीको गेट नजिक पुग्ने बेला इन्सपेक्टरले भने : ओइ गेट् खोल् ।

सेन्ट्री : (राइफल तेर्स्याउँदै) को हो ? पासवर्ड ।

इन्सपेक्टर : म हो के, तेरो बाउ ।

सेन्ट्री : कुन मुजी हो ? हान्दिम् ?

इन्पेक्टर : म इन्सपेक्टर हो ।

सेन्ट्री : पासवर्ड बताउनुपर्छ नि सर ।

इन्सपेक्टर नबोली अघि लागे, पछिपछि म । चौकी वरपर बस्ने खालका होटल नभएकाले उनले मलाई चौकीमै बस्न अनुरोध गरे । भन्दै थिए, 'रिटायर्ड हुन केही महिना छ बाँकी । त्यतिन्जेल बाँच्न पाए भो । पेन्सन आइहाल्छ । जतासुकै जाओस् देश । मलाई मात्रै के टेन्सन देशको ? यति रक्सी नलिने हो भने रातभर निद्रा पर्दैन । आफैं डराएपछि केटाहरूले के लड्लान भनेर मन दह्रो पार्न बेलुकी बेलुकी एक-दुई गिलास लिने गरेको छु । नेपाल प्रहरी मनोबलले लडेको छ, हतियारले होइन ।'

२.

भोलिपल्ट म मनहरीबाट खैराङ पुगें । बाटो वरिपरि गाँजा खेती थियो । खेतीको साटो गाँजा लगाएका थिए स्थानीयले । चिसा र सेपिला ठाउँ थिए अधिकांश । चिसो ठाउँको गाँजा राम्रो मानिंदो रहेछ । अरु अन्नबाली राम्रो नहुने र पाक्नलाई समय लाग्ने भएपछि गरिबीको दुष्चक्रबाट बँच्ने त्यो एउटा उपाय थियो । वर्षौंदेखि गाँजा खेती गरिए पनि अधिकांश स्थानीय गरिबै थिए । लाग्थ्यो, गाँजा कृषकको हातमा केही परेको छैन, रकम बिचौलियाले खाइदिएका छन् ।

दुईतिर ठूलठूला डाँडा थिए । त्यही डाँडाको खोँचमा मनहरी खोला थियो र खोला नजिकै प्रहरी चौकी । चौकीको अगाडि कटहरको रुख थियो । म चौकीमा पुग्दा दिउँसोको ४ जति बजेको थियो । अधिकांश प्रहरी जवान खाटमा सुतिरहेका थिए । तीन-चार जना खाना बनाउँदै थिए । साँझको ६ बजेतिर खाना तयार भयो । अधिकांश प्रहरी ओछ्यानबाट उठेर मुख धुन थाले ।

म पनि मेसमा मिसिएँ । खसी काटेका रहेछन् । मासुभात खाइयो । हवल्दारको नेतृत्वमा थिए प्रहरी । तराईवासी हवल्दारले भने, 'तपाईं सुत्ने भए सुत्नुस् । हामी त प्रत्येक रातलाई अन्तिम भन्दै रमाइलो गर्छौं । के गर्ने यस्तै छ ।'

चार वटा लाल्टिन तयार भए । कटहरको रुखको चारतिर चार सुरमा लाल्टिन झुन्डिए । एउटाले मादल झिकेर ल्यायो । गण्डकी अञ्चलतिरका भाकामा सुरु भयो दोहोरी-

हे...यो वनमा रैʼनछ चरी
चरी भए कराउँथ्यो क्यै गरी
पानको पात
माया तिम्लाई सम्झन्छु दिनको रात
मर्स्याङ्दी सलल...

दुई घन्टाजतिपछि दोहोरी गीत कार्यक्रम सकियो । खाटमा पल्टेको छु, निद्रा परेको छैन । सुनें :

- ओइ त्यो डाँडामा चढ्छस् ?
- मैले देख्या छैन भन्ठान्या छस् ?
- खुरुक्क जा, नत्र ठाउँको ठाउँ ठहरै पार्दिन्छु ।
- ओर्ली..ओर्ली ..ओर्ली... । मैले नदेख्या जस्तो गर्छस् ?

कटहरको रुखमा चढेको प्रहरीले टिन ठटायो ढ्याङ... ढ्याङ... ढ्याङ... ढ्याङ...

प्रहरी रातभर जागा छन् भनेर देखाउन आत्मरक्षाका लागि त्यो उपाय अपनाइएको रहेछ । दिउँसो सुत्ने र राती पालो मिलाएर ड्युटी गर्दा रहेछन् ।

कप्चेरो ठाउँमा प्रहरीको सञ्चार सेटले पनि काम नगर्दो रहेछ । सिग्नल नआउने । सिग्नल नआए पनि उनीहरूले हातमा वाकीटकी बोकेका थिए, देखाउनकै लागि मात्र ।

३.

नेपाल पत्रकार महासङ्घले दिने परिचयपत्र जम्मा दुई पटक लिएको छु । सूचना विभागले दिने प्रेस पास एक पटक मात्र । त्यसपछि मैले कहिल्यै पनि प्रेस लेखेको कार्ड बोकिनँ, आवश्यकता पनि परेन । यसका पनि कारण छन् ।

रोल्पाको गजुल भन्ने ठाउँमा थिएँ । माओवादी छापामारहरूको समूह खाना खाएपछि भाँडा माझ्दै थियो । भोजभतेरमा प्रयोग गरिने खालका ठूलठूला डेक्ची थिए । डेक्ची हेर्दा उनीहरूको सङ्ख्या एक सय जनाको हाराहारीमा हुनुपर्छ ।

एक जना व्यक्ति आए र मेरो परिचयपत्र खोजे । मैले नेपाल पत्रकार महासङ्घबाट लिएको परिचयपत्र दिएँ । उनले भने, 'यस्तो त बागबजारमा स्क्रिन प्रिन्ट गरेर बन्छ ।'

हेर्दा नै कमसल देखिने र सक्कली–नक्कली नछुट्टिने परिचयपत्रले पारेको समस्या यो पहिलो पटक थिएन । त्यसैले मैले नागरिकता पनि बोक्ने गरेको थिएँ । नागरिकता र केही थान आफूले काम गर्ने पत्रिका पनि थिए । जहाँ मेरो नाम उल्लेख गरिएको हुन्थ्यो । १६ वर्षे उमेरको ढाका टोपीवाला नागरिकताको फोटो र पछिल्लो अनुहार उनले धेरै पटक फेरिभाई गरे । सायद उनलाई जँच्यो । भने, 'ल जाम् अब ।'

एउटा धन्सार थियो । तल गाईबस्तु बाँधिएका थिए । माथि तलामा हामी पराल ओछ्याएर बस्यौं । मसँग कुरा गरेका माओवादी कार्यकर्ताले अर्का युवकलाई चामलको व्यवस्था गर्न भने र कुखुराको भाले किन्न पठाए । खाना तयार भयो । खाना खाने हामी तीज जना भइयो । खाना पस्कने बेला भान्सेले भने, 'सिखारमा मसलो हालेको छैन । मीठो मानेर खानो'ला ।'

बेलुका साँस्कृतिक कार्यक्रम राखिएको थियो । परिचय कार्यक्रमपछि मैले अन्तर्वार्ता दिनुपर्ने भयो । माओवादीको उत्पत्तिदेखि यसलाई आम मानिसले हेर्ने दृष्टिकोणसम्म मैले बताउनुपर्ने । अन्तर्वार्ता निकै लामो भयो । भित्तामा भरुवा बन्दुक राखेर पलैंटी मारेका छापामार निद्राले उँग्न थाले । कलाकारले पनि हाई काँढे । मेरो अन्तर्वार्तामै कार्यक्रम सकियो । केही कार्यकर्ताका साथ म गोठमाथि सुतें ।

भोलिपल्ट बिहान । भरुवा बन्दुक बोकेका पाँच जना छापामार मलाई पुऱ्याउन आधा घन्टाको बाटोसम्म आए । बाटोमा चिउरीको रुख भेटियो । पहिलो पटक चिउरीको बोट र फल देखें । प्लास्टिकको आधा झोला चिउरी टिपिदिए र भने, 'ऊ त्यो पारिको गजुल प्रहरी चौकी हो । चौकीसँगै तल झर्ने बाटो भेटिन्छ । मूलबाटो समात्दै सुलीचौर जाने बाटो सोध्नुस् । त्यहाँबाट दाङ जाने गाडी पाइन्छ ।'

सम्झन्छु, ती निष्ठाले लडेका थिए । उनीहरूको समर्पणमा शङ्का गर्ने ठाउँ थिएन । कहाँ होलान् ती ? जीवितै छन् कि बिते होलान् ? भए के गर्दै होलान् ?

४.

विदेश भ्रमणमा जाँदा म आफूले लेखेका र अङ्ग्रेजीमा अनुवाद भएका सामग्री लिन्छु । नेपालको पासपोर्ट देखाउँदा केरकार पनि गर्छन् । सन् २०१० को सेप्टेम्बरमा इटालीको एयरपोर्टमा यस्तै भयो । पासपोर्ट कन्ट्रोलमा पासपोर्ट मागे । दिएँ । इटाली आउनुको उद्देश्य

सोधे । सेमिनारमा भाग लिनका लागि आएको बताएँ । उनीहरूले मसँग प्रेस पास छ कि भनेर सोधे ।

इटाली जानु दुई दिनअघि मात्र सूचना विभागबाट प्रेस पास बनाएको थिएँ । विभागले पास अस्थायी भनेर दिएको थियो । त्यो पास बागबजारमा बनाइने भन्दा पनि कमसल खालको थियो । सूचना विभागका एक प्राविधिकले मेरो फोटो स्क्यान गरे । फोटो र विवरण भरेर साधारण फोटोकपी कागजमा अङ्ग्रेजी र नेपालीमा प्रिन्ट गरे । पर्समा अट्ने गरी काटे । बीचमा गम लगाएर अङ्ग्रेजी र नेपालीलाई एकअर्कामा टाँसे । अधिकृतले फोटोमा पर्ने गरी रातो मसीले सही गरिदिए । कमसल कागजमा गरिएको कलर प्रिन्टले गर्दा अक्षर हल्का फुले, देखाउनै नमिल्ने खालको प्रेस पास बन्यो । तैपनि त्यसलाई जोगाउन लेमिनेसन गरेँ ।

त्यही प्रेस पास मैले इटालियन प्रहरीलाई दिएँ । प्रहरीले त्यसलाई बडो अजिब तरिकाले हेऱ्यो । कहिले टेबुलमुनि राखेर प्रकाश पार्छ, कहिले देब्रे हातले प्रेस पास समातेर दाहिने हातको चोरी र बूढीऔँलोले बत्तीतिर फर्काउँदै ठटाउँछ । उसले अर्को प्रहरीलाई बोलायो । उसले मलाई इटालीबाट पठाइएको निम्ता देखाउन भन्यो । कार्यक्रम द्वन्द्व, शरणार्थी र मानवीय न्यायसम्बन्धी थियो । त्यो देखाएपछि उसले प्रेस पास फिर्ता दिँदै भन्यो, 'द्वन्द्वमा मानिस ज्यान जोगाउँछ आफ्नै देशको सुरक्षित स्थान जान्छन् । त्यसपछि छिमेकी मुलुक । एसियाबाट युरोपको भिसा लगाएर यहाँ आउने नक्कली आप्रवासी हुन् ।' कसैको रिस उसले मैमाथि पोख्यो मानौँ कि म शरणार्थी बन्न आएको छु ।

इटालीको सान्रेमो भन्ने ठाउँमा आयोजित कार्यक्रममा थाहा पाइयो, इटालीमा भारत र अफ्रिकाबाट शरण खोज्नेको आइरो नै रहेछ । भारतको पन्जाव र हरियाणा राज्यका मान्छे शरण खोज्नेमा अत्यधिक रहेछन्, जो कम्तीमा पनि १० लाख भारतीय रुपियाँ खर्च गरेर शरणार्थी बन्न आएका थिए । यिनीहरू युरोपका अन्य देशबाट 'डोङ्की' मारेर इटाली आएका थिए ।

पन्जाबी लवजमा गधा (डङ्की) लाई डोङ्की भनिन्छ । गधाजस्तो एक सुरले खाने-बस्ने ठेगान नभई लखरलखर जता पायो, उतै गैरकानुनी तरिकाले हिंड्नेलाई डोङ्की मार्ने भनिंदो रहेछ ।

अफ्रिकनहरू डुङ्गा चढेर शरण लिन आएका, धेरैजसो सेनेगल देशबाट । सेनेगालिजहरू भन्दा रहेछन्- बाँचे इटालीलाई, मरे समुद्रका माछालाई ।

कार्यक्रममा नेपालको द्वन्द्वका बारेमा पनि कुरा भए । निष्कर्ष थियो, युरोपमा भएका अधिकांश आर्थिक आप्रवासी हुन् । 'इन्टरनेसनल इन्स्टिच्युट अफ ह्युमेनिटेरियन ल' नामक संस्थाले अध्ययनकै आधारमा त त्यसो भन्यो होला ।

५.

शिव लामिछानेलाई मैले गोरखाको ठिंगुरेस्वाँरास्थित सेनाको हिरासतमा भेटेको थिएँ । कम उमेरमै उनले माओवादी पार्टीको भातृ संस्था अखिल नेपाल स्वतन्त्र विद्यार्थी युनियन (क्रान्तिकारी) मा राम्रो प्रभाव जमाएका थिए । त्यसको केन्द्रीय सदस्य थिए । असाध्यै तीक्ष्ण बुद्धिका लामिछानेले सेनासामू आत्मसमर्पण गरेको माओवादी दाबी गर्थ्यो । सेना भने लामिछानेलाई गिरफ्तार गरिएको बताउँथ्यो । मैले सोध्दा उनले आफूलाई सेनाले गिरफ्तार गरेको बताएका थिए ।

सेनाले शिव लामिछानेलाई माओवादीका घर चिनाउने र माओवादीले लुकाएका सुन पत्ता लगाउने काममा प्रयोग गर्‍यो । उनीबाट अब थप सूचना आउँदैन भन्ने लागेपछि छाडिदियो । सेनाबाट मुक्त भएपछि उनी काठमाडौंमा बस्न थालेका थिए । पखाला लागेर औषधि किन्न आउँदा बालाजु बाइपासबाट उनी माओवादी अपहरणमा परे ।

मैले सुनेअनुसार तराईको जङ्गल (मकवानपुर) मा लगेर उनलाई जिउँदै खाल्डो खनेर गाडियो । गाडिनुअघि उनको शरीर पत्तीले

चिरिएको थियो रे । गोरखाका विभिन्न माओवादी नेता-कार्यकर्तालाई मैले लामिछानेबारे उतिबेलै प्रश्न पठाएर सोधेको थिएँ । तर, जवाफ कसैले दिएनन् ।

शिव लामिछाने सेनाको हिरासतमा निरीह देखिन्थे । सेतो सर्ट, खैरो पाइन्ट र चप्पल लगाएका उनी पिंजडाको सुगाजस्तो देखिन्थे । शिवसँग कुरा हुँदै गर्दा उनलाई खाना खान बोलाइयो । पर्खेर बस्नुभन्दा केही समय पछि आउनु उपयुक्त होला भनेर म बाहिरिएँ । उनीसँग फेरि भेट्ने मौका कहिल्यै मिलेन ।

कुनै बेला उनलाई नेपाली सेनाले नेपाल टेलिभिजनबाट प्रसारण गर्ने 'माटोले माग्दैन आफैँले दिनुपर्छ' कार्यक्रममा देखाइएको थियो । त्यसमा उनले माओवादीसम्बन्धी केही कुरा बोलेका थिए । सेनासँग उनले बोलेको भिडियो हेर्न खोजें । निवेदन दिन भनियो । अब सम्भव छैन भन्ने लागेको थियो । नभन्दै त्यस्तै भयो । सेनाले टेप नभेटिएको मौखिक जवाफ दियो ।

इन्सेकले अगस्ट २०१० मा तयार पारेको प्रतिवेदनमा गोरखा, मिरकोट घर भएका शिव लामिछानेबारे यसरी लेखिएको छ : *इन्सेकमा जानकारी दिने व्यक्तिका अनुसार उनलाई पार्टीविरुद्ध लागेको आरोपमा नेकपा माओवादीले २२ जुलाई २००३ मा काठमाडौंबाट अपहरण गरेको थियो । अपहरण भएदेखि उनको अवस्था हालसम्म अज्ञात छ । लामिछानेलाई २३ नोभेम्बर २००१ मा गोरखा बजार नजिकबाट शाही नेपाली सेनाले गिरफ्तार गरेको थियो । लामिछाने गोरखा ठिंगुरेस्वाँरास्थित सैनिक ब्यारेकबाट १३ जुलाई २००३ मा रिहा भएका थिए । सैनिक हिरासतमा रहँदा लामिछानेले पार्टीविरुद्ध काम गरेको माओवादीको आरोप छ । अपहरणको दुई महिनापछि उनी मारिएको खबर सार्वजनिक भएकोले धार्मिक परम्पराअनुसार काजकिरिया गरेको परिवारले बताए । घटनाको मिति र स्थान हालसम्म सार्वजनिक भएको छैन भने परिवारले उनको लास पनि पाउन सकेको छैन ।*

मलाई शिव लामिछानेसँग भेटाएका सैनिक अधिकारीले गोरखा जिल्लामा गरेका विकासको काम, स्वास्थ्य शिविरलगायत सेनाको गतिविधिबारे बयान गरेका थिए । सामग्री छापिएर आउँदा सेनाको समाचार एक अनुच्छेद पनि थिएन । समाचार छापिएपछि ती अधिकारीले भने, 'मैले तपाईंलाई त्यत्रो महाभारत सुनाएको थिएँ । चुट्किला जति पनि आएनछ । मिडियाको कामै आतङ्ककारीलाई उचाल्ने हो ।'

६.

प्रसङ्ग गोरखाकै । गाविस तान्द्राङ हो । ठाउँको नाम बिर्सिएँ । रातीको बसाइ माओवादी छापामारसँग हुने भयो । एउटा घरको पिंढीमा लहरै सुत्ने तरखर भयो । अलिक पर पुगेर उनीहरू फुटबल खेलाडीझैं गोलाकार भए, कुममा हात राखे । मैले नसुन्ने गरी केही फुसफुसाए । एउटाले भन्यो, 'त्यो त पहिल्यै भैसक्या छ ।' फेरि उनीहरू गोलाकार भए पहिलेझैं अनि खासखुस गरे ।

हामी १५-२० जनाजति थियौं । चार जना घरभन्दा अलिक पर चार सुरमा सेन्ट्री बस्न गए । निद्रा नलागेपछि पिसाब लाग्नु स्वाभाविकै हो । त्यही माथि जाडोको महिना । महिलाहरू कोही थिएनन् । नजिकैको साथीलाई झक्झक्याउँदै भने, 'पिसाब गर्न जान मन लाग्यो ।'

पासवर्ड अङ्कमा रहेछ । त्यसमाथि एक पटक परिवर्तन गरिएको थियो । उनी पासवर्डमा झुक्किए । सम्झने कोसिस गरे तर सकेनन् । केही सीप नलागेपछि उनले अलिक जोडले भने, 'म कमरेड ... बोलेको । पासवर्ड बिर्सिएँ । ह्याँ पत्रकार साथीलाई पिसाब लाग्यो ।' उताबाट उत्तर आयो, 'म नजिकै छु । यतै आउनू ।'

हामी बारीतिर लाग्यौं । सेन्ट्रीका मान्छे बारीको कुनामा उभिएको रहेछन् । शीत परेका बेला खुला आकाशमुनि लुगलुग काँप्दै उभिएर रातभर एक्लै बसेका । मैले उनको निष्ठामा पनि शङ्का गर्ने ठाउँ देखिनँ ।

७.

हामी झापामा थियौँ । हामी भन्नाले पत्रकार साथी सीताराम बराल र म । सशस्त्र प्रहरी जवान जीवन उप्रेतीलाई हामीले उद्धार गरेका थियौँ । जीवन माओवादी अपहरणमा परेका थिए । अपहरणमा पर्दा उनलाई कहिले खोलाको किनारै किनार त कहिले काँसघारीको बाटो हिंडाइएछ । हाम्रो सम्पर्कमा आएपछि उनले भनेका थिए, 'पत्रकारसँग भेट'भो । बाँच्छु जस्तो लागेको छ ।'

माओवादीले बस्नका लागि बन्दोबस्त गरेको घरमा जीवनलाई राती ल्याइयो । उनका आँखामा पट्टी बाँधिएको थियो । उनले खाना खाएको बताए । सीतारामजी र मैले खाना बाँडेर खायौँ । भोलिपल्ट मात्र थाहा भयो, उनै भोकै रहेछन् ।

भोलिपल्ट बिहान जीवनलाई हामीसमक्ष उपस्थित गराइयो । आँखामा पट्टीको सट्टा कालो चस्मा लगाइएको थियो । पश्चिमाले लगाउने जस्तो गोलो टोपीले उनको आँखा ढाकिएको थियो । ढाकिए पनि कालो चस्मा अलिकति देखिन्थ्यो । माओवादी कार्यकर्ताले जीवनलाई कसरी माओवादीको कब्जामा परेकोदेखि अब जागिर खाने कि नखाने थुप्रै प्रश्न सोधे ।

सर्ट, पाइन्ट र खाली खुट्टामा थिए जीवन । कलेटी परेको ओठ, त्रसित अनुहार । उनलाई पत्रकारको रोहबरमा जागिर नखाने गरी छाडिन लागिएको थियो ।

अपहरणमुक्त भएपछि जीवन भारत पुगेछन् । खासै गतिलो काम भेटेनछन् । द्वन्द्व कम भएपछि नेपाल आए । रोजगारीका लागि मलेसिया गए । त्यहाँ पनि काम गतिलो परेन । नेपाल फिर्ता भए ।

पछिल्लो समय मैले भेट्दा उप्रेतीले भने, 'द्वन्द्वका बेला आफूखुसी छाडेकाको जागिर जोडियो । म अपहरणमा परेको मान्छे यता न उता भएको छु । न सरकारले वास्ता गर्छ, न माओवादीले ।'

अपहरणमुक्त हुँदा जिम्मेवारी लिइदिएकोमा उनले हामीलाई धन्यवाद दिए, भुलेनन् । जीवन मैले बनाएको डकुमेन्ट्रीको एक पात्र पनि हुन् ।

८.

जीवनलाई मुक्त गरेपछि हामीले जिप रिजर्भ गर्‍यौं । सीताराम बराल, म र अन्य सञ्चारकर्मी थियौं । सरकारले सङ्कटकाल घोषणा गरेको समय थियो । राती कर्फ्यू लाग्थ्यो । हिले (धनकुटा) पुग्दा रात छिप्पिइसकेको थियो । चकमन्न अँध्यारो । हिलेस्थित सैनिक ब्यारेक आउनुअघि नै सीतारामजीले जनआस्था साप्ताहिकका सम्पादक किशोर श्रेष्ठलाई फोन गरे । किशोरले पृतनापति प्रदीपप्रताप बम मल्ललाई फोन गरिदिए । ब्यारेकमा हामी चढेको जिप आउँदै छ भन्ने जानकारी दिए ।

ब्यारेकमा ढाँट लगाइएको थियो । घच्याक्क रोकिने बित्तिकै सैनिकहरूले पोजिसनमा जिपलाई घेर्दै 'हल्ट' भने । जानकारी गराए पनि रातमा जो पनि आउन सक्ने भएकाले सेना सतर्क अवस्थामा थियो । सीतारामजी र मैले हात उचाल्दै जोडले चिच्यायौं, 'पत्रकार' । चेकजाँचपछि ब्यारेक कटेर हामी अघि बढ्यौं ।

झापाबाट हामीलाई सङ्खुवासभाको गुफापोखरी पुग्नु थियो । हामी हतारमा थियौं । ९ अप्रिल २००४ मा इलामबाट अपहरणमा परेका ४२ प्रहरीलाई अधिकारकर्मी र सञ्चारकर्मीको रोहबरमा छाड्ने भनेर हामीलाई माओवादी पार्टीले सहभागिताका लागि बोलाएको थियो । गाडी भाडा भनेर माओवादी पार्टीले हामीलाई ४ हजार ५ सय रुपियाँ पनि दिएको थियो । त्यही पैसाले हामीले ल्यान्ड रोभर जिप रिजर्भ गर्‍यौं ।

अपहरणको २० दिनपछि उनीहरूलाई मुक्त गरिंदै थियो । बिहान १० बजे प्रहरीलाई मुक्त गर्ने कार्यक्रम थियो । तर, बेलुका ४ बजेसम्म पनि हामी तोकिएको स्थानमा पुग्न सकेका थिएनौं । गुफापोखरी नजिक

पुग्दा लाग्दा लाउड स्पिकरबाट चर्को आवाज आयो, 'र...यस्तै गरी अहिले हाम्रो नजिक सञ्चारकर्मी आएको थाहा पाएका छौं । हामीले बन्दीलाई जेनेभा कन्भेन्सनअनुसार व्यवहार गरेका छौं ।'

बिहान १० बजेदेखिको भाषण 'र...' 'अनि...' 'त्यसैगरी...' जोड्दा जोड्दै लम्बिएको लम्बियै रहेछ । हामी पुग्दा प्रहरीहरू बेन्चमा फूलमाला लगाएर जाडोले लुगलुग काँपिरहेका थिए । नकाँपून् पनि किन ? पाइन्ट र टिसर्टका भरमा २ हजार ८ सय ९० मिटर उचाइमा थिए उनीहरू । बोल्दा तातो बाफ उड्थ्यो ।

बेलुका उनीहरूलाई प्रति व्यक्ति पाँच सय बाटो खर्च भनेर दिइयो । दिने व्यक्ति थिए, गङ्गा श्रेष्ठ । सिन्धुलीका श्रेष्ठ अहिले जनता समाजवादी पार्टी नेपालका नेता छन् ।

भोलिपल्ट बिहान अन्तर्राष्ट्रिय रेडक्रस र सञ्चारकर्मीको रोहबरमा प्रहरीहरूलाई मुक्त गरिंदै थियो । अन्तर्राष्ट्रिय रेडक्रसमा काम गर्ने एक विदेशीले प्रहरीहरूको नामसूची हेर्दै भने :

कुलप्रसाद आचार्य

एस सर ।

पदम खवास

यहीं छु सर ।

किशोर भुजेल

एस सर ।

देवनारायण महतो

महतोले हात उठाए ।

प्रेम विके, दिनेश यादव, लालबहादुर केसी, अरुणकुमार मण्डल, किरण राई, रामानन्द चौधरी, श्याम खालिङ, भुवनसिंह बस्नेत, दीपेन्द्र सम्बाहाम्फे सबैले आफ्नो उपस्थिति जनाए ।

ती विदेशी प्रतिनिधिले अर्को नाम लिए, कमल थापा । उत्तर आएन । भीडबाट कसैले भन्यो, 'उनी यतै (माओवादीमा) बस्ने रे ।' कमल थापा प्रहरीका भान्से (परिचर) रहेछन् । गाइँगुइँ सुनियो- कमल थापाले सबै सूचना उता (माओवादीलाई) दिएका हुन् । त्यही सूचनाका आधारमा प्रहरीको कमजोरी पत्ता लगाई चौकीमाथि हमला गरिएको हो । हो होइन, दैव जानून् ।

'तपाईहरू सबै यहाँ बस्नुस् । पर नजानुस् । म हाकिमलाई बोलाइदिन्छु,' यति भनेर रेडक्रसका ती प्रतिनिधि हाकिम खोज्न गए । नजिकै आकाशमा हेलिकप्टर देखियो र एक फन्को मारेर गयो । फेरि अर्को पटक देखियो झन् नजिकबाट । हमला होला कि भनेर मैले र सीतारामजीले घरको भित्ताको आड लियौं । माओवादीले नडराउन भने । दुई जनासँग एके-४७ थियो । कसैले भन्यो, 'सेनाले कारबाही स्थगित गरेको छ, डराउनु पर्दैन ।'

एफएम रेडियोमा समाचार सुनियो, 'पूर्वी पृतना मुख्यालय इटहरीले दुई दिनका लागि सैन्य कारबाही बन्द गरेको छ ।' अन्तर्राष्ट्रिय रेडक्रसको अनुरोधमा प्रहरीहरू मुक्त गरेर सुरक्षित स्थानमा लगुन्जेलका लागि सेनाले अप्रेसन रोकेको थाहा भयो ।

सिमसिम पानी परिरहेको थियो । प्लास्टिक ओढेका अन्तर्राष्ट्रिय रेडक्रसका प्रतिनिधि झन्डा हल्लाउँदै अघि बढे । बीचमा मुक्त भएका प्रहरी र अन्तिममा झन्डासहितको रेडक्रस प्रतिनिधि । उनीहरूले भने, 'कृपया हामीभन्दा आधा घन्टाअघि र आधा घन्टापछिको फरकमा हिंडिदिनु होला ।'

बहादुर भनेर चिनिएका गोर्खालीको देशमा विदेशी आएर अन्तर र्राष्ट्रिय रेडक्रसको झन्डा हल्लाउँदा मलाई अलिकति असहज महसुस भयो । (मसँग रहेको भिडियो क्लिपबाट उतारिएको सामग्री) ।

प्रहरीलाई पैसा दिने गङ्गा श्रेष्ठलाई १४ मे २०२० मा सम्पर्क गरें । ती दिन सम्झँदै उनले भने, 'म पार्टीको केन्द्रीय समिति सदस्य

थिएँ । यसबाहेक पार्टीले तेह्रथुम र सङ्खुवासभालाई मिलाएर उपब्युरो बनाएको थियो । म त्यसको इन्चार्ज थिएँ ।

इलामबाट पार्टी कब्जामा परेका प्रहरीलाई इलाम, पाँचथर, ताप्लेजुङ हुँदै सङ्खुवासभा ल्याएका थियौँ । डेढ महिनाभन्दा लामो समय भैसकेको थियो । खानेकुरा र सुरक्षा दुवैको हामीलाई समस्या बढ्दै गयो । आईसीआरसी, अधिकारकर्मी, पत्रकारहरूलाई सम्पर्क गरी उनीहरूको रोहबरमा छाड्ने भन्ने कुरा भयो ।

प्रहरीलाई छाड्नुअघि सरकारी सेनाले कारबाही स्थागित गर्नुपर्ने माग अधिकारकर्मीमार्फत पठायौँ । सेना परिचालन गर्न नपाइने र गरे पनि हामीले कार्यक्रम गर्ने स्थल गुफापोखरीबाट पाँच किलोमिटर टाढा हुनुपर्ने सर्त पनि राख्यौँ । सेना हामीले कार्यक्रम गरेको स्थान नजिकै आइपुगेछ । धन्न केही भएन ।

कमल थापा नामका परिचर केही समय हामीसँगै रहे । तर, लामो समय उनी पार्टीमा लागेजस्तो लाग्दैन । कार्यक्रम सकिएपछि हामी सङ्खुवासभाको माथिल्लो भेगतिर लाग्यौँ ।'

एक समय म इलामबाट विराटनगर आउँदै थिएँ । झापाको चारआली नजिकको कुरा हो । प्रहरी चौकी र ठाउँको नाम याद भएन । त्यही ठाउँमा हामीले मुक्त गरेका एक प्रहरी भेटिए । मैले चिनेँ । उनले पनि चिनेँ । हेराहेर भयो । वास्तवमा म निकै आत्तिएको थिएँ । चाहेको भए उनले जे पनि गर्न सक्ने अवस्था थियो । उनले केही गरेनन् ।

हामीले मुक्त गरेका दुई-तीन जना प्रहरी अरु नै कुनै भिडन्तमा मरे भन्ने पनि सुनियो ।

९.

रुकुम सदरमुकाम पुग्नै लाग्दा प्रहरीको एक हुल देखियो । मसँग डिजिटल क्यामरा थियो । हवल्दारको कमान्डमा रहेका प्रहरीले क्यामरा माग्दै माओवादीको फोटो देखाउन भने । सदरमुकाम पुग्नु पहिले नै मैले

मेमोरी कार्ड निकालेर मोजामा राखेको थिएँ । इन्टरनल मेमेरीबाट खिचिएका खोला, गाईबस्तुका तस्बिर मात्र देखाएँ । 'तपाईंले तीन-चार दिन लगाएर रुकुम आउनुभएको भन्नुभयो । तपाईंले माओवादी भेटेको हुनुपर्छ । हामीलाई भेटघाटको कुरा चाहिँदैन, फोटो मात्र देखाउनू,' प्रहरीले भने ।

जनार्दन शर्मा, कालीबहादुर मल्ललगायतका व्यक्तिमाथि उनीहरूको निकै चासो थियो । उनीहरूसँग छुट्टिएर जानै लाग्दा सिभिल ड्रेसमा रहेका एक जनाले भने, 'माओवादीले रुकुम सरदमुकाम हान्ने कुरा छ कि छैन ? तपाईं गाउँ घुमेर आउनुभएको छ । केही त भन्नुस् ।'

'रुकुम, रोल्पा, जाजरकोटजस्ता जिल्लामा माओवादीको पकड छ । सदरमुकाम आक्रमण गर्ने हो भने सुरक्षाकर्मी बढी परिचालन हुन्छन् । यी जिल्लामा बढी सुरक्षाकर्मी परिचालन भए भने उनीहरू लुक्ने ठाउँ पनि त चाहिएला नि ?' मैले अनुमानमै भनिदिए । यस्ता कुरा मैले न माओवादीसँग सोध्न मिल्थ्यो, न उनीहरूले भन्ने कुरा नै थियो ।

बेलुकी सरमुकाममा दिनेश श्रेष्ठको घरमा बास पर्‍यो । साँझ पर्ने बित्तिकै कर्फ्यू । चाँडै खाना खाएर बत्ती निभाउनुपर्ने नियम रहेछ । जिल्ला प्रहरी कार्यालय नजिकै थियो दिनेशको घर । केही दिन पहिले खसर्‍याङखुसुङ आवाज आएपछि प्रहरीले फायर खोलेछ । कुकुर ठहरै भएछ ।

त्यस दिनदेखि बेलुका घरमा बत्ती बाल्न नपाइने र बिहान ४ बजेअघि कसैले ढोका खोल्न नपाइने नियम बनाइएको रहेछ । पुराना घरमा ट्वाइलेट बाहिरै हुन्छन् । बत्ती निभाउनुअघि दिनेशले खाटमुनि कोपरा राखिदिए । जिउँदै मरेको अनुभव भयो ।

१०.

लमजुङ पुगेको थिएँ । कसैले बतायो- सिम्पानी गाविसको वडा नं ६ का मीनबहादुर भण्डारीको एउटा गोडा माओवादीले जासुसको आरोपमा काटिदिएका छन् ।

घरमा पुग्दा भण्डारी रहेनछन् । कसैलाई बोलाउन पठाएँ र घरको पिंढीमा पर्खिएँ । आधा घन्टापछि बैसाखी टेक्दै उनी आए र भने, 'को हुनुहुन्छ कुन्नि ? लौ म त मर्नलाई आएँ हजुर ।'

नचिनेको मान्छेलाई देख्दा मार्न आएको ठानेर आफैंलाई पर्सिए । अवाक् भएँ । उनले आफ्ना बारेमा यसरी बताए, 'रोपाइँ गरेर फर्किंदै गर्दा मलाई माओवादीले आक्रमण गरे । आक्रमणपछि माओवादीले मऱ्यो भनेर छोडेका रहेछन् । म बेहोस अवस्थामा थिएँ । एउटा खुट्टा छिनालिएको रहेछ । मलाई तत्काल काठमाडौं ल्याइयो । खुट्टा जोडिएला कि भनेर प्लाटिकमा हालेर काटिएको खुट्टा पनि लगिएको थियो । डोकोभित्र प्लास्टिक र प्लास्टिकभित्र खुट्टा । खुट्टा जोडिन सम्भव भएन ।'

त्रिभुवन विश्वविद्यालय शिक्षण अस्पताल महाराजगन्जमा लामो समय उपचार गरेर फर्किएका उनी नौलो मान्छे आयो कि मार्नै आए भन्ठान्दा रहेछन् । कठै त्यो जुग, ती मान्छे, ती पीडा !

मीनबहादुर केही वर्ष अघिसम्म न्यायका लागि भौंतारिइरहेका थिए ।

११.

सुर्खेतको राकममा माओवादी र सरकारी सुरक्षाकर्मीबीच भिडन्त भयो । मारमा परे सर्वसाधारण । गोली बारुदको दोहोरो प्रहारले खरको छानोमा आगो सल्कियो । थुप्रै गरिबका घर खरानी भए । म त्यहाँ पुग्दा डढेका धान, चामल र कपडाको गन्ध बस्तीभरि फैलिएको थियो । माओवादीका केही झोला झाडीमा भेटिए । एक वृद्ध व्यक्ति गएर ती झोला खोले । लगाउने कपडाबाहेक केही भेटिएन ।

जलेको घरको माथिल्लो तलामा निख्खुर काला डल्ला भेटिए । दाउराले यसो पल्टाएर हेरे । छामे । ती जलेका भाँडाकुँडाका अवशेष रहेछन् ।

जमिनमा छरिएका थ्री नट् थ्री राइफल र अन्य राइफलका पङ्किसेकका गोली खोका सङ्कलन गरें । सोचें, यी भविश्यमा काम लाग्न सक्छन् । आगामी पुस्ताले हेर्छ । तिनलाई काठमाडौं ल्याएँ । कसकोमा राख्ने ? समस्या आइलाग्यो । द्वन्द्वकाल भएकाले आफैंले राख्न सक्ने अवस्था अलि थिएन ।

अन्तर्राष्ट्रिय रेडक्रस (आईसीआरसी) ले मद्दत गर्ला भने लाग्यो र हान्निएँ, नयाँ बानेश्वर । त्यहाँ कार्यरत जँ क्लड एसनबर्गरलाई एकपटक भेटेको थिएँ । उनलाई देशमा शान्ति छाएपछि फिर्ता पाउने गरी ती सामान राखिदिन आग्रह गरें । 'व्यक्तिगत रूपमा यी मेरा सामग्री हुन् तर यिनले इतिहास बोकेका छन् । इतिहासलाई जोगाउन पनि कृपया यी सामान तपाईंले राख्ने प्रबन्ध मिलाइदिनोस् ।'

फ्रेन्चभाषी उनी नेपाली बोल्थे र अनुवादकको काम गर्थे । मेरो आग्रह ठाडै अस्वीकार गरिदिए । बडा अप्ठ्यारो समयमा कसले राखिदिन्थ्यो र ती सामग्री ? विदेशी भएकाले उनीप्रति मलाई अलिकति आशा जागेको थियो ।

अर्को दिन, गल्को पाखाको डेराबाट निस्केर बालाजु चोकनजिक विष्णुमती पुलमाथि पुगें । पुलबाट गोली भएको प्लास्टिकको पोको फालिदिएँ । असीम पीडा भयो । आफैंलाई पुलबाट हुत्याएजस्तो । पाँच मिनेटजति टोलाएर हेरें । प्लाटिकको पोको लेदोमा झन्झन् गाडिंदै गयो ।

कुनै ठूलो अपराध गरेको आभास भयो । रातभर निद्रा लागेन । घटनाको धेरै वर्षपछि राकमपीडितलाई थोरै भए पनि राहत मिल्यो भन्ने सुनें । मनमा थोरै सन्तोष भयो । ती फालेका खोका अहिलेसम्म भुलेको छैन ।

१२.

कुरा उही लडाइंका बेलाको हो । रोल्पा जाँदै थिएँ । गाडी प्रहरी चौकीअगाडि चेक जाँचका लागि सुलीचौरमा रोकियो ।

एक यात्रु गाडीको छतमा फलामको फ्रेमभित्र कुखुरा राखेर सदरमुकाम लिवाङ लाँदै थिए । एक प्रहरी जवान दुइटा कुखुरा बाहिर निकालेर चौकीतिर लम्किए । चेकजाँच सकियो । गाडी अगाडि बढ्यो । कुखुराले बोल्न सक्ने स्थिति थिएन । हामी सबैले मुखामुख गर्‍यौं । तैं चुप मै चुप । को बोल्न सक्ने ?

म थोरै परिबन्दले गर्दा बोल्न सकिनँ । गाडीमा कुरा गर्दै जाँदा हामी (सहकर्मी सङ्गीता लामा र म) सञ्चारकर्मी भएको गाडीभित्रका एक जनाले थाहा पाए । सुलीचौर चौकी आउनुअघि उनले मलाई केही काजगपत्र झोलामा राखिदिन अनुरोध गरे । प्लास्टिकको झोलामा रहेको कागजपत्र मलाई दिएर उनी चौकी आउनुअघि नै झरे ।

चौकीको आँगनमा कालापहाड (भारत) बाट आएका एक युवाको अटैची (सुटकेस) प्रहरी घनले हानेर फुटाउँदै थिए । कालापहाडिया भन्दै थिए, 'यिनका ताल्चा हराई गयो । केटाटीका कपडो छ ।' हेर्दाहेर्दा अटैची दुई फ्याक भयो, कामै नलाग्ने गरी ।

बसको झ्यालबाट यसो बाहिर हेर्छु, अजङ्को सिमलको रुखमा बाँसको भऱ्याङसहित मचान बनाइएको रहेछ । मचानमा थ्री नट् थ्री राइफल बोकेका प्रहरी तैनाथ थिए । मैले सुनेअनुसार धेरैजसो प्रहरी दिउँसो सुत्थे र रातभरि जाग्राम बस्थे । मैले मचानको फोटो झ्यालबाटै लिएँ । त्यो फोटो अहिले हेरेर आफैंलाई 'कस्ता जुग थिए है' भन्छु ।

१०-१५ मिनेट गुडेको गाडी फेरि रोकियो । मलाई प्लास्टिकको झोला दिने व्यक्ति पुनः गाडीमा चढे । झोलाको अवस्थाबारे सोधे । सकुशल थियो । मैले दिएँ । सायद उनी माओवादीका केही चिठी लिएर हिंडेका थिए ।

त्यतिबेला राजा ज्ञानेन्द्रको शासन थियो । हामी एउटा सर्वेक्षणका लागि गएका थियौं । प्रश्न थियो- प्रजातन्त्रलाई कसबाट खतरा छ ? राजाबाट, राजनीतिक पार्टीबाट र अन्य । उत्तर आयो- राजनीतिक पार्टीबाट । राजा गए, कहिल्यै फर्कन नसक्ने गरी । गणतन्त्रको जराले

पूरै माटो नसमाते पनि यो मर्ने अवस्थामा छैन । बाँकी रह्यो खतराको सम्भावना । त्यो सर्वसाधारणले बताइसके ।

१३.

गोरखा र तनहुँ दुई जिल्ला जोड्न मर्स्याङ्दी नदीमाथि सेनाले बेलिब्रिज हालेको थियो । यो गोरखाको पालुङ्टार नजिकैको कुरा हो । जोडेको केही दिनमै पुल लच्कियो । लच्किन त लच्कियो, प्राविधिक त्रुटि भएर हो वा अन्य कारणले, त्यो चाहिँ थाहा पाउन सकिएन । सेनाको कुरो न पर्‍यो । पृथ्वी राजमार्ग बन्नुअघि पालुङ्टारमा जहाज चल्थ्यो ।

उर्लँदो नदीको किनारनजिक बसेर एक जना ढुङ्गा थुपार्दै थियो । फिल्मवाला यासिका नामको क्यामराबाट सबै दृश्य आउने गरी एक क्लिक गरेपछि उसले सोध्यो :

- *के गरेको ?*

- फोटो खिचेको ।

- *किन खिचेको ?*

- पुल राम्रो लागेर ।

- *कसले खिच्न पठायो ?*

- आफ्नै मनले ।

- *के काम गर्छौ ?*

- पत्रकारिता ।

त्यो सेनाका मान्छे हो भन्ने छनक कुराकानीको भाषाबाटै थाहा पाइन्थ्यो । एक क्लिक फोटो खिच्दैमा केही बिग्रेको थिएन । अहिलेको जस्तो बेला भएको भए भन्थेँ, 'सार्वजनिक ठाउँमा उभिएर सार्वजनिक कुराको फोटो खिच्न पाइन्छ ।'

तर, बेला डर मर्नुको थियो । उसले मलाई केही घन्टा केरकार गरे । गोली ठोक्ने धम्की दिनेदेखि पत्रकारिताको कक्षासमेत लिन भ्याए । 'अनुमतिबिना फोटो खिच्न पाइन्न । म तिमीलाई गोली ठोकेर आतङ्ककारी पनि भन्दिन सक्थेँ,' उसले ममाथि त्यसो नगरेर दया गरेको बतायो ।

पत्रकारिता के हो ? नेपालमा पत्रकारिताको अवस्था कुन ढङ्गले गएको छ ? अरु देशमा पत्रकारिताको अवस्था के छ भन्नेदेखि लिएर उसले भ्रमण गरेका देश र त्यहाँ आफूले गरेका बहादुरीको वर्णन गर्नसम्म भ्यायो । भ्रमण गरेको देशको सूची सुन्दा ऊ अधिकृत तहको हो कि भन्ने मेरो अनुमान छ ।

सवाल-जवाफ गरेर कुनै फाइदा नहुने देखेर मैले टाउको मात्र हल्लाइरहेँ । उसले मेरो टेलिफोन नम्बर माग्यो । दिनै पऱ्यो । दिएँ ।

उसले आफ्नो सालोको नम्बर दिएर भन्यो, 'यो क्यामराको फिल्म चाहेको भए मैले निकाल्न सक्थेँ तर तिमीले फिल्म धोएर नेगेटिभ बनेपछि त्यो काटेर मेरो सालोलाई दिनू । शङ्करदेव क्याम्पसनेर घर छ । ऊ लिन आउँछ ।'

मैले एउटा फोटो प्रिन्ट गरेर फिल्म दिन सक्थेँ तर त्यसो गर्न सकिनँ । फिल्म काटेर उसको सालोलाई दिएँ किनकि मैले मूर्खको ओखती हुन्न भन्ने पनि पढेको थिएँ । को थियो होला त्यो सैनिक ?

१४.

जाजरकोट जानका लागि सुर्खेतको छिन्चुमा थिएँ । बिहानीपख । स्टार्ट भएर गाडीले धुवाँ फालिसक्यो । छुट्नै लागेको सङ्केतस्वरूप गुरुजीले लामो 'हरन' मारे ।

अचानक ढ्याम्म आवाज आयो । मान्छे ग्वारग्वार्ती त्यतै दौडिए ।

डिभिजन सडक कार्यालयलाई सुरक्षाकर्मीले अस्थायी ब्यारेक बनाएर बसेका रहेछन् । राती थापिएको धराप बिहान उठाउन बिर्सेछन् ।

एम्बुसमा बालक परे । रक्ताम्य बालकलाई लिएर मानिस अस्पताल लैजाने तरखर गर्न थाले । म जाजरकोट जाने कि नजाने दोधारमा परें । तीन पटकसम्म ओर्लंदै चढ्दै गरें । पछि जाने नै निर्णय गरे । सोचें, त्यो बालकलाई के भयो होला ?

मार्च २०१९ मा छिन्चु जाने मौका पऱ्यो, ती बालक हेमराज खड्का रहेछन् ।

१५.

रुकुम र जाजरकोटको स्थलगत रिपोर्ट गर्ने क्रममा मलाई माओवादी कार्यकर्ताले चौरजहारीबाट रुकुमको सदरमुकाम मुसीकोट जानका लागि ९ जुन २००२ मा यस्तो सिफारिस लेखिदिएका थिए, *'रुकुम जिल्लाको खोलागाउँ गाउँ जनसरकार वडा नं ४ मा रहेको चन्द्रबजारमा हिमाल खबरपत्रिकाका संवाददाता श्रीभक्त खनाललाई तारानाथ शर्माले भेटी यो जानकारी पत्र लेखिदिएको छ । चौरजहारीदेखि मुसीकोटसम्मका लागि यो सिफारिस दिइएको छ । -क. तारानाथ ।' (स्रोत : हिमालखबर पत्रिका, १५-२९ जुन २००२) ।*

यही अङ्कमा छापिएको समाचारको अर्को टुक्रो :

माओवादीले रुकुमका कतिपय बासिन्दालाई गाउँ छोड्न नपाउने गरी प्रतिबन्ध लगाएका छन् । खोलागाउँका १८ जनाले एक वर्षदेखि गाउँ छोड्न पाएका छैनन् । एउटा घरको भित्तामा लिथो गरेर टाँसिएको सूचनामा लेखिएको छ, 'खोलागाउँ संयुक्त जनसमितिको कार्यालयको निर्णयअनुसार पुलिस तथा सेनाका परिवारलगायत तिलक बुढा, निर्मल बुढा, जुद्धबहादुर रोकाय र वन कर्मचारी खिमबहादुर नेपालीसमेत १८ जनालाई आफ्नो गाउँ जनसरकार छोड्न प्रतिबन्ध लगाएको छ ।' क-कसमाथि कारबाही गरिन्छ भन्ने खालको सूचना पनि गाउँमा खुल्लमखुला जारी गरिन्छ ।

खोलागाउँको एक घरमा टाँसिएको अर्को सूचनामा भनिएको छ :

'खोलागाउँ गाउँ जनसरकारबाट निकट भविष्यमा कारबाही हुनेमा गोविन्दबहादुर रोकाय, कालु रोकाय, मनधरा राना, सूर्यविक्रम शाह र उनकी आमा ।'

माथि उल्लिखित दुवै सूचनामा 'शक्ति' नामका सेक्रेटरीले हस्ताक्षर गरेका छन् ।

देशको यौटा भागबाट अर्कोमा जान पनि कम्ती अप्ठ्यारो थिएन उतिबेला ।

१६.

युद्धकालमा माओवादीले खोलेका 'जनवादी' स्कुल आसपास सेना, प्रहरी वा कोही अपरिचित व्यक्ति देखापऱ्यो भने बालबालिकालाई लुकाइन्थ्यो । सेप्टेम्बर २००२ मा हिमाल खबरपत्रिका तत्कालीन संवाददाता श्रीभक्त खनाल जनवादी स्कुल हेर्न रुकुम, पुर्तिमकाँडाको एउटा स्कुल पुग्दा पत्रकारको भेषमा सेना आएको ठानेर सशङ्कित स्कुल सञ्चालक बिहानी पुन र कार्यकर्ताहरूले बालबालिकालाई गाउँका घरमा लुकाएर उनलाई त्यहाँ स्कुल चलेको आभास हुनै दिएनन् । उनीहरू त्यसबेला पत्रपत्रिकामा स्कुलसम्बन्धी समाचार आयो भने सेना-प्रहरीले दुःख दिन्छन् भनेर डराएका थिए ।

खागलको बाल संरक्षण केन्द्रका संस्थापक अध्यक्ष रहिसकेकी बिहानी पुन हाल रुकुमको क्याङ्सीस्थित जनवादी स्कुल व्यवस्थापक छिन् । युद्धकालमा स्कुल र विद्यार्थीहरूलाई सेना, प्रहरीबाट बचाउन निकै कष्ट परेको संस्थापकहरू बताउँछन् । त्यसनिम्ति बालबालिकालाई साङ्केतिक भाषाको प्रयोग गर्न सिकाइएको थियो । 'स्याल आयो, स्याल आयो, कुखुरा खाला' भनेपछि उनीहरू घरघरमा गएर लुक्थे ।

जुन २००८ को हिमाल खबरपत्रिकाको कुनै अङ्कमा प्रकाश महताराले 'माओवादी पाठशाला : यी कहाँ जान्छन् ?' समाचार लेखेपछि

मात्र मलाई यो कुराको जानकारी भयो । बिहानी पुनसँगको भेट ताजा भयो । ती स्कुलहरू के भए होलान्, जान्न मन लाग्यो । जिज्ञासामा रुकुमका जिल्ला शिक्षा अधिकारीले टेलिफोनमा भने, 'अन्यत्र खोलिएका स्कुलबारे थाहा भएन, क्याङ्सीको स्कुल सामुदायिकमा परिणत भयो ।'

१७.

सुर्खेतबाट हिडेर रुकुम जाँदा ठाडै उकालो काटेपछि एउटा ठाउँ आउँछ, मैनतडा । गाविसको नाम पनि हो मैनतडा । दायाँबाट घर छन् र बीचबाट बाटो अघि बढ्छ । दुई-चार वटा दोकान थिए । तयारी भात-तिहुन पनि पाइने । हल्का चिसो ठाउँ, जहाँबाट सिस्ने र जलजला हिमाल प्रस्ट देखिन्थे ।

मैनतडाबाट ओरालो लागेपछि सल्यानको कैनगार आउँछ । खोली बगरमा गाई चराइरहेका एक गोठालोले मलाई बाटो हिंडिरहेका बेला भने, 'एकछिन यता आम् त ।' खोली किनारको अस्थायी झुप्रोमा केरा र दही-चिउरा बेन्च राखिएको थियो । झुप्रोमा बाँसबाट बनाइएको टाँडमा बस्दै उनले भने, 'सिफारिसपत्र छ ?'

मैले एकै शब्द बोलेँ, 'नाइँ ।' उनलाई रिपोर्टिङमा आएको बताएँ । म पुग्नु पहिले नै उनले चाल पाइसकेका रहेछन् । उनले भने, 'दुस्मन (आर्मी) ले तपाईं जाने ठाउँतिर सर्च गर्दैछ । तपाईं कि अर्को बाटो जानुस्, कि रोकिनुस्, कि फिर्ता हुनुस् ।'

एक-दुई घन्टाजसो म त्यहीं रहें । दही-चिउरा खाँदै गफ गरियो । एउटा ठिटो जङ्गलतिरबाट ओरालो झर्दै गरेको देखियो । उसले सरासर आएर मसँग बोल्ने व्यक्तिलाई हाते चिठी दियो । चिठी पढेपछि उनले भने, 'आर्मी ब्याक भएछ । खतरा छैन ।' उनीहरूको सूचना संयन्त्र चुस्त थियो । छक्क पर्ने कुरै थिएन । यस्ता कुरा पहिले नै थाहा पाएको थिएँ ।

१८.

गरायला, रुकुमकै अर्को प्रसङ्ग पनि छ । काठमाडौंको नक्सालस्थित बालमन्दिरमा मैले फोटो प्रदर्शनी गरें । जसलाई नाम दिइयो, 'यहाँ आराम छैन ।' जम्मा २१ वटा फोटो थिए, द्वन्द्व प्रभावित क्षेत्रका । तलको प्रसङ्ग फोटो प्रदर्शनीको ब्रोसरबाट लिएको हुँ । लेखिएको थियो :

मसँग सुतेका माओवादी छापामार राती मस्तसँग सुते । तर, म रातभर निदाउन सकिनँ । सिरानी नजिकै झ्यालमा राखिएको ह्यान्ड ग्रिनेड र इलेक्ट्रिक डिटोनेटरले मलाई रातभर बेचैन बनायो । डरले रातभर नसुतेको बताएपछि कमरेड प्रमोदले भने, 'डराउनु पर्दैन । हातमा ग्रिनेड लिएर हाँस्नुस् । म फोटो खिचिदिन्छु ।' ठाउँको नाम सम्झना छैन । मिति रहेछ, १ जनवरी २००४ ।

ब्रोसरमा म हातमा ग्रिनेड बोकेर सकिनसकी हाँसेको देखिन्छु । फोटो प्रदर्शनीको उद्घाटन कसबाट गराउने ? सोच्दासोच्दै दुइटा व्यक्ति दिमागमा आए । मुस्ताङी राजा जिग्मे पलवर विष्ट र नेपालका लागि श्रीलङ्काका राजदूत ।

मुस्ताङी राजा आफैंमा इतिहास बोकेका व्यक्ति थिए । उनको जिल्लामा द्वन्द्व थिएन । श्रीलङ्कामा कुनै बेला नेपालमा जस्तै माओवादी थिए । रोहना विजेविराको नेतृत्वमा रहेका ती माओवादी पछि संसदीय चुनावमा आए । नेपालका माओवादीका लागि पनि त्यो सन्दर्भ र सङ्केत उपयुक्त हुने ठानें ।

मुस्ताङी राजा काठमाडौंमा थिए । जाडो छल्न लोमन्थाङबाट आएका । उनीसँग राम्रै चिनजान थियो । श्रीलङ्काका राजदूतलाई अनुरोध गरें । राजदूत महिला थिइन् । उनले मेरो निम्तो स्वीकारिन् । राजा जिग्मे र राजदूत आर्शिवाथमले संयुक्त रूपमा फोटो प्रदर्शनीको उद्घाटन गरे ।

प्रदर्शनीमा माओवादीका बाल सैनिकको पनि फोटो थियो । प्रदर्शनीमा आएका केही व्यक्तिले सो बालक सरकारको अत्याचारविरुद्ध स्वेच्छाले लागेको बताउँदै उक्त फोटो नराख्न पनि सुझाव दिए । तर, मैले प्रदर्शनीबाट सो फोटो हटाइनँ । प्रदर्शनीमा बिक्री भएका फोटोमध्ये यो पनि थियो, जसलाई कमलमणि दीक्षितले पाँच हजार तिरेर किनेका थिए । भनेथे, 'यो मेरो अफिसमा राख्छु ।'

१९.

सम्झनाहरू बिस्तारै भुलिरहेछु । किताब लेख्ने सिलसिलामा अलिकति सम्झिएँ । जस्तो : हेलिकप्टरका को-पाइलट शशि गिरी । उनको घर ललितपुर, खुमलटारतिर पर्छ ।

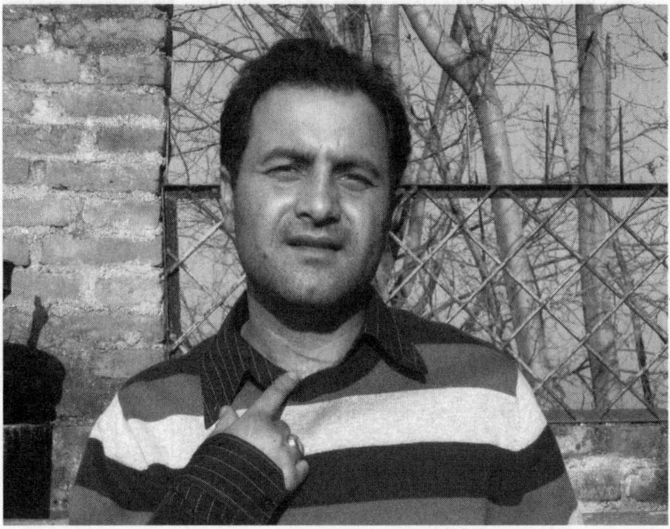

शशि गिरी

सेप्टेम्बर २००४ को अन्तिम साताको कुरा, गिरी कर्णाली एयरमार्फत सुर्खेतबाट सेनाको खाद्य सामग्री रुकुम ढुवानी गर्थे । कम

उचाइमा उडिरहेको हेलिकप्टर ताकेर डाँडामा रहेका माओवादीले गोली हानेछन् । गोलीले हेलिकप्टरको फलामे पाता छेड्यो । खुट्टा हुँदै गोली उनको घाँटीमा गएर अड्कियो ।

माओवादीले हानेको गोली लागेर घाइते भए । हेलिकप्टर नेपालगन्जमा आकस्मिक अवतरण गर्नुपर्‍यो ।

म उनलाई भेट्न जाँदा घाँटीको अप्रेसन गराएर घरमै आराम गरिरहेका थिए । घाँटीमा खत थियो । सुन्छु, उनी त्यसपछि अमेरिका गए रे । उनको एक प्रति फोटो छ । जसमा घाँटीको दाग प्रस्ट देखिन्छ ।

२०.

बिहानै ज्ञानेन्द्र त्रिपाठीले फोन गरें । मेरै कोठामा आए । माओवादी सम्बद्ध बुद्धिजीवी सङ्गठनमा आबद्ध थिए त्रिपाठी । उनीसँगको परिचय पुरानै हो । हातमा कालो झोला थियो । चार प्रति किताब दिंदै भने, 'यी किताबलाई तपाईंले आफूलाई विश्वास लागेको पुस्तकालयमा दिनु होला ।'

किताबको नाम बिर्सिएँ । भुलक्कड पनि यति सारो भइएछ कि रातो कभरमा सेता अक्षर मात्र सम्झन्छु । लेखहरूको सँगालो हो कि जस्तो लाग्छ ।

लामो समय उनीसँग भेट भएन । फोन पनि गरेनन् । उनी समातिएछन् र भैरवनाथ गण पुर्‍याइएछ ।

एक दिन कसैले मलाई फोन गरेर भन्यो, 'तपाईंलाई एउटा चिठी दिनु छ । कहाँ भेटौं ? सम्झना छैन, ती व्यक्ति को थिए र मैले कहाँ भेटें ? त्यो चिठीभन्दा पनि जानकारी रहेछ, भैरवनाथ गणबाट आएको । लेखिएको थियो, 'हामी भैरवनाथ गणमा थुनिएका छौं । कृपया यो समाचार हाम्रो परिवारलाई दिनु होला ।'

थुनिनेहरूको नामावली क्रमश १, २... गर्दै लेखिएको थियो । एउटा नाम सम्झन्छु, कृष्ण केसी । ज्ञानेन्द्र त्रिपाठीको नाम थियो-थिएन, अहिले यसै भन्न सकिनँ ।

ज्ञानेन्द्र त्रिपाठीजीकी श्रीमती शर्मिलालाई फोन गरें । उनी त्यो जानकारी पत्र लिन ठमेलको गल्कोपाखा, ढुङ्गेधारा नजिक आइन् । खुला कागजमा नीलो मसीले लेखिएको दुई पन्ना कागज थियो । ढुङ्गेधारा नजिकै मेरा साथी नरेन्द्र अधिकारी (हाल : क्यानडा) ले साइबर चलाउँथे । मैले शर्मिलालाई पहिलो र अन्तिम पटक त्यहीं भेटेको हुँ ।

कृष्ण केसीजीकी श्रीमती बागबजारमा चिया पसल चलाउँथिन् । उनलाई त्यहीं गएर भनिदिएँ । उनलाई पतिको अवस्थाबारे पहिले नै थाहा रहेछ । खासै उत्सुकता देखाइनन् । गणका बन्दी र उनीबीच खबर आदानप्रदान भैरहेजस्तो लाग्यो अरु नै स्रोतबाट । धन्यवादसहित चिया खुवाइन् । कृष्णसँग अहिलेसम्म पनि मेरो व्यक्तिगत चिनजान छैन ।

चिया पसलमा खिचिएको एउटा फोटो भने मेरो सङ्ग्रहमा अझै रहेछ । जुन कुरा म आफैंले बिर्सिसकेको थिएँ । पुराना फोटा खोतलखातल गर्ने क्रममा फेला परे । फोटोमा कृष्णजीका दुई केटाकेटी, श्रीमती, ग्यास सिलिन्डर र केही कुर्सी टेबल देखिन्छन् ।

२१.

काठमाडौंको पुरानो बसपार्क नजिक बागबजारको एउटा कोठामा ७३ जिल्लाका मान्छे भटिन्थे, मनाङ र मुस्ताङका बाहेक । त्यो कोठा थियो, माओवादी प्रतिकार समितिको । शिक्षक, राजनीतिक कार्यकर्ता, गाउँका हुनेखाने, सबै तह र तप्काका ।

भाषा, पहिरन र भूगोलका आधारमा मलाई त्यो कोठा मिनी नेपालजस्तै लाग्थ्यो । जुत्ता खालेर भित्र पस्दा त्यहाँ सबै जिल्लाका गन्ध आउँथ्यो । कसैले दुई माना बदाम किन्यो भने सबैले एकुन्टा दाना टिप्थे । बदाम फुटाउँथे र आफू नजिकैको साथीलाई एउटा दाना दिन्थे । कसैको भागमा त्यही पनि पुग्दैनथ्यो ।

चर्चित फोटो पत्रकार मीन बज्राचार्य र म बागबजारको गल्ली हुँदै मोटरसाइकलमा कतै जाँदै थियौं । 'एकछिन यता पसेर जाऊँ न,' मैले मीनलाई अनुरोध गरें । मीनले मोटरसाइकल रोके । माओवादी प्रतिकार समितिको कार्यालयमा गइयो । भेटिए गणेश चिलुवाल, जो त्यसका अध्यक्ष थिए ।

चिलुवाललाई समितिको कोष हिनामिना गरेको, अमेरिकी दूतावासबाट चन्दा लिएको, यौन काण्डमा मुछिएको जस्ता अनेकौं कुरा उनका बारेमा उतिबेलै सुनिएको थियो । चिलुवालले हामीलाई समितिको अफिसभन्दा माथिल्लो तलामा लगे । सबै कपडा खोलेर कट्टु मात्र लगाएर भने, 'यो देशमा माओवादीको प्रतिकार गर्ने एउटा मात्रै मान्छे गणेश चिलुवाल हो । अरुको मुटु छैन ।'

उनको शरीरमा माओवादीले प्रहार गरेका कारण बनेका ३२ वटा टाँचा थिए । मीन बज्राचार्यले फोटो खिचे । ती फोटो मीन बज्राचार्यको सङ्गहमा अझै पनि होलान् । फोटो खिचेको दुई महिनापछि गणेश चिलुवालको माओवादीबाट हत्या भयो ।

२२.

नाम : गोपालप्रसाद शर्मा । ठेगाना : खोलागाउँ, रुकुम ।

घटना यस्तो छ :

जासुसी गरेको आरोपमा माओवादीले गोपालको घर घेरेछन् राती । उनका दुवै आँखा खुकुरीको टुप्पोले निकालेर एसिड खन्याइदिएछन् । मैले भेट्दा गोपाल नेपालगन्जमा विस्थापित थिए । मैले खिचेको उनको फोटो 'युद्धमा जनता' भन्ने किताबमा पनि प्रकाशित छ । फोटोमा उनलाई श्रीमतीले डोहोऱ्याउँदै हिंडेको देखिन्छ ।

राष्ट्रिय समाचार समितिले १० जनवरी २०१८ मा दिएको समाचार जस्ताको तस्तै :

शीर्षक : द्वन्द्वकालमा कब्जा गरिएको जग्गा अझै फिर्ता भएन

शान्ति स्थापना भएको १२ वर्ष पुग्नै लाग्दा पनि रुकुम पश्चिमका एक व्यक्तिको द्वन्द्वकालमा कब्जा गरिएको जग्गा फिर्ता भएको छैन । साबिकको खोलागाउँ गाविस-४ का गोपालप्रसाद शर्माको तत्कालीन नेकपा (माओवादी) ले कब्जा गरेको जग्गा अझै पनि फिर्ता नभएको पीडितले बताएका छन् ।

तत्कालीन नेकपा (माओवादी) ले शर्माको नाममा रहेको कित्ता नं ५८३ को १ हजार ७ सय वर्गमिटर क्षेत्रफलको जग्गा कब्जा गरेको थियो । सो जग्गा त्यतिबेलादेखि नै साबिक खोलागाउँका जनसरकार प्रमुख श्यामलाल दमाईले अहिलेसम्म पनि भोगचलन गरिरहेको पीडित शर्माको भनाइ छ ।

जग्गा फिर्ता गराइदिन गाविसको सिफारिस, जग्गाधनी लालपुर्जाका साथमा जिल्ला प्रशासन कार्यालय, स्थानीय शान्ति समितिलगायतका ठाउँमा पटकपटक निवेदन दिँदा पनि अझैसम्म जग्गा फिर्ता नभएको उनको दुःखेसो छ ।

२३.

रामजी स्मृति ब्रिगेड, शक्तिखोर, चितवनमा 'जनयुद्ध' को दसौँ वर्षगाँठ उत्सव चलिरहेको थियो । छापामारहरूले कार्यक्रम राखका थिए । परेड, गीत, हतियारसहितको परेड आदि । छापामारहरूले ब्ल्याङ्क फायर गर्ने कार्यक्रम थियो । म त्यो क्षण कैद गर्न पर्खेर बसेको थिएँ । निहुरिंदा सर्टको गोजीमा रहेको मोबाइल खसेर जुत्तामा ठोक्कियो । पछि टिपुँला भनेर मैले वास्ता गरिनँ ।

ब्ल्याङ्क फायरको फोटो खिचिसकेपछि मोबाइल खोज्दा भेटिनँ । अर्को फोनबाट कल गरेँ । स्विच्ड अफ रहेछ । मोबाइल महँगो थिएन तर त्यसमा चोरीविरुद्धको सटफ्वेयर थियो । प्रविधि

कस्तो थियो भने मैले जुन नम्बर चलाएको थिएँ, त्यो फोन हराएर अरु कसैले सिम परिवर्तन गरे नयाँ नम्बरसहित मेरा दुई जना साथीलाई म्यासेज जान्थ्यो । फोन हराउनुभन्दा पहिले नै सेक्युरिटी अप्सनमा गएर आफूले सेट गर्न चाहेका दुई वटा नम्बर राख्नुपर्थ्यो ।

फोन हराएको तीन दिनपछि मेरा दुई साथीको फोनमा ५० वटाभन्दा बढी म्यासेज आएछ । म्यासेजमा मैले हराएको टेलिफोन सेटमा यति नम्बरको सिम हालिएको छ भनेर खबर आउँथ्यो । मैले कल गरें ।

- *यो फोन मेरो हो, कृपया मलाई फिर्ता गरिदिनु होला ।*

- *तपाईंको भन्ने मोबाइलमा लेख्या छ ?*

- *त्यहाँ त छैन ।*

- *यो मैले तीन हजारमा किनेको हुँ । म दिन सक्दिनँ ।*

- *मेरो फोनमा चोरीविरुद्धको सटफ्वेयर छ । तपाईंले प्रयोग गरेको टेलिफोन नम्बर पनि मैले यसरी नै पाएको हुँ ।*

- *तपाई कहाँ हुनुहुन्छ ?*

- *पोखरा ।*

- *तपाई नि ?*

- *मकवानपुर ।*

- *तपाईंले गुराँसजी (रुकुम, पुर्तिमकाँडाका बुढाथोकी थरका माओवादी कार्यकर्ता पार्टीमा गुराँस उपनामले चिनिन्थे । उनलाई मैले रामजी स्मृति बिग्रेडमा भेटेको थिएँ) लाई यो सेट दिन सक्नुहुन्छ होला त ? म उहाँको हातबाट लिन्छु ।*

- *हुन्छ, भोलि आएर लैजानुस् ।*

- *धन्यवाद ।*

गुराँसजीले फोन पाइएको जानकारी गराए । फुर्सद नभएकाले वर्षदिनपछि चितवन जाने काम पर्दा फोन लिएर आएँ ।

२४.

गोबरले भित्तामा टाँसिएको पर्चा छ । पर्चामा नीलो छाप छ तर अस्पष्ट । २५ डिसेम्बर २००३ को मितिमा यस्तो लेखिएको थियो ।

सूचना ! सूचना !! सूचना !!!

विषय : दर्ता गराउने बारे ।

उपर्युक्त सम्बन्धमा यस पुर्तिमकाँडा गाउँ जनसरकार, रुकुमका सम्पूर्ण न्यायप्रेमी जनसमुदायलाई यो सूचना प्रकाशित गरिन्छ कि जिल्ला जनसरकारको निर्देशनअनुसार जिल्लाका सबै गाउँ जनसरकारहरूले निम्न लिखित विवरण अनुसार गराई गाजसहरूमा अभिलेख राख्ने र जसको जानकारी जिल्लामा पठाउने जानकारी आएकाले जस्तो विवाह दर्ता, जन्म दर्ता, मृत्यु दर्ता, उद्योग दर्ता सम्बन्धित गाजसमा यथाशीघ्र दर्ता गराउनु हुन यो जानकारी गराइन्छ ।

कार्यवाहक गाजस प्रमुख
शुरवीर बीसी

२५.

२८ डिसेम्बर २००३ का दिन लेखिएको अर्को पर्चाको सूचना यस्तो छ :

गाउँ संयुक्त जनसमितिको कार्यालय

घेत्मा, रुकुम

विषय : जानकारी गराइएको बारे ।

सूचना ! सूचना !! सूचना !!!

उपर्युक्त सम्बन्धमा यो सूचना प्रकाशित गरिन्छ कि जनयुद्धको क्रममा जनताकै पक्षबाट प्रतिक्रियावादी सत्ताको आडमा अनेक किसिमका गलत काम भैरहेको अझै प्रतिरोधात्मक कार्यक्रमलाई अगाडि बढाउनुपर्ने देखिएकाले यस घेत्माबासी जनसमुदायले पनि आफ्नो ठाउँबाट पार्टी सत्ताको निर्णय बमोजिम केही कामलाई तदारुकताका साथ गर्न गराउनका निम्ति यो सूचना प्रकाशित गरिएको छ । विशेष जिल्ला क्षेत्र नं १ को पाछावाङ इलाकामा शाही सेना नामको हत्यारो जत्थाले गरेको ज्यादती, लुटपाट, आगजनी, जनहत्या, घटनाको विरुद्धमा (हुलाक र हेल्थ पोस्ट) बाहेक सबै सङ्घसंस्था, होटल, पसल यही पौष २१ गते (५ जनवरी २००४) देखि बन्द गरिने जानकारी गराइन्छ । साथै रुकुमको खलङ्गामा आवतजावत गर्न अनिश्चित कालका निम्ति बन्द गरिएको जानकारी गराइन्छ ।

वीरेन्द्र दाहाल
गाजस प्रमुख

२६.

छिवाङ गाउँ संयुक्त जनसमिति (रुकुम) का तर्फबाट शोभाराम बोहराले सही गरेको र माओवादी जनसत्ताले पारित गरेको एउटा लिखतको नमुना । लालपुर्जामा लेखिएको व्यहोरा लिथो मेसिन प्रयोग गरेर बनाइएको छ । फोटोबाट यो उतार गरेको हुँ ।

जगवीर ओलीको मृत्यु भएकाले निजकी श्रीमती सपुरी (?, अक्षर स्पष्ट छैन) ओलीका नाममा हरलाबोट भन्ने जग्गामा बनेको घर र खेतको नामसारी र रजिस्ट्रेसन पास गरिएको छ ।

२७.

वर्ष १२ अङ्क २६ को जनादेशमा साप्ताहिक काठमाडौं, पूर्व, पश्चिम र प्रवासबाट एकैपटक प्रकाशित लेखिएको छ । साबिकभन्दा

सानो आकारको यो पत्रिकामा पुष्पकमल दाहालको अन्तर्वार्ता छापिएको छ । शीर्षक छ, 'तत्काल वार्ताको सम्भावना छैन ।'

मास्टहेडको दाहिने पट्टी काभ्रेको शिखर अम्बोटेमा सेक्सन कमान्डर दीपक, रविन, मुक्ति, सीमा, सरोजलगायत छ जनासेनाबाट मारिएको समाचार छ । सोही पृष्ठमा गोरखाको च्याङ्ली-६ मा मनकामना सशस्त्र प्रहरी गणका एसपी सूर्यकुमार श्रेष्ठलाई धरापमा पारेर मारिएको जनाइएको छ ।

रुकुममा फेला पारेको यो पत्रिका मैले राखेको छु । पत्रिका दुई नम्बर एरियाका लागि १५ प्रति छुट्याइएको लेखिएको छ तर ठाउँ उल्लेख छैन ।

त्यहीं कतै रत्नराज्यलक्ष्मी क्याम्पस, काठमाडौंमा पढ्दाका साथी मनऋषि धिताल फेला पर्छन् कि भनेर सोधखोज गरैं । उनी जनादेशमा काम गर्थे । माओवादी कार्यकर्ताले भने, 'बड्डाहरू अहिले आएका छैनन् त ।' मनऋषि र ओम शर्माको संयुक्त लेखनमा 'युद्ध र पत्रकारिता' पुस्तक प्रकाशित छ ।

२८.

द्वन्द्वले गर्दा देशका सबैजसो भेगका नाम जनताले थाहा पाए । जहाँ-जहाँ भिडन्त भए, ती ठाउँका नामहरू छापा, रेडियो र टेलिभिजनमा आए । जस्तो : रामारोशन अछाम, खारा रुकुम, कुरेली रोल्पा, शीतलपाटी सल्यान आदि ।

यस्तैमा अर्को नाउँ छ, ढकालटार तनहुँ । तनहुँमा ढकालटार छ भन्ने कुरा मलाई थाहै थिएन । विभिन्न ठाउँमा समातिएका माओवादी कार्यकर्तालाई मस्याङ्दी जलविद्युत् परियोजना आसपास राखिएको थियो । आत्मसमर्पण गरेका भनिएका उनीहरू त्यहाँ सेनाको नियन्त्रणमा थिए । एक जोडी त्यहाँबाट छुटेर गएपछि बिहे गर्ने तर्खरमा थिए । उनीहरूको फोटोबाहेक थप जानकारी छैन ।

अर्को फोटोमा रोल्पा, रुकुमतिरका मान्छे छन् । केहीलाई मैले पहिले नै रुकुमतिर भेटेको रहेछु । उनीहरूले स्मरण गराएपछि मलाई पनि सम्झना भयो । भन्दै थिए, 'हाज्य (राज्य) ले हामीमाथि गरेको दमनको हामी प्रतिरोध गर्छौं । पहिले छुटेर त जाम् ।' उनीहरूले केही लेख हामी (पत्रकार घनश्याम खड्का र म) लाई दिएका थिए । घनश्याम उतिबेला तनहुँका कान्तिपुर संवाददाता थिए ।

ती लेख केही छापा माध्यमलाई दिएँ तर छाप्ने हिम्मत कसैले गरेनन् । फासिस्ट, प्रतिगामी, हत्यारो, दमनकारी, जनविरोधी जस्ता शब्दले पनि उनीहरूलाई अप्ठेरो पारेको थियो कि ?

२९.

देशका विभिन्न ठाउँमा माओवादीका श्रम शिविर थिए । तीमध्ये मैले देखेको श्रम शिविर रुकुमको खोलागाउँमा थियो । फोटो पनि खिचेको थिएँ । अहिले खोज्दा कतै भेट्दिनँ । कसैको घर कब्जा गरेर श्रम शिविर (जेल) बनाइएको थियो । जेलर सा'ब नभेटिएका कारण श्रम शिविरबारे धेरै कुरा थाहा हुन सकेन ।

बन्दीहरू सबै धान काट्नमा व्यस्त थिए । छोरीको बालविवाह गरिदिन लागेका बाबु, यौनकाण्डमा दोषी पाइएका भनिएका महिला, यस्तै यस्तै महिला र पुरुषहरू थिए । थाहा पाएसम्म जाजरकोट, प्युठान, रुकुम, सल्यान आदि जिल्लाका मानिसहरू श्रमकैदमा थिए ।

३०.

'लाग्छ, समानताको खोजी गर्दै परिवर्तनको संवाहक बन्ने बलियो माध्यम सञ्चारमाध्यम नै हो मेरो जीवन दर्शनमा । सन् २००७ देखि निरन्तर यही क्षेत्रमा लागेँ । गण्डकी मिडिया हाउस (पोखरा, कास्की) का सहकर्मीहरूलाई थाहा छ, जति समय काम गरेँ, व्यक्तिगतभन्दा

पनि निरन्तर सूचना, समाचार, जनचासो र सरोकारमै घोटिरहें । यतिसम्म कि मेरा लागि कुनै कुनै त चाडपर्व नै आएन । गण्डकी मिडिया छोडेको केही महिनापश्चात् पुनः त्यही जोसजाँगरका साथ हेटौँडामा सञ्चारकर्म गर्दैछु भनेर स्टाटस लेखेथें । विडम्बना रेडियोमा काम गर्न मेरो स्वास्थ्यले साथ दिएन यतिबेला । नाक, कान, घाँटीको समस्याले सताएको छ मलाई । निरन्तर बोलिरहें भने कुनै दिन आवाज बन्द हुने खतरा देखियो । यसको सामान्य सङ्केत पोखरामा हुँदा पनि देखिएको थियो । यसको प्रतिशत बढ्न गएको अवस्था हो । जनताको कानसम्म आवाज बुलन्द गर्न असमर्थ भए पनि म तपाईंहरूकै माझमा हुनेछु । चिकित्सककै सल्लाहअनुसार भोलिदेखि म रेडियोमा नबोल्ने भएको छु । रेडियो निकास टिमलाई पर्ने असुविधाप्रति माफी चाहन्छु ।'

माथिका पङ्क्ति मैले प्रविना गोले (नमुना) को फेसबुकबाट साभार गरेको हुँ । उनलाई मैले पोखरामा भेटेको थिएँ । सञ्चारकर्मी प्रविनाले सिन्धुपाल्चोक, ठोकर्पामा भएको हेलिकप्टर हमलामा पर्दा एक हात गुमाएकी थिइन् । भनेकी थिइन्, 'अरुले ज्यान गुमाएका छन्, मैले त हात मात्र हो । मलाई कुनै पश्चात्ताप र हीनताबोध छैन ।'

नक्कली हात राखेर केही सजिलो हुन्छ कि अथवा विदेशमा कस्तो प्रविधि आएको होला भनेर उनी र म मणिपाल अस्पताल पुग्यौं । हामी जुन उत्साहले गएका थियौं, त्यो रहेन । डाक्टरले व्यावहारिक रूपमा उनका लागि नक्कली हात उपयुक्त नहुने बताए ।

उनीसँग मैले एउटा फोटो लिएको थिएँ, जसमा आक्रमणपछि उनलाई कसैले बोकेर लैजाँदै गरेको देखिन्छ । बम विस्फोट हुँदा उनको कानमा पनि समस्या आइलाग्यो । उनी जति अघि बढ्न खोज्छिन्, स्वास्थ्य बाधक बनिदिन्छ । जहाँ भए पनि हिम्मत नहार्नु बैनी नमुना । तिमी हार्न नजानेकी मान्छे हौ ।

३१.

गोरखा । डा. बाबुराम भट्टराईका बाबुआमाको अन्तर्वार्ता लिएँ । सदरमुकाम जानका लागि तेह्रकिलो भन्ने ठाउँमा गाडी कुरिरहेको थिएँ । चढेको १५ मिनेटमै गाडी रोकियो । अगाडि तीनोटा बस थिए । म चढेको बसका ड्राइभरले दुई हात जोडेर भने, 'तीन दिन मात्र भयो गाडी किनेको, पूरै पैसा दिएको छैन । आफ्नो नाममा पनि छैन । तपाईंहरूले नारा लेखिदिनु हुन्छ, उता उनीहरू (सदरमुकामका प्रहरी) ले मेट्न भन्छन् । गाडीको रङरोगन महँगो पर्छ ।'

रातो इनामेलको बट्टामा एक जनाले गाडीको ढोकानेरबाट पुछारसम्म लेखिदिए, 'हत्यारो सरकार मुर्दावाद ! हत्याको बदला लिन्छौँ, लिन्छौँ ! नेकपा माओवादी जिन्दावाद !' अगाडि रोकिएका तीनलगायत पछि आउने सबै गाडीमा नारा लेखियो ।

सदरमुकाम पुग्नै लाग्दा फेरि गाडी रोकेर साइड लगाइयो । प्रहरीले ती नारा मेट्न भन्यो । त्यहाँ पनि नारा मेट्नका लागि गाडी लाइन लागेका थिए । लेखिएका अक्षर आलै थिए र सबै अक्षरबाट इनामेल चुहिएको थियो । ती ड्राइभरले भनेको सम्झन्छु, 'यस्तो चेपुवामा पर्नुभन्दा खाडीको चर्को घामै वेश ।'

३२.

डेनमार्कमा डकुमेन्ट्री निर्माणसम्बन्धी तालिम लिने अवसर पाएँ । जानुअघि आफ्ना सामान साथी दिनेश लोहनी (हाल : अमेरिका) को गौँगबुस्थित घरमा राखेँ । सामानका साथै आफूले सङ्कलन गरेका माओवादीसम्बन्धी पत्रिका, पुस्तक, पर्चा, विज्ञप्ति अनेक थिए । त्यो क्षेत्रमा सेनाले घरैपिच्छे सर्च गर्न थालेछ । मेरा कागजपत्र बारीको पाटामा लगेर दिनेशजीले डढाएछन् । जलेका कागजपत्रबाट पनि केही पढ्न सकिएला कि भनेर त्यसमाथि पानी खन्याएछन् । भनेथे,

'कागजातभन्दा मान्छेको ज्यान प्यारो हुँदो रै'छ ।' मैले हैन पो कहिले भनें र दिनेशजी ?

३३.

द्वन्द्वससम्बन्धी सामग्री जोगाउन धौ पर्ने देखिएपछि नेपाल प्रहरीका एसपीलाई 'यी विद्रोहसम्बन्धी सामान हुन् है' भनेर राख्न दिएँ । उनले भैहाल्छ भनेर राखिदिए । द्वन्द्व समाप्तिपछि ती सामान फिर्ता लिएँ । जुन प्लास्टिकमा पोको पारेर टेपले बेरेर सामान दिएको थिएँ, त्यही अवस्थामा । उनले फिर्ता गर्ने बेलामा पनि के सामान हो भनेर सोधेनन् । कुनै समय आएपछि सामान के थिए भनेर बताउँला ।

मलाई यसरी सहयोग गर्ने व्यक्ति थिए हेमन्त मल्ल, जसले डीआईजीबाट अवकाश पाए । सहयोगका निम्ति धन्यवाद मल्ल साब ।

केही वर्षदेखि म द्वन्द्वसम्बन्धी सामग्री सङ्कलन गरिरहेको छु । एक्लै र आफ्नै खर्चमा । आशा छ, केही वर्षमा यस्ता सामग्री सबैले देख्ने पाउने छन् ।

३४.

पृथ्वी राजमार्गको दमौली खण्ड नजिकै घाँसीकुवामा भरत कैनीले सानो चिया दोकान थापेका थिए । दोकानले गति लिँदै थियो ।

एक दिन उनी दोकान बन्द गरेर घर गए । दोकान खोल्न सबेरै आउने भरत आएनन् । केही बेरपछि रेडियो नेपालको केन्द्रीय प्रसारणबाट आएको समाचारले भन्यो, 'व्यास नगरपालिका-३ का श्यामसुन्दर कैनी र घाँसीकुवा गाविस-३ का गङ्गाबहादुर शाही नेपाली सेनालाई धराप थाप्न खोज्दा मारिएका छन् ।' यो घटना थियो, २९ अप्रिल २००२ को ।

कुनै बेला मलाई प्राथमिक तहमा पढाउने शिक्षक भरतको आधिकारिक नाम श्यामसुन्दर भन्ने मलाई त्यो बेलासम्म जानकारी थिएन । भरत मेरा शिक्षक मात्र होइन, गाउँले पनि थिए ।

भरत र गङ्गाबहादुरलाई घरबाटै दामोदर अधिकारीको नेतृत्वमा आएको सेनाको टोलीले पक्राउ गरेको थियो । दुवैलाई घरबाट हिंडाएर लगी गोली हानेर मारिएको थियो । भरत कैनीको मृत्युले मलाई धेरै दिन बैचैन बनायो । कुनै समय आए किताब लेख्नु पर्ला भन्ने सोचेथैं । १८ वर्षपछि किताबको पाण्डुलिपि तयार भएको छ । तर मलाई भरत कैनीका बारेमा लेख्न मन छैन । त्यो घटनाले मलाई अहिलेसम्म पनि पीडा दिएको छ । मान्छेले लेख्ने अर्कोको पीडा मात्रै रै'छ । नजिकका आफन्तको पीडा सम्झन पनि नसकिने हुँदो रै'छ ।

यति मात्रै भन्छु, उनका नाबालक छोराछोरीलाई निजी स्कुलमा पढाउन जिल्ला प्रशासन कार्यालय, तनहुँबाट केही कागजात अत्यावश्यक थियो । त्यस्तो विषम परिस्थितिमा पनि कागजात बनाएर सहयोग गरिदिने तत्कालीन प्रमुख जिल्ला अधिकारी खुमराज पुँजालीलाई सलाम ! सर, तपाईं जहाँ भए पनि मैले बिर्सेको छैन ।

उनकै सहयोगमा भरतका केटाकेटीले तनहुँको व्यास बोर्डिङ स्कुलमा पढने वातावरण पाए ।

... ...

पाठकवृन्द, यहाँसम्म आउँदा तपाईंले लेखकप्रति धारणा त पक्कै बनाउनुभयो होला । तपाईं यसमा स्वतन्त्र हुनुहन्छ । के अवगत गराउन चाहन्छु भने म कुनै पनि राजनीतिक पार्टीसँग आबद्ध छैन । जगत्का कुनै पनि प्राणीप्रति रिस, राग र द्वेष छैन ।

पछिल्लो समय म प्रकृति र यसका विविध विधासँग नजिकिएको छु । नेपालको कला, इतिहास, साहित्य र भूगोलमा रुचि बढाउँदै

लगेको छु । नेपालका अन्तरकुन्तर डुल्दै, घुम्दै यस्तै कुराको अध्ययन र सङ्ग्रहमा लागेको छु । राजनीतिमा चासो ठ्याम्मै छैन र यस्ता कार्यक्रममा सहभागी पनि छैन ।

मेरो प्रश्न यति मात्रै हो कि हामीले आधुनिक नेपालको इतिहासमा भएका घटनालाई के यत्तिकै बिर्सन मिल्छ ? मिल्दैन भने सबैको मनखुसी बनाएर समृद्धिको बारेमा हिंड्न कसले रोकेको छ ? सरल र सहजै हुने कुरालाई किन जटिल बनाउँदै लगिएको छ ? के मैले अनुचित प्रश्न गरेँ ?

ooo

कृष्णहरि सैंजुको डायरी

म यस्ता पात्रहरूको खोजी गर्दै थिएँ, जोसँग युद्धकालको अनुभव छ तर लेख्न सकिरहेका छैनन् । उनीहरू आफ्नो जीवनकथा उतार्न चाहन्छन् तर कुनै न कुनै कारण कलम थन्क्याएका छन् । तरिका नजान्नु, मेसोमेलो नपाउनु, व्यस्त हुनु, अल्छीपन जे पनि हुने भो कारण ।

सोच्दासोच्दै दिमागमा आए, कृष्णहरि सैंजु । उनी २६ जनवरी २००३ (१२ माघ २०५९) मा माओवादीबाट मारिएका सशस्त्र प्रहरी बलका महानिरीक्षक कृष्णमोहन श्रेष्ठको मुद्दामा जोडिएका थिए ।

फेसबुकमार्फत उनलाई खोजें । फ्रेन्ड रिक्वेस्ट पठाएँ, एसेप्ट गरें । म्यासेज पठाएँ :

सैंजुजी, नख्खु जेलमा भएको हाम्रो भेटको स्मरण गर्न चाहन्छु । साथी सीताराम बराल र म तपाईंको अन्तर्वार्ता लिन आएका थियौं । तपाईंलाई पक्कै सम्झना होला, त्यो सामग्री 'समय' साप्ताहिकमा छापिएको थियो । हरेक मानिसको जीवनी हुन्छ । कसैको सुनिन्छ, सकैको सुनिंदैन । कसैको लेखिन्छ, कसैको लेखिँदैन । कसैको पढिन्छ, कसैको पढिंदैन । अलिकति भए पनि म तपाईंको जीवनी सुन्न र सुनाउन चाहन्छु । सायद तपाईंले 'भैगो' भन्नु हुने छैन ।

हामी म्यासेन्जरमा गफियौं । मैले केही प्रश्न बनाएर पठाएँ । उनले तिनको छोटो जवाफ ८ मे २०२० (२६ वैशाख २०७७) मा फर्काए ।

श्रीभक्तजी, २०७० साल पछाडि मैले खासै अन्तर्वार्ता दिने गरेको छैन । लामो समयपछि तपाईंले मलाई खोजेर लेख्ने जाँगर चलाइदिनुभयो । तपाईंलाई धन्यवाद । म भक्तपुरको सामान्य किसान परिवारमा जन्मी हुर्केको मान्छे हुँ । चिनामा २०३६ साल असोज ९ गते मङ्गलबार लेखिएको छ । नागरिकताअनुसार जन्ममिति २०४० साल भदौ ५ गते रहेको छ । खास जन्म चिनाअनुसारको हो ।

बुबा पेसाले कृषक भए पनि राजनीतिक रूपमा काङ्ग्रेससँग नजिक हुनुहुन्थ्यो । हामीले थाहा पाउने बेलासम्म उहाँ राजनीतिबाट निष्क्रिय भैसक्नुभएको थियो तर भोट भन्ने सधैँ काङ्ग्रेसलाई नै दिनुहुन्थ्यो । सामान्य राजनीतिक चेतना र कृषि पेसाको पृष्ठभूमिसँगै म हुर्किबढेको थिएँ ।

माओवादीमा सहभागी हुनु अगाडि भक्तपुरमा नेपाल मजदुर किसान पार्टी (नेमकिपा) को वडा कमिटी सचिव थिएँ । १४/१५ वर्षको उमेरदेखि नै राजनीतिक चेतना चाहिन्छ भन्ने कुरा थाहा थियो । स्थानीय पार्टी नेमकिपाले यो शिक्षा सिकाएको थियो ।

२०५२ सालमा माओवादीले जनयुद्ध सञ्चालन गऱ्यो । यो पार्टीको मुखपत्र 'जनादेश' साप्ताहिक लगायत पत्रपत्रिका हेर्न थालियो । त्यसभन्दा पहिला हामी नेपाल मजदुर किसान पार्टीले निकाल्ने 'श्रमिक' पत्रिका पढ्थ्यौ । हामीलाई अरू पत्रपत्रिका पढ्न बन्देज गरिन्थ्यो । नेमकिपाका सदस्यहरूले अरू पत्रपत्रिका पढ्नु हुँदैन भनेर सिकाउँथे । पत्रपत्रिका पनि खासै त्यति धेरै थिएनन् ।

मलाई पहिलेदेखि नै सरकारी सेनामा जागिर खान मन थियो । त्यही भएर कक्षा ८ मा पुग्दा मैले आफ्नो जन्ममिति चार वर्ष घटाएँ । नागरिकता म भाइभन्दा एक वर्ष कान्छो छु । २०५१/०५२ सालतिरै नेसनल क्याडेट कोर्स (राष्ट्रिय सेवा दल) को नौमहिने तालिम पनि लिएँ । यसले मलाई सेनामा जागिरे हुने रहर झनै जगायो ।

राजनीतिक हिसाबले माओवादीतिर आकर्षण बढ्यो, जागिरका हिसाबले सेनामा । त्यही बेला सेनाले नवलपरासीमा एकमहिने क्याम्प नेसनल क्याडेट कोर्समा राखेको थियो । त्यहाँ हतियार परिचय, भौगोलिक नक्सावलोकन र त्यसको जानकारी, युद्धकलाका आधारभूत ज्ञान, परेड, शारीरिक अभ्यासलगायतका आधारभूत शिक्षा लिने मौका पाएँ । यो ज्ञान र सीपसँगै माओवादीले सञ्चालन गरेको जनयुद्धप्रति मेरो रूचि बढ्दै गएको थियो । त्यही रूचि र चाहना साथीभाइमा छलफल हुँदै जाँदा २०५३ सालतिर देवेन्द्र श्रेष्ठ (दिवाकर) सँग भक्तपुरको सल्लाघारीमा भेट भयो । म पार्टीको सम्पर्कमा गएँ र २०५४ सालमा पार्टी सदस्यता लिएँ ।

माओवादी पार्टीमा कसरी लाग्नुभयो भन्ने प्रश्नमा उनले माथिका वाक्य लेखेका थिए । तपाईं के सोचेर माओवादीमा लाग्नुभएको थियो ? अहिले माओवादी पार्टीको गतिविधि हेर्दा तपाईंलाई के लाग्छ ? पार्टीसँग तपाईंको अपेक्षा के थियो भन्ने प्रश्नमा उनले भने :

सारमा भन्दा जनयुद्ध जुन भाव र पृष्ठभूमिबाट हुर्केको हो, अहिले त्यो भावविहीन भएको अनुभव गरेको छु । तैपनि म निराश छैन तर आशावादी हुने अवस्था पनि छैन । जातीय स्वशासनसहित आत्मनिर्णयको अधिकार र देशको आमूल परिवर्तनका लागि लडेका थियौँ । नयाँ जनवादी क्रान्ति सफल बनाई समाजवाद र साम्यवादमा जानका लागि युद्धमा होमिएका थियौँ । अहिले फर्केर हेर्दा सीमित व्यक्तिलाई सत्तामा पुऱ्याउन लडेजस्तो भान हुन्छ । जनयुद्धले राजतन्त्र नामको सामन्ती सत्ता त फाल्यो तर नवसामन्तको उदय भयो ।

सैंजुलाई मैले करिब दर्जन प्रश्न सोधेको थिएँ । तर, दुई प्रश्नबाहेक अरु उत्तर थिएन । उत्तरको तल उनले 'नोट' भनेर लेखेका थिए, जसमा यी हरफ उल्लेख थिए, 'सबै कुरा लेखेर साध्ये नहोला जस्तो भयो श्रीभक्तजी । मैले जेलमा बस्दा लेखेका पाँच वटा डायरी छन्, बरु त्यसलाई अध्ययन गर्ने हो कि ?'

उनले डायरीका केही पाना खिच्दै पठाए । तिनलाई टाइप गरें । नबुझेका कुरा सोधें । काट्नुपर्ने वा थप्नुपर्ने ठाउँमा त्यसै गरियो । डायरीमा उल्लिखित व्यक्तिहरू पछिल्लो समय के गर्दैछन् र ती कुन जिल्लाका हुन् भनेर थप्ने कार्य पनि भयो । घटनासँग जोडिएका प्रसङ्गलाई अद्यावधिक गरियो । यो केही दिनको डायरी हो, जुन सिलसिलेबार रूपमा आद्योपान्त छैन । यसले सैंजुको पूरै जीवन झल्काउँदैन तर महत्त्वपूर्ण झलक भने दिन्छ ।

२०५९ माघ १२ देखि २०६० भदौ २९ सम्म अर्थात् सात महिना १७ दिन उनलाई कृष्णमोहन श्रेष्ठको हत्यामा जोडेर वीरेन्द्र प्रहरी अस्पताल महाराजगन्जमा राखिएको थियो । वीरेन्द्र अस्पतालबाट उनलाई २०६० भदौ ३० मा नख्खु कारागार पठाइयो । त्यहाँ उनले २०६३ जेठ २९ सम्म तीन वर्ष चार महिना १७ बिताए । सरकार र विद्रोहीबीच भएको शान्ति सम्झौताअनुरूप आतङ्ककारी तथा विध्वंशात्मक मुद्दामा थुनामा रहेका व्यक्तिहरूलाई थुना मुक्त गरिदिन पुनरावेदन अदालत, पाटनको च.नं. १७४८८ मिति २०६३।०२।२९ को पत्रानुसार उनी भोलिपल्ट छुटे ।

पार्टीमा 'विवेक' उपनामले चिनिने सैंजु २०७६ सालबाट नेपाल कम्युनिस्ट पार्टी, भक्तपुरका जिल्ला सदस्य तथा राष्ट्रिय युवा सङ्घ, नेपालको केन्द्रीय सदस्य छन् ।

२०६० भदौ ३०

मलाई ललितपुरको नख्खु जेल ल्याइएको छ । म कसरी यहाँ आइपुगें ? अब त्यो कथा बताउँछु ।

मेरी जीवनसँगिनी रेसु ग्वामरु र म माओवादी पार्टीमा आबद्ध थियौं । उनी माओवादीको जनवर्गीय सङ्गठन 'नेवाः राष्ट्रिय मुक्ति मोर्चा' की सदस्य थिइन् । म पार्टीको भक्तपुर जिल्ला समिति सदस्य थिएँ जसलाई छोटकरीमा हामी डीसीएम भन्थ्यौं ।

म माओवादी जनसेनाको विशेष कमान्डअन्तर्गतको भ्याली स्पेसल स्टाफ फोर्स (भीएसटीएफ) को सदस्य थिएँ । यो सहरी क्षेत्रमा छापामार युद्ध लड्नका लागि बनाइएको लडाकु दस्ता थियो, जसको कमान्डर निश्चल महर्जन (बेपत्ता) र इन्चार्ज दिलकुमार प्रजापति (केन्द्रीय सदस्य) थिए । मेरो सेक्सन कमान्डर मकवानपुरका उमेश गोले (हर्के/मकवानपुर) थिए । यसैकी सदस्य विना मगर (अध्यक्ष कमरेड प्रचण्डपुत्र प्रकाश दाहालकी तेस्रो श्रीमती एवं खानेपानी मन्त्री) पनि थिइन् ।

रेसु र मैले २०५८ चैत २५ गते विवाह गऱ्यौं । हामीबीच प्रेम थियो । यसलाई प्रगतिशील तरिकाले सम्पन्न गऱ्यौं । विवाहमा बनेपाका साथी राजभाइ रञ्जित (अर्जुन), साधुराम देवकोटा (पछि सैनिक हिरासतमा आत्महत्या गरे), सिन्धुपाल्चोकका टेकबहादुर श्रेष्ठ र खेम राई थिए

ब्रोइलर कुखुराको एक किलो मासु, एक किलो चिउरा, एउटा फूलमाला र तीनवटा मैनबत्ती जोरजाम पारेर बिहे सम्पन्न भयो । हामी सबै पूर्णकालीन (होल टाइमर) कार्यकर्ता भएकाले सबै खर्च पार्टीले व्यहोर्थ्यो । अत्यन्त पारदर्शी हुनुपर्थ्यो । चकलेट, सियो, कापी र कलम किनेको समेत हिसाब राख्नुपर्थ्यो ।

बिहेको भोलिपल्ट टेकबहादुर श्रेष्ठ र रुकुमका पोखराज बुढाथोकी (प्रविन : हाल बेपत्ता) ललितपुरको ग्वार्को पुलनजिकै समातिए । उनीहरू पार्टीको प्रचार सामग्री लिएर मेरो कोठा (ग्वार्को) मा आउँदै थिए । तर, त्यो दिन सीधै मेरो कोठामा नआई खेम राईजीको पसलमा सामान छाड्ने क्रममा समातिएछन् । उनीहरू समातिएपछि सुरक्षाका कारण मैले कोठा छाड्नुपऱ्यो । त्यसपछि मैले बौद्धस्थित एक जना शेर्पाको घरमा कोठा लिएँ ।

रेसु र म भक्तपुरका स्थायी बासिन्दा भए पनि ललितपुरको ग्वार्कोमा कोठा (सेल्टर) लिएका थियौं । त्यो घर एक शाही नेपाली सैनिकको

थियो । त्यो बेला कार्यक्षेत्रमा सैन्य कारबाही गर्ने र कार्यक्षेत्रबाहिर सुरक्षित हुने पार्टीको कार्यनीति थियो । त्यसैले रणनीतिक उद्देश्य पूरा गर्ने हिसाबले भक्तपुर र ललितपुरको सिमानामा कोठा लिने निर्देशन थियो ।

२०५९ माघ ११ गते बौद्धस्थित कोठाबाट साँझ ५ बजेतिर म ललितपुर, नख्खुमा रहेका मेरा सेक्सन कमान्डर उमेश गोले (हर्के) लाई भेट्न गएँ । निस्कने बेला रेसुका लागि 'लामो बाटो छोटो हुन्छ, तिमीसँग हिंड्दा...जिन्दगी नै प्रीत बन्छ तिम्रो साथ पाउँदा' गाउँदै निस्कँ । यो मलाई मन परेको गीत थियो । गीतका बारेमा मलाई यत्ति याद छ । अरु कुरा थाहा छैन ।

उमेश गोलेले पार्टीबाट एउटा महत्त्पूर्ण जिम्मेवारी आएको छ, यो कार्य सफल भयो भने यसले देशमा ठूलो राजनीतिक उथलपुथल ल्याउन सक्छ भने । काम के हो भन्ने चाहिं उनले भनेनन् । पार्टीले हाम्रो सेक्सनलाई त्यो काम सके गर्नू, नसके नगर्नु पनि भनेको रहेछ ।

त्यही दिन हामी ललितपुरको बागडोलमा 'रेकी' गर्न र 'अप्रेसन प्लान' बनाउन गयौं । त्यो मान्छे यसरी आउँछ, हामीले यसरी पिछा गर्नुपर्छ, यसरी गोली हान्ने र सुरक्षित स्थानमा जाने भन्ने योजना बन्यो । त्यहाँ उमेश गोले, जुजुभाइ महर्जन (हाल बेपत्ता), रोल्पा घर भएका भीष्म (गुरिल्ला) र म थियौं ।

रेकी गर्न गएको रात हामीले ललितपुरको एकान्त कुनामा सीता रञ्जितको कोठामा सेल्टर लियौं । उनी माओवादी समर्थक हुन् । जुजुभाइ र गुरिल्लालाई यसभन्दा पहिले भेटेको थिइनँ । सोही रात बनेको योजनाअनुसार २०५९ माघ १२ गते सखारै गएर अप्रेसन प्लान सफल बनाउने कुरा भयो ।

सशस्त्र प्रहरी बलका प्रमुख कृष्णमोहन श्रेष्ठ गार्डसँगै सडकको छेउछेउ कुद्दै मर्निङ वाकमा आउने र उनीहरूमाथि सफाया गर्ने कुरा भयो । श्रेष्ठकी श्रीमती नुडुपलाई गोली नहान्ने तर हान्नै परे घुँडामुनि हान्ने योजना थियो ।

गुरिल्ला र उमेशले आईजीपी (सशस्त्र प्रहरी प्रमुख कृष्णमोहन) लाई गोली हान्ने र त्यस पछाडि जुजुभाइ र मैले कभर गर्ने योजना भयो । २०५९ माघ १२ गते बिहान ५ बजेतिर घटनास्थल बागडोलमा पुग्यौं ।

हामीसँग ७ र ९ एमएम गोली लाग्ने चार वटा माउजर पेस्तोल थिए । सबै पेस्तोलका चेम्बरमा पनि गोली लोड गरिएको थियो । चेम्बरमा एक र म्यागजिनमा छ गरी जम्मा सात गोली एउटा पेस्तोलमा थियो । चेम्बर भनेको लस्करै छ वटा गोली राखिने वस्तु हो, जुन पेस्तोलमा फिट गरिन्छ । एक्स्ट्रा म्यागजिन उमेशसँग मात्र थियो । हामीलाई गोलीको निकै अभाव थियो । चार पेस्तोलमा सबै गरी २८ गोली थियो ।

पेस्तोल सामान्यतः शरीरको देब्रेपट्टि पाइन्टको बेल्टमा घुसारेर वा शरीरको बायाँ काखीमुनि कभरसहित राख्ने चलन थियो । तर, जुजुभाइले पेस्तोल शरीरको बायाँपट्टिको पछाडि जिन्स पाइन्टको खल्तीमा राखेका थिए । मैले पहिले नै त्यहाँ नराख, गोली चेम्बरमा छ । सेफ्टी अन गरेर ट्रिगर दबाउने बित्तिकै फायर हुन्छ र दुर्घटना हुन सक्छ भनेको थिएँ । तर, उसले त्यसरी नै सजिलो छ भनेर राखे । मैले भनेको मानेनन् ।

आईजीपी, उनकी श्रीमती र बडीगार्ड बागडोलबाट मर्निङ वाकमा एकान्त कुनातिर आउँदै थिए भने हामी एकान्त कुनाबाट तल जाँदै थियौं । यसो गर्नुका कारण उनीहरूको अवस्था बुझ्नु रहेछ । जुन कुरा पछि मात्र थाहा भयो । गोले र गुरिल्लाले फायर ओपन गर्ने, मैले र जुजुभाइले कभर गर्ने प्लान थियो । हामी उनीहरूभन्दा करिब दुई मिटर पछाडि थियौं ।

मेरो दाहिने तर्फ जुजुभाइ थिए, जसले पछाडिको बायाँ खल्तीमा पेस्तोल राखेका थिए । उनले प्रहार गर्ने र मैलै बायाँ खुट्टा अघि सार्ने काम एकै पटक भयो । मेरो संवेदनशील अङ्गको छाला छोएर गोली

देब्रे तिघ्रामा ठोक्कियो र खुट्टा भाँचियो । म ढलें । हामी सबैको पेस्तोल चेम्बरसहित लोड अवस्थामा थियो । यसको मतलब सेफ्टी अन गरेर ट्रिगर दबाउनेबित्तिकै गोली चल्ने अवस्थामा थियो ।

गोली लागेपछि म ढलें । एकछिन होस गुमाएँ । होसमा आउन्जेल आईजीपी र उनकी श्रीमती मारिइसकेका थिए । कृष्णमोहन श्रेष्ठ माओवादीबाट मारिएका सबैभन्दा उच्च तहका प्रहरी अधिकारी हुन् । त्यही बेला उमेश गोलेको पेस्तोल जाम भयो । मेरो माउजर पेस्तोल लिन आए । आईजीपीका पर्सनल सेक्युरिटी अफिसर सूर्यप्रसाद रेग्मीले पेस्तोल निकाल्न खोजेका थिए । गोले र रेग्मीको छिनाझप्टी चल्दै थियो । पेस्तोल निकाल्न नपाउँदै उनी पनि मारिए । रेग्मीले अघिल्लो दिन मात्र ड्युटी सम्हालेका थिए रे । भारत सरकारले दिने 'ब्ल्याक क्याट कमान्डो तालिम' गरेर आएका थिए रे । उनी सशस्त्र प्रहरीको प्रहरी नायव निरीक्षक थिए ।

मिसन पूरा भएपछि गुरिल्ला सुरक्षित स्थानतर्फ लागिसकेका थिए । गोले र जुजुभाइले मलाई बोकेर गाडी रोक्ने प्रयास गरिरहे तर गाडी रोकिएनन् । रगतको भेल सडक बीचबाट किनारमा पुगिसकेको थियो । उनीहरू आत्तिएर के गर्ने, कसो गर्ने सोच्न सकेका थिएनन् ।

हामीले एक्सनमा जाँदा यस्तो खालको दुर्घटना होला भन्ने सोचेनौं । दुर्घटना भएमा के गर्ने भन्ने योजना बनाउन पाएनौं । योजना जोसको मात्र थियो । अपूरो र अधूरो थियो । जसको परिणाम मैले गिरफतारी दिनुपर्‍यो । 'उमेशजी, मलाई छाडेर जानुस् । जे हुन्छ, त्यो म व्यहोरुम्ला, बरु सम्बन्धित ठाउँमा खबर गरिदिनु होला' भनें । उनीहरू भारी मन लिएर सुरक्षित स्थानतर्फ लागें ।

गाडी रोक्न भाँच्चिएको खुट्टा घिसारेर म सडकको बीचमा पुगें । रगतको भेल बगेको थियो । गाडी रोक्ने आँट कुनै चालकको थिएन । तीन वटा लास लडिरहेका थिए । त्यतिन्जेल केही बटुवा पनि जम्मा भैसकेका थिए । बीच सडकमा पुगेपछि बटुवाहरूको सहयोगमा बल्ल

गाडी रोकियो । मलाई पाटन अस्पताल पुऱ्याए । मैले ग्वार्कोस्थित बी एन्ड बी अस्पताल लगिदिनु भनेको थिएँ ताकि सुरक्षित हुने वातावरण बनाउन सकूँ तर त्यसो भएन ।

पाटन अस्पतालमा मेरो प्राथमिक उपचार हुँदै थियो । त्यहाँ पुगेपछि सेना र प्रहरीले अस्पताल घेरे । मेरो दायाँ हातमा नेपालीमा कृष्णहरि र बायाँमा अङ्ग्रेजीमा केएचएस खोपिएको छ । मेरो दुवै हातमा खोपेर नाम लेखिएकाले सबै वास्तविकता खुल्यो । कोठा कहाँ छ भनेर सोधखोज गरियो । एक जना गुप्तचरले 'सर यो त विवेक भन्ने कृष्णहरि सैँजु हो, भक्तपुरको कमान्डर' भन्यो । परिचय खुल्ने बित्तिकै बिहान ८ बजेतिर एम्बुलेन्स बोलाएर वीरेन्द्र प्रहरी अस्पताल महाराजगन्ज लगियो । एम्बुलेन्समै यातना सुरु भयो । मेरो शरीरको माथिल्लो भागमा पाइप र लट्ठीले पिटियो । मेरो मोबाइल खोसियो ।

यता, बिहान ९ बजेतिर मेरो कोठा छापा मारेर व्यक्तिगत डायरी, पार्टीसम्बन्धी महत्त्वपूर्ण कागजात, विवाहका फोटोहरू, हामीले कारबाही गरेका महत्त्पूर्ण घटनाका उपलब्धि, तिनमा भएको क्षति र आगामी दिनमा अपनाउनुपर्ने सतर्कता जस्ता कुरा लेखिएका कागजात थिए । यो कुरा उनीहरूका लागि ठूलो प्रमाण बन्यो । मैले आफूलाई माओवादी भनिरहनै परेन ।

मेरो साथमा पार्टीको प्लान लिस्ट पनि थियो । त्यो सुरक्षाकर्मीले फेला पारे । यसमा सशस्त्र प्रहरी, जनपद प्रहरी र सेनाका उच्च तहका मान्छेको फोन नम्बर थियो, जो कारबाहीको हिट लिस्टमा थिए । त्यसमा उनीहरूको नाम, ठेगाना र टेलिफोन नम्बर पनि थियो ।

गिरफ्तारीपछि मैले बाँच्ने आशा गुमाइसकेको थिएँ । मर्नै परेपछि एउटा मनोवैज्ञानिक युद्ध छेडेर मरुँ भन्ने लाग्यो । मैले भन्दिएँ, 'मेरो लिस्टमा भएका सम्पूर्ण व्यक्तिलाई आजभोलिभित्रै हाम्रो टोलीले सफाया गरिदिने योजना छ ।'

यो कुराले उनीहरूमा भुइँचालो गयो । मनोवैज्ञानिक युद्धले काम गऱ्यो किनभने आईजीपी श्रेष्ठ मारिएको तेस्रो दिन सरकार र माओवादीबीच दोस्रो द्विपक्षीय युद्धविरामका लागि सहमति भयो । त्यसका बाबजुद निरन्तर सोधपुछ चलिरह्यो । शारीरिक यातना दिइरहे । माओवादी समर्थक, शुभचिन्तक र पार्टीका जिम्मेवार नेताका कोठामा छापा मार्ने, सोधपुछ गर्ने, उनीहरूको हुलिया बताउन दबाब दिइरहे । मैले निरन्तर अस्वीकार गरिरहें ।

आईजीपीलाई यसअघि पनि 'सुट' गर्ने योजना धेरै पटक बनिसकेको रहेछ । तर, उनी मर्निङ वाक फरकफरक ठाउँमा जाने गरेकाले योजना सफल नभएको रहेछ । यसअघि, सुट गर्ने प्रयास भएको टोलीमा को-को थिए ? एक टिमको कुरा अर्को टिमलाई थाहा हुँदैनथ्यो ।

हामीले गरेको एक्सनमा सूचना बटुल्ने र रेकी गर्नेजस्ता महत्त्पूर्ण काम विना मगरले गरेकी रहिछन् भन्ने धेरैपछि मात्र थाहा पाएँ । प्रश्न उठ्न सक्छ, उनलाई कारबाहीका बेला किन लगिएन ? महिलालाई लैजाँदा कथं केही भैदियो भने पक्राउ पर्ने रिस्क बढी हुन्छ भनेर नलगिएको कुरा पनि पछि मात्र थाहा भयो । त्यो एक्सनपछि उनले भ्याली टास्क फोर्स छाडिन् र विद्यार्थी सङ्गठनतिर गइन् । योजनाको प्रारम्भिक सबै काम गराएर पनि भूमिका नपाएकाले हुन सक्छ ।

वीरेन्द्र प्रहरी अस्पतालमा मलाई दिनमा पनि हत्कडी लगाइन्थ्यो । सोही हत्कडीमो फलामको मोटा सिक्री लगाएर बेडमा बाँधिन्थ्यो । राती भने दाहिने खुट्टामा त्यस्तै सिक्री लगाएर बाँधिन्थ्यो । तीन तहको सुरक्षा घेरा थियो । पहिलोमा सेना, दोस्रोमा सशस्त्र र तेस्रोमा जनपद प्रहरी ।

सुरुका एक महिना निकै बढी यातना दिइयो । सोधपुछको काम भने प्रहरीले गर्थे । प्रहरीको हरेक दिनको सुरुवात आमाचकारी

शब्दबाट श्रीगणेश हुन्थ्यो । छलफलका विषयवस्तु अश्लील र यौन उत्तेजनाबाहेक केही हुँदैनथे । सुरक्षाकर्मीले मेरी आमा मोहन बेटी र भाउजू मैयाँ केशरीलाई म हिरासतबाट छुटेको र बुझिलिएको भन्न बाध्य पार्दै थर्काएर सही गराएछन् । मलाई मार्ने योजना बनाइएको रहेछ । त्यही कुरा चाल पाएर मैले जनआस्था पत्रिकाका सम्पादक किशोर श्रेष्ठलाई चिठी लेखें । मलाई मार्ने योजना बनाइएको कुरा स्वयं प्रहरीले नै बताएका थिए ।

कालो बादलमा चाँदीको घेरा भनेजस्तै असल प्रहरी पनि थिए । वीरेन्द्र प्रहरी अस्पतालमा म सात महिना १७ दिन बसें । २०६० भदौ ३० गते पुनरावेदन अदालत ललितपुरले आतङ्ककारी तथा विध्वंशात्मक कार्य नियन्त्रण सजाय ऐन, २०५८ को दफा ११ बमोजिम पछि ठहरे बमोजिम कारबाही गर्नू भन्ने आदेश दिएपछि मलाई नख्खु कारागार पुऱ्याइयो ।

मेरो विचारमा इमानदारले सामना गर्छ, गद्दारले विश्वासघात गर्छ । वीरले सङ्घर्ष गर्छ, डरपोकले घुँडा टेक्छ ।

... ...

नख्खु कारागार पुग्दा झमक्क परेको थियो । लगभग साँझ ७ बजे म कारागारको मूल गेटमा पुगें । एक जना व्यक्तिले के कति कारण र कुन मुद्दामा आएको भनी सोधपुछ गरे । मैले परिचय दिनेबित्तिकै उनले अत्यन्त नम्र र शिष्ट भएर बोले । मलाइ लाग्यो, यी व्यक्ति अप्रत्यक्ष रूपमा मप्रति सम्मान जनाउँदै छन् ।

जेललाई सीआरसी र डीआरसी ब्लकमा विभाजन गरिएको थियो । शब्दको अर्थ थाहा नभए पनि सीआरसी ब्लकमा बस्ने ढिलो छुट्ने र डीआरसीमा बस्ने छिटो छुट्ने जवाफ पाइयो । दीपक देवकोटा भन्ने मान्छे टेबल टेनिस खेलेर बसिरहेका रहेछन् । एक जना अधबैंसेले 'दीपकजी तपाईंको साथी' भनी जिम्मा लगाएर गए ।

भान्छामा टीकाराम विक अण्डाको तरकारी बनाउँदै थिए । म आउने खबर उनीहरूलाई पहिल्यै रहेछ । अस्पतालको हिरासतबाट कारागार आउँदा मलाई पिञ्जडाबाट बन्द कोठामा आएजस्तो लाग्यो । खुसी भएँ । त्यहीं धादिङका तारा भण्डारी भेट भए, जो आस्थाका बन्दी थिए ।

२०६० असोज १७

आज आठ महिना चार दिनपछि पहिलो पल्ट श्रीमती रेसुसँग भेट भयो । पहिलेभन्दा मोटाएकी रहिछन् । हँसिलो मुहार देखाउँदै मलाई भेट्न आइपुगिन् । मलाई जिउँदो भेट्न पाएकोमा खुसी थिइन् । जीवनको त्यो अत्यन्त कष्टपूर्ण र संवेदनशील समयमा मेरो साथ नपाउँदा पनि निर्धक्क भएर आमा र बुबा भइसकेकी रहिछन् । रेसुको यो धैर्य र सङ्घर्षले मलाई आन्तरिक रूपमा निकै मजबुत बनाएको अनुभूति गरायो । मनमनै मैले उनीप्रति आभार प्रकट गरेँ ।

... ...

आज दसैंको नवमीको दिन । चार दिवारभित्र बसेर पनि व्यावहारिक रूपमा चाड मनायौं । माओवादीले सैद्धान्तिक रूपमा दसैंको विरोध गर्दै आएको छ । तर, व्यावहारिक रूपमा समाजभन्दा फरक रहन सक्ने अवस्था छैन । नेपाली क्रान्तिको विकास र उन्नतिसँगै जेलका आम बन्दीहरूलाई फरक अनुभूति गराउने उद्देश्यले दसैं मनाउने सहमति गरियो । यसलाई परम्परागत वा बुर्जुवा संस्कृतिको रूपमा ग्रहण नगरीकन यसका सकारात्मक संस्कृतिलाई अँगाल्न खोजिएको हो । माओवादी धर्मविराधी होइन, धर्मका नाममा हुने शोषण र दमनको विरोध गर्छ । दसैंलाई दशाको होइन, नेपाली क्रान्तिप्रति सकारात्मक भाव जागृत गराउने माध्यम बनाऔं ।

२०६० असोज १८

पहिलो पल्ट आमासँग भेट भयो । भेटघाटस्थलमा नपुग्दै आमाले गहभरि आँसु बोकिराखेको मैले देखेँ । मूलढोकाबाट बाहिर निस्केको मात्र के थिएँ, आमा आँसुको धारा बगाउँदै भावविरहमा डुब्नुभयो ।

दाइकी सानो छोरी रश्मिला अचम्म मानेर हेरिमात्र रही । लामो समयपछिको भेटघाट, त्यो पनि जेलमा हुँदा विरहमा डुब्नुलाई मैले स्वाभाविक नै मानेँ । जेल भन्ने बित्तिकै खराब र गलत मान्छेहरू राख्ने स्थान भनेर बुझाइएको समाजलाई यो स्थान सही थिएन ।

सायद आमाको बुझाइमा पनि यही भाव आएको हुनुपर्छ । त्यसैले आमालाई आफू सम्पूर्ण रूपमा राम्रो भएको, स्वास्थ्य ठीक भएको र यो गलत स्थान होइन भनी सम्झाउन थालेँ । आफू र आफूजस्ता धेरै साथीहरू यहाँभित्र रहेको, सबै मिलेर खाने, बस्ने र सघाउने गरेको आदि कुराले आमाको मन थोरै थामियो ।

बल्ल आमा बोल्न थाल्नुभयो । 'तिमी पहिलेजस्तै राम्रोसँग खेतमा काम गर्न सक्छौ ?' पहिलो प्रश्न गर्नुभयो । 'खुट्टाको घाउ निको भयो ? भाँच्चिएको खुट्टामा राखिएको डन्डी कहिले निकाल्ने ?' यस्ता प्रश्न पनि गर्न थाल्नुभयो । मैले निको भएको खुट्टाको घाउ देखाउँदै आफू सकुशल भएको प्रमाण पेस गरेपछि मात्र आमा स्वाभाविक अवस्थामा आउनुभयो । अनि भन्न थाल्नुभयो, 'तिमीले घरको कुनै चिन्ता नलिनू । हाम्रो चिन्ता गरेर नबस । साथै घरबाट पैसाको आशा पनि नगर । तिमीलाई आर्थिक रूपमा सहयोग गर्न सक्ने घरको अवस्था छैन ।'

२०६० कात्तिक १

केही दिन अघि रेसु र साली रविता भेट्न आए । रेसुले मेरा सहयोद्धा टेकबहादुर श्रेष्ठ छुटेको र पोखरराज बुढाथोकी बेपत्ता पारेको खबर ल्याइन् । यस खबरले सुख र दुःख दुवैको आभास गरायो ।

आजका मितिले कारागारको जीवन एक महिना भयो । जेलमा बाह्य र आन्तरिक दुईथरी प्रशासन हुँदो रहेछ । लामो समय कैदी जीवनयापन गरेका र जेल प्रशासनको विश्वासप्राप्त व्यक्तिलाई विभिन्न कार्यविभाजन गरी आन्तरिक प्रशासन बनाइँदो रहेछ । आन्तरिक प्रशासन प्रमुखलाई चौकीदार, सहायकलाई भाइ चौकीदार, बहिदार, नाइके, भाइ नाइके लगायतका पदवी दिइएको हुन्छ ।

यिनीहरूले लाखौंलाखको चलखेल गर्छन् । चौकीदार हुन बन्दीले चार-पाँच लाख बुझाउँथे । बिहान घर गएर बेलुका फर्कन पाउँथे । यद्यपि उनीहरूसँग दुई प्रहरी खटाइएको हुन्थ्यो । तिनीहरूले जिम्मेवारी अनुसार सुविधा र अधिकार पनि पाउने रहेछन् । अर्को आउटर स्टाफ बन्ने हुन्छ, जसले बाहिर गएर सामान खरिद गर्छ । त्यसमा कमिसन खान्छ । यो क्रम अहिले पनि चलिरहेको छ ।

महिनाको मसान्तमा मेसको आर्थिक हिसाबकिताब फछ्र्योट गर्ने चलन रहेछ । आस्थाका बन्दीको २२ औं सदस्यको नाताले मलाई पनि त्यस छलफल सहभागी हुने अवसर जुध्यो । हामी बन्दी थियौँ- (१) तारा भण्डारी (धादिङ) (२) दीपक देवकोटा (३) उत्तम अधिकारी (४) सुजन लामा (लालबहादुर) (५) दीपक पुलामी (लोकबहादुर) (६) कुन्साङ लामा (७) टीकाराम विक (८) दिल्लीप्रसाद मुखिया (९) बाबुलाल स्याङ्तान (१०) सुरेश शाह (११) राम गौतम (१२) ज्योति राई (१३) सोमराज राई (१४) विष्णु सुब्बा (१५) नवबहादुर तामाङ (१६) लोकप्रसाद भुर्तेल (१७) टेकनारायण सापकोटा (१८) जगदीश सापकोटा (१९) फुर्वा वाङ्दी तामाङ (२०) सुवास श्रेष्ठ र हामीप्रति आस्था राख्ने दुई जना क्रमशः (२१) लेखबहादुर तामाङ (२२) कमल खतिवडा ।

छलफलमा मैले दुई प्रकारको आवाज सुनें । पहिलो आवाजमा जेलबाट खर्च कम गरी पार्टीलाई सहयोग गर्नुपर्छ भन्ने थियो भने दोस्रो आवाज पार्टीले बन्दीबाट आर्थिक सहयोगको अपेक्ष गरेको हुँदैन भन्ने थियो । छलफल निष्कर्षविहीन अवस्थामा टुङ्गियो ।

ढाका टोपी बुन्ने काममा लगियो । पहिलो दिन भएर हो कि साह्रै झ्याउ लाग्यो । यसो बुन्न लागेको थिएँ, धागो यता बेरिने, उता चुँडिने, गाँठो पर्ने, बाङ्गो भएर जाने लगायत थुप्रै समस्या आए । पोते उन्ने काम पनि सिकियो । सोचें, यो पोते प्यारीको गलामा लगाइदिन पाए उनी कति खुसी हुन्थिन् होली ? यही सपनासँगै कलम बन्द गरें ।

एक पाउन्ड पोते उनेको २० रुपियाँजति पाइन्थ्यो । जेलभित्रै मैले सित्तैंमा किकोसिन कराँते सिकाउन थालें । माओवादी पार्टीमा लाग्नु अगावै ब्ल्याक बेल्ट गरेको थिएँ । त्योभन्दा अघि तीन वर्ष बक्सिङ खेलेको थिएँ ।

२०६० कात्तिक ७

तारा भण्डारीमार्फत कम्प्युटरका सामान्य ज्ञानहरू सिकें । कम्प्युटर कसरी खोल्ने, डकुमेन्ट कसरी बनाउने र सेभ गर्ने तरिका सिक्न पाएकोमा म निकै खुसी भएँ । भाइ र आमा भेट्न आउनुभएको रहेछ । भाइसँग प्रायःजसो भेटघाट र कुराकानी भैरहने हुनाले मैले आमासँग मात्र कुराकानी गरें । आमाको अनुहारमा कुनै खुसीको भाव थिएन । लाग्छ, आमा समस्याले जेलिनुभएको छ । आमाले ल्याएको बिस्कुट घरमा बच्चाहरूलाई खुवाउनू भनी फिर्ता पठाइदिएँ । रु. ५०० पनि दिएँ ।

दिउँसो इन्दिरा रायमाझी नाम गरेकी एक समाजसेवी महिलाले माहुरी पालनको तालिम ल्याइन् । सीप सिकियो । रमाइलो भयो । साँझपख कमरेड टीकाराम विकले भान्साका इन्चार्जलाई गलहत्याए । जनसेनाबाट आएका उनी झडङ्ग रिसाउँथे र उनी उट्पट्याङ पनि थिए ।

लेख्न, पढ्न पटक्कै मन लाग्दैन । खै के भएको हिजोआज ? म आफूमा आएको परिवर्तनले आफैं चकित छु । साथीभाइको बोली फुट्यो कि मेरो मस्तिष्क तातिएर आउँछ । रिसको पारो चढ्छ । के

भा'को ? उता घरमा छोरालाई मासिक रु. १०० पठाउँछु भनेको छु । तर, म भने कलम-कापी किन्न नसक्ने छु ।

नेपाली जनताको रगत र पसिना मिसिएको रासन बाध्य भई पचाइरहेको छु । खानका लागि बाँच्ने नभए पनि बाँच्नका लागि खाने भएका नाताले अति दुःख लागेको छ ।

२०६० मङ्सिर ६

सरकारले सेना, सशस्त्र प्रहरी र जनपद प्रहरीलाई मिलाएर युनिफाइड कमान्ड बनाएको थियो । दुई घन्टा अन्तर्क्रिया गरियो । प्रमुख वक्ता झलकपाणी तिवारीले यसलाई निभ्नुअगाडिको उज्यालो बत्तीको संज्ञा दिए । विश्वका विभिन्न मुलुकले यस्तो कमान्ड प्रयोग गरे तापनि अन्ततः यो असफल भएको बताए । पेरुमा कम्युनिस्ट पार्टीविरुद्ध त्यहाँको राज्यले राजधानी लिमामा यस्तै प्रयोग गरिएको बताउँदै उनले फिलिपिन्स, टर्की, बर्मालगायत देशमा यस्तो प्रकारको कमान्ड प्रयोगमा ल्याइएको र अन्ततः ती फेल खाएको हामीलाई बताए । त्यो सरकारको चरित्र दर्साउने काम मात्र भएको भनी स्पष्ट पारे । दीपक देवकोटाले सेना, सशस्त्र जनपद र अनुसन्धान विभागभित्र अन्तर्विरोध रहेकाले त्यो असफल हुने धारणा राखे ।

विचारले लैस सेना र त्यसको रक्षा गर्ने निरस्त्र जनता भएमा मात्र युद्ध जित्न सकिन्छ । यी कुरा वर्तमान सरकारसँग नभएकाले स्वभाविक रूपमा यसले हार्ने र हाम्रो गौरवशाली पार्टी नेकपा (माओवादी) ले जित्ने निश्चित भएको छ । त्यस्तो अवस्थामा निश्चित नै नेपाली जनताले अन्य अवस्थामा भन्दा अलि बढी पीडा खप्नुपर्ने हुन्छ । किनकि हरेक नयाँ वस्तुको उत्पत्तिको क्रममा पुरानो वस्तुले पीडा भोग्नु विज्ञानसम्मत कुरा हो । नवजात शिशु पाउनुभन्दा पहिले आमाले अति पीडा खपेकी हुन्छिन्, बच्चा पाएपछि त्यो पीडा र चीत्कार भुल्छिन् । नयाँ चिजको उत्पत्तिका निम्ति पुरानो वस्तुको त्याग र बलिदान अपरिहार्य हुन्छ ।

२०६० मङ्सिर ७

विपरीत तत्त्हरूको एकत्व वा विभिन्न फरक विचार भएका व्यक्तिहरूको समूह नै एक प्रकारको पार्टी हो । पार्टीमा अवसरवादी, सङ्कीर्णतावादी, अध्यात्मवादी, दक्षिणपन्थीलगायत अन्य विभिन्न स्वभावका व्यक्तिहरूको समूह पनि हुन्छ । ती समूहबीच निश्चित विषयवस्तुमा मतभिन्नता रहेको हुन्छ । त्यसलाई क्रान्तिकारी पार्टीभित्र अन्तर्विरोध भनिन्छ । यस्तो अन्तर्विरोधले पार्टीलाई गति दिने कार्य गर्छ । किनकि जब दुई वस्तुबीच घर्षण हुन्छ, त्यहाँ ताप उत्पन्न हुन्छ । जब दुई फरक विचारबीच वैचारिक सङ्घर्ष हुन्छ, तब एक सही विचारले जित्छ वा हार्छ । यदि हाऱ्यो भने त्यो गलत विचार भन्ने थाहा पाउन सकिन्छ । यदि जित्यो भने त्यो सही विचार भनी जान्न सकिन्छ । किनकि संसारमा सही एउटै मात्र हुन्छ ।

मसान्तको आर्थिक छलफलमा साथीहरूबीच दोहोरी चल्न थाल्यो । एकातिर केन्द्रीय कारागार र भद्रगोलबाट आउने कमरेडहरू थिए भने अर्कातिर नख्खु कारागारमै पहिलेदेखि जिम्मेवारी सम्हाल्दै आएका तारा भण्डारीलगायतका साथी थिए । तारा भण्डारी अनौपचारिक, सहज र व्यावहारिक तरिकाले समस्याको समाधान चाहन्थे भने झलकपाणी तिवारी जेलजीवन र कम्युनिस्ट पार्टीमा लागेका आधारमा मान्यता पाउनुपर्छ भन्थे । अर्थात् भित्री मनबाट नेतृत्व तहमा म हुनुपर्छ भन्ने मनसाय राखेका थिए । नख्खु कारागारमा पुराना बन्दीमा गनिने आदर्शवादी नेता शङ्कर अधिकारी (विना मगरका पूर्वपति) को पनि आफ्नै महत्तकाङ्क्षा थियो । तिवारी र अधिकारी दुवै जनाको महत्वाकाङ्क्षा एउटै भएका कारण स्वभावतः मिल्न पुगे ।

तिवारीले षड्यन्त्रमूलक ढङ्गले डीआरसी र सीआरसी ब्लकमा पाँच-पाँच जनाको टिम बनाउने प्रस्ताव गरे । डीआरसीका तर्फबाट मलाई पनि समावेश गरियो । अत्यन्त नियोजित, मनोमानी र गुटगत शैलीमा गरेको त्यो टिमको घोर विरोध भयो । त्यो टिम बनाउने अधिकार कसले

दियो ? त्यस्तो मनोमानी र गुटबन्दीले काम चल्दैन भनेपछि सबैको विरोधपश्चात आफ्नो कमजोरी स्वीकार्दै त्यो प्रस्ताव भङ्ग गरियो ।

२०६१ असोज १०

'जेल हाम्रो अन्तिम जीवन होइन । हाम्रो अन्तिम जीवन पार्टी र क्रान्ति हो । अहिलेको तरल राजनीतिक अवस्थामा तपाईं (भ्याली टास्क फोर्स) र हामीबीच जीवित सम्पर्क अत्यावश्यक छ । अस्थायी रूपमा सामान्य सम्पर्कको माध्यम त छ तर बाहिर काम गर्ने मित्रलाई अप्ठ्यारो पर्ला भन्नेमा विशेष सतर्क छु । यसर्थ एउटा विशेष स्थायी सम्पर्क गरिदिए आभारी हुने थिएँ । यसका लागि एउटा 'पेजर' पठाउने आश्वासन पनि पाएको थिएँ । यो पनि अहिले क्षितिज नै भएको छ । आशा गरौं, त्यो पनि उपलब्ध होला ।'

भ्याली स्पेसल टास्क फोर्समा चिठी लेखें । चिठीको व्यहोरा यस्तो छ :

'विशेष कुरा के भने हामी केही जिम्मेवार साथीहरू, सुरक्षा निकाय, आन्तरिक स्टाफ र पब्लिकहरू मिलेर जेल ब्रेक गर्ने योजना बनाएका छौं । यो कार्यान्वयन गर्न बाहिरका साथीहरूबिना सम्भव छैन । तसर्थ, यो ऐतिहासिक कार्य गर्न तपाईं बाहिर रहनुभएका साथीहरूको सहयोग जरुरी छ । हाम्रो एउटा गोप्य टिम त्यस कार्य गर्न लागिपरेको छ । विभिन्न सुझबुझ गर्ने, नक्सा कोर्ने र आवश्यक सामग्री तयारी गर्ने काम पनि भैरहेको छ ।

मुख्य समस्या भनेको पर्खाल बाहिर निस्केपछि रक्षाकवच हो । निश्चित स्थानसम्म जान सुरक्षाका निम्ति साना हतियार र सेल्टर चाहिन्छ । बाहिर तपाईंहरूले जिम्मा लिने हो भने हामी ब्रेक गर्न सक्छौं । यसलाई गम्भीरतापूर्वक लिइदिन र सुझावसहित छिटो जवाफ पाइएला भन्ने आशा छ । प्रारम्भिक काम भैसकेको छ । हामी दोस्रो चरणमा प्रवेश गरेका छौं ।'

यो पत्र मैले कसरी पठाएँ भनेर जान्नु जरुरी छ । छोरी रिकृतालाई लिएर श्रीमती रेसु भेट्न आएकी थिइन् । उतिबेला आमनेसामने भएर बन्दी र आगन्तुक सँगै बसेर कुरा गर्न पाइन्थ्यो । छोरीको डायपरमा राखेर त्यो चिठी पठाएको थिएँ ।

छोरी त्यस्तै चार-पाँच महिनाकी थिइन् । तारा भण्डारीजीले त्यहाँ रहेका जनपद प्रहरीका जवानहरूसँग पनि अनौपचारिक कुरा गर्नु भएथ्यो । उनीहरूले हामीलाई सहयोग गर्ने र पछि पार्टी प्रवेश गर्ने कुरा चलेथ्यो । मैले भ्याली स्पेसन टास्क फोर्सबाट अनौपचारिक खबर के पाएँ भने यो काम अहिले जरुरी सूचीमा छैन ।

२०६१ असोज १०

पुराना दिनको सम्झना आयो । वीरेन्द्र प्रहरी अस्पतालमा हुँदा मलाई अन्तर्राष्ट्रिय रेडक्रस (आईसीआरसी) का मान्छे भेट्न आएका थिए । उनीहरूले घर परिवारलाई मेरो केही सन्देश छ कि भनेर सोधे । उनीहरूको एउटा फर्म्याट हुँदो रहेछ । त्यसमा सन्देश पाउने व्यक्तिको नाम, ठेगाना र टेलिफोन नम्बर हुँदो रहेछ । मैले २०२९ चैत १८ गते श्रीमती रेसुलाई 'अहिले म शिक्षण अस्पतालमा उपचार गराउँदै छु । स्वास्थ्य क्रमिक रूपमा सुधार हुँदै गएको छ । मेरो बारेमा चिन्ता नलिनू । तिम्रो स्थिति के छ ? पत्रमा लेखिपठाउनू' भनेर पत्र लेखेँ ।

मैले जुन पत्र लेखेको थिएँ, त्यसैको अर्को पेजमा साली रेसुकाले लेखेकी थिइन्- 'भिनाजु आरामै छौँ । तपाईंले पठाउनु भएको सन्देश प्राप्त भयो । स्वास्थ्यको ख्याल गर्नुहोला । तपाईंलाई सबैले सम्झेका छन् ।' मेरो बसाइ वीरेन्द्र प्रहरी अस्पताल भए पनि उपचार महाराजगन्जको शिक्षण अस्पतालमा चलिरहेको थियो ।

पहिलो पटक मेरो अवस्थाको बारेमा परिवारले थाहा पाए । अस्पतालमा मलाई भेट्नेमध्ये कोही जीवन रक्षाका लागि आएका थिए भने कोही जासुसीका लागि ।

अस्पतालको हिरासतमा रहँदा केही विदेशी भेट्न आए । उनीहरू अमेरिकी सेनाको ड्रेसमा थिए र आफूहरूलाई अमेरिकी जासुसी संस्था सीआईएसँग आबद्ध बताएका थिए । मेरो राजनीतिक आस्था किन्ने र उनीहरूको एजेन्ट भएर माओवादी पार्टीमै काम लगाउने रणनीतिअनुसार आएका रहेछन् । उनीहरू यसका लागि जुनसुकै मूल्य पनि चुकाउन तयार थिए । उनीहरूले 'तिम्रो सम्पूर्ण परिवारको बस्ने व्यवस्था अमेरिकामै मिलाउँछौ र तत्कालका लागि पाँच लाख अमेरिकी डलर दिन्छौँ' भन्ने प्रस्ताव गरेका थिए । मैले त्यसको राजनीतिक डिफेन्स गरेँ । उनीहरूले मसँग मलाई राखिएको कोठामै कुरा गरे । कोठामा एक जना अनुवादकसहित हामी चार जना थियौँ । पौने घन्टाजति कुरा गरेर उनीहरू गए ।

२०६१ कात्तिक १

अमेरिकी दूतावासका मान्छे मलाई भेट्न आएका थिए । उनीहरूले आफूलाई अमेरिकीको आन्तरिक सुरक्षा हेर्ने निकाय एफबीआईसँग आबद्ध कर्मचारी बताए । जेलरको कोठामा मलाई पर्खेर बसेका रहेछन् । कुराकानीका लागि जेलरले कोठा छाडिदिए । समातिएका, जेल परेका र आत्मसमर्पण गरेका माओवादीमार्फत विदेशी जासुसी संस्थाका प्रतिनिधिहरू जनयुद्धको नाडी छाम्थे । जासुसी गर्थे ।

दूतावासका ती मान्छे शिष्ट, शालीन र चिप्लो भाषामा कुरा गर्थे । मैले आफ्नो व्यक्तिगत कुराबाहेक पार्टीका कुनै पनि कुरा बताइनँ । उनीहरूले म किन माओवादीमा लागेँ ? लहैलहैमा लागेको हो कि ? युवा पिँढी माओवादीमा किन लागेका ? उनीहरूलाई माओवादीमा लाग्नबाट कसरी जोगाउन सकिन्छ भनेर अनुसन्धान गर्न खोजेका थिए । उनीहरूले अमेरिकी दूतावासमा भएको घटनामा को-को संलग्न थिए भन्दै सहभागीको नाम बताउन भने ।

माओवादीले २०६१ सालमा नेपालस्थित अमेरिकी दूतावासको सूचना केन्द्रमा आक्रमण गरेका थिए, जहाँ रमेश मानन्धर नामका सेक्युरिटी गार्ड मारिएका थिए ।

उनीहरूले मलाई आवश्यक खर्च र उपचारमा सहयोग गर्ने आश्वासन दिए । मैले उनीहरूलाई नख्खु जेलका तीन सय बन्दीलाई खान, बस्न, लाइब्रेरी, भवन आदिमा सहयोग गर न त भन्दा राजी भएनन् ।

२०६२ कात्तिक २

मातृका यादव र सुरेश आले मगर आउनुभयो । लगत्तै कृष्ण केसी, हिमाल शर्मालाई ल्याइयो । हाम्रो पार्टीको जेलको आन्तरिक सङ्गठनको संरचना फेरबदल गरियो । संरचनाको संयोजकमा कृष्ण केसी र म सेक्रेटरियट सदस्य रह्यौं । पार्टीका मान्छेबाहेक अरुलाई यो कुरा थाहा हुँदैन ।

२०६३ जेठ ३ गते

वैशाखको अन्तिम साताबाट हामीले राजबन्दी रिहा, युद्ध अपराधीलाई कारबाहीलगायतका माग राख्दै आमरण अनशन सुरु गरेका थियौं । अध्यक्ष प्रचण्डले सरकार र माओवादीबीच समझदारीको वातावरण बन्दै गएकाले अनशन त्याग्न आह्वान गर्नुभयो । त्यसै अनुसार अनशन तोडियो । आमरण अनशन बस्नेमा कृष्ण केसी, गणेश रेग्मी, टीएन सापकोटा, प्रकाश गौतम र म कृष्णहरि सैंजु थियौं । हाम्रो अनशनले जेलभित्र सङ्घर्ष पैदा गर्‍यो । देशका ७३ जेलका २ सय २५ आमरण अनशनमा थिए ।

जेलमा छँदा जेल सुधारका अनेक काम हामीले गर्‍यौं । जस्तो : २०६१ माघ १९ मा राजा ज्ञानेन्द्रको 'कू' पछि ४२ सूत्रीय माग राखी ११

दिनसम्म अनशन बस्यौं । हाम्रा मागमा पत्रिका पढ्न पाउनुपर्ने, टीभी हेर्न पाउनुपर्ने, उपचारमा लैजाँदा सिक्री र हतकडी लगाउन नहुने, पत्रकार/वकिल र परिवारसँग भेट्न पाउनुपर्ने, स्वास्थ्योपचार राम्रो हुनुपर्ने आदि थिए । पछि जेल प्रशासनसँग २२ बुंदे सहमति भयो । तत्कालीन अवस्थामा त्यो ऐतिहासिक सङ्घर्ष थियो ।

२०६३ जेठ ३०

आज हामी छुट्ने दिन । जेल प्रशासनले सशस्त्र प्रहरी बलको कारागार शाखालाई पत्र लेखिसकेको छ । पत्रमा यसो भनिएको छ- यस कारागारमा आतङ्ककारी तथा विध्वंशात्मक मुद्दामा थुनामा रहेका निम्न व्यक्तिहरूलाई मुक्त गरिदिनुहुन भनी पुनरावेदन अदालत पाटनको चलानी नम्बर १७४८८ मिति २०६३/०२/२९ को पत्रानुसार यस शाखाबाट निम्न व्यक्तिलाई २०६३/०२/३० मा कारागारबाट मुक्त गरिएको छ । तपसिल (१) ज्योतिराज राई (२) नौबहादुर तामाङ (३) तेजनारायण सापकोटा (४) विजय थापा मगर (५) अर्जुन न्यौपाने (६) श्यामसुन्दर श्रेष्ठ (७) सचिरनन्द महर्जन (८) रनबहादुर लिम्बु (९) छिरिङ लामा (१०) बासुदेव दुलाल (११) प्रेमबहादुर तामाङ (१२) सविन न्यौपाने (१३) रमेश थामी (१४) हिमाल शर्मा (१५) सोनेलाल शाह (१६) गणेश रेग्मी (१७) प्रदीप देवान (१८) रमेशकुमार श्रेष्ठ

(१९) नवराज ढकाल (२०) विनोद महर्जन (२१) कृष्णप्रसाद सापकोटा (२२) शम्भु श्रेष्ठ (२३) लाले भन्ने लालबहादुर विक (२४) विदुर वीरबल भन्ने कृष्ण केसी (२५) रामबाबु पाठक (२६) परिवर्तन भन्ने सानुकान्छा तामाङ (२७) बिन्दा राय यादव (२८) शिरबहादुर जर्गा (मगर) (२९) सुरेश शाह कानु (३०) विष्णुबहादुर सुब्बा (३१) जयनारायण शाह (३२) भजन राय यादव (३३) सुभाष श्रेष्ठ (३४) सोमबहादुर राई (३५) कृष्णहरि सैंजु (३६) रामबहादुर तामाङ (३७) तोयानाथ चौलागाईं (३८) रामबहादुर कुमाल (३९) विष्णु भन्ने कृष्णबहादुर बोटे माझी (४०)

गोविन्द पौडेल (४१) सुजन थापा मगर (४२) दिनेश दुलाल (४३) रत्न ढकाल (४४) ज्ञानबहादुर सापकोटा (४५) सुनील खड्का (४६) ओमनाथ शिवाकोटी (४७) राजेन्द्रकुमार श्रेष्ठ (४८) रामकुमार कार्की (४९) प्रकाश गौतम (५०) शिवप्रकाश अधिकारी (५१) प्रदीप भन्ने सन्तोष विष्ट (५२) विश्वदीप क्षेत्री (५३) उमेश तामाङ (५४) अनिल भन्ने क्षेत्रबहादुर श्रेष्ठ (५५) रमण राई चाम्लिङ (५६) अरुण भन्ने लालकान्छा तामाङ (५७) सन्देश भन्ने लङ्क तामाङ (५८) विजय भन्ने सुकलाल थामी (५९) बाबुलाल स्याङ्तान (६०) डिल्लीप्रसाद मुखिया (६१) रामप्रसाद गौतम ।

२०६३ असार २९

एक महिनाअघि जेलमुक्त भइयो । तीव्र वेगको स्पिरिट र रापिलो आगोको भाव लिएर पार्टी सम्पर्कमा पुगेको थिएँ । तर, गौरवशाली पार्टीको स्थानीय निकायको कार्य व्यवस्तता, उदासीनता, सङ्कीर्णता र पूर्वाग्रहका कारण लामो समय अन्योल र छटपटाहटमा रहनुपऱ्यो । २०/२२ दिनअघि औपचारिक रूपमा मैले पार्टीको चाहनाबमोजिम लिखित रूपमा आफ्ना कुरा राखेको छु । त्यसमा गिरफ्तारी, कमजोरी, जेलजीवन र त्यहाँ आफ्नो भूमिका र मुक्तिपछि आफ्नो भूमिकाबारे उल्लेख छ ।

०००

आखिरी अध्याय

सोचाइ र सिर्जनशीलताको नियम, परिधि अनि सीमा छैन । जे कुरालाई जसरी पनि सोच्न सकिने भयो । किताब यसरी लेखिनुपर्छ र पाठकले त्यसरी बुझ्नुपर्छ भनेर कहीं कतै पनि दफा र धाराहरू छैनन् । लेखकको काम जिम्मेवार तरिकाले सकेसम्म अरुलाई धक्का र ठेस नपुऱ्याई प्रस्तुत हुनु हो । पाठकले नभोगेको/नदेखेको कथालाई पनि ऊ आफैं कथाको पात्र भएझैं अनुभूति गराउन सक्नु लेखकको खुबी मानिन्छ ।

अलि फरक तरिकाबाट मैले पाठकलाई टिपोटकर्ता वा लेखक बनाउन झकझक्याउने प्रयास गरेको छु । माओवादी युद्ध समयको देखिजान्ने/सुनिभोग्ने धेरै नेपालीमध्ये म एक हुँ । तर, कानुनको परिभाषामा पर्ने पीडित र पीडक भने होइन । त्यसैले मसँग भन्दा धेरै युद्धकालीन अनुभव उनीहरूसँग हुने भयो, जसको युद्धसँग प्रत्यक्ष सरोकार थियो । उनीहरूका अनुभवले इतिहास बताउन र नेपालको एउटा १० वर्षे कालखण्ड कसरी गुज्रेको थियो भनेर बताउन सहयोग गर्छ ।

किताब पढेर यो पृष्ठसम्म आइपुग्दा पाठकलाई म पनि लेखौं कि भन्ने लागोस् । लेख्छु भन्ने मनसाय बोकेका तर यसै आलटाल गरेकाले पनि लेख्न सुरु गरुन् भन्ने चाहन्छु ।

यो अन्तिम अध्याय र त्यसपछिका केही खाली पाना नयाँ प्रयोग हो । के बेर, यही अन्तिम अध्यायले प्रतिभाशाली नयाँ लेखक पो जन्माउँछ कि ! युद्धकालीन समयका नयाँ कुराको खुलासा पो गर्छ कि !

किताब लेख्नै नचाहनेले पनि कम्तीमा आफ्ना युद्ध अनुभव यिनै खाली पानामा लेखून्, फोटो टाँसून् र आफ्ना सन्ततिलाई बताऊन् । यस्तै टिपोट पनि भविश्यमा इतिहास जोगाउने राम्रो उपाय हुन सक्छ । अनुसन्धानकर्ताका लागि खोजको आधिकारिक स्रोत हुन सक्छ । व्यक्ति बितेर जाला तर उसका विचार र घटना विवरण रहिरहनेछन् । यो खाली पाना उनीहरूमा समर्पित छ, जहाँ उनीहरूले आफूलाई लागेको हर्ष, बिस्मात, दिक्दारी, पछुतो सबै पोख्न सकून् । आशा छ, सम्बन्धित व्यक्ति यसै गुम्सेर र खुम्चेर बस्ने छैनन् ।

ooo

बितेका दिनलाई फर्केर हेर्दा